Rainer Weber

Bestandsoptimierung

D1726954

Bestandsoptimierung

Beschaffung – Lagerhaltung – Losgrößenmanagement –
Lieferservice verbessern – Working Capital reduzieren

Rainer Weber REFA-Ing., EUR-Ing.

5., neu bearbeitete und erweiterte Auflage

Kontakt & Studium
Band 176

Herausgeber:
Prof. Dr.-Ing. Dr. h.c. Wilfried J. Bartz
Dipl.-Ing. Hans-Joachim Mesenholl
Dipl.-Ing. Elmar Wippler

Bibliografische Information Der Deutschen Bibliothek

Die Deutsche Bibliothek verzeichnet diese Publikation
in der Deutschen Nationalbibliografie;
detaillierte bibliografische Daten sind im Internet über
http://www.dnb.de abrufbar.

Bibliographic Information published by Die Deutsche Bibliothek

Die Deutsche Bibliothek lists this publication
in the Deutsche Nationalbibliografie;
detailed bibliographic data are available on the internet at
http://www.dnb.de

ISBN 978-3-8169-3400-4

5., neu bearbeitete und erweiterte Auflage 2017
4., neu bearbeitete Auflage 2010
3., neu bearbeitete und erweiterte Auflage 2003
2., verbesserte Auflage 1992
1. Auflage 1986

Die vorherigen Auflagen erschienen unter dem Titel:
Bestandssenkung. Methodische Ansätze – Systematische Vorgehensweise

Bei der Erstellung des Buches wurde mit großer Sorgfalt vorgegangen; trotzdem lassen sich Fehler
nie vollständig ausschließen. Verlag und Autoren können für fehlerhafte Angaben und deren Folgen
weder eine juristische Verantwortung noch irgendeine Haftung übernehmen.
Für Verbesserungsvorschläge und Hinweise auf Fehler sind Verlag und Autoren dankbar.

© 1986 by expert verlag, Wankelstr. 13, D-71272 Renningen
Tel.: +49 (0) 71 59-92 65-0, Fax: +49 (0) 71 59-92 65-20
E-Mail: expert@expertverlag.de, Internet: www.expertverlag.de
Alle Rechte vorbehalten
Printed in Germany

Herausgeber-Vorwort

Bei der Bewältigung der Zukunftsaufgaben kommt der beruflichen Weiterbildung eine Schlüsselstellung zu. Im Zuge des technischen Fortschritts und angesichts der zunehmenden Konkurrenz müssen wir nicht nur ständig neue Erkenntnisse aufnehmen, sondern auch Anregungen schneller als die Wettbewerber zu marktfähigen Produkten entwickeln.

Erstausbildung oder Studium genügen nicht mehr – lebenslanges Lernen ist gefordert! Berufliche und persönliche Weiterbildung ist eine Investition in die Zukunft:

– Sie dient dazu, Fachkenntnisse zu erweitern
  und auf den neuesten Stand zu bringen
– sie entwickelt die Fähigkeit, wissenschaftliche Ergebnisse
  in praktische Problemlösungen umzusetzen
– sie fördert die Persönlichkeitsentwicklung und die Teamfähigkeit.

Diese Ziele lassen sich am besten durch die Teilnahme an Seminaren und durch das Studium geeigneter Fachbücher erreichen.

Die Fachbuchreihe *Kontakt & Studium* wird in Zusammenarbeit zwischen der Technischen Akademie Esslingen und dem expert verlag herausgegeben.

Mit über 700 Themenbänden, verfasst von über 2.800 Experten, erfüllt sie nicht nur eine seminarbegleitende Funktion. Ihre eigenständige Bedeutung als eines der kompetentesten und umfangreichsten deutschsprachigen technischen Nachschlagewerke für Studium und Praxis wird von der Fachpresse und der großen Leserschaft gleichermaßen bestätigt. Herausgeber und Verlag freuen sich über weitere kritisch-konstruktive Anregungen aus dem Leserkreis.

Möge dieser Themenband vielen Interessenten helfen und nützen.

Dipl.-Ing. Hans-Joachim Mesenholl   Dipl.-Ing. Matthias Wippler

Autoren-Vorwort

Hohe Liquidität und Lieferfähigkeit, schlanke Distributionsprozesse stehen immer mehr im Fokus einer bestandsarmen Materialwirtschaft.

Überholte Regelwerke / Stammdateneinstellungen in den ERP- / Warenwirtschaftssystemen führen durch die steigende Variantenvielfalt zu hohen Beständen und in Liquiditätsschwierigkeiten. Anstatt in der Kasse liegen die Gewinne als Bestände am Lager.

Heben Sie diese verborgenen Schätze, versteckt im Unternehmen, im Lager, im Working-Capital. Je nach Firma stecken bis zu 30 % (teilweise mehr) zuviel im Lager bzw. im Umlaufvermögen als unbedingt notwendig. Das kostet viel Geld und die Lieferfähigkeit wird dadurch auch nicht wesentlich erhöht, da doch immer etwas fehlt.

Untersuchungen zeigen, dass z. B. eine 20%-ige Verringerung der Bestände die Verbindlichkeiten bei den Banken bis zu 30 % und mehr verringern, die logistische Leistungsfähigkeit bis zu 40 % des Umsatzwachstums und bis zu 27 % der Umsatzrendite beeinflussen[1].

Andererseits kann jeder in der Warenwirtschaft zuviel eingesparte Euro ein Vielfaches an entgangenem Gewinn / Aufträgen / Deckungsbeiträgen bedeuten. Der Funktions- und Leistungsfähigkeit von Produktions-, Beschaffungs- und Lagerlogistik mit straffen Abläufen und optimierten Prozessen kommt somit steigende Bedeutung zu.

In diesem Buch lernen Sie einen modernen Werkzeugkasten kennen, mit dessen Hilfe Sie folgende Ziele erreichen können:

> Reduzierung von Schnittstellen, Optimieren des Informations-, Material- und Werteflusses
> Reduzierung des Working-Capitals und Bestandsrisiko / Erhöhung der Liquidität und Lieferservice
> Auffinden und Eliminieren versteckter Sicherheitspuffer in den IT- / PPS-ERP-Einstellungen
> Dispositions- und Beschaffungsoptimierung / SCM- / E-Business-Systeme
> Reduzierung der Durchlaufzeit / höhere Flexibilität / Lieferbereitschaft
> Methoden zur Erhöhung der Umschlagsgeschwindigkeit
> Bestandsarme Logistikkonzepte / Lager- / Bereitstelloptimierung
> Rückstandsfrei und flexibler produzieren durch kleinere Lose und verbesserte Steuerungskonzepte / vom Push- zum Pull-System
> Prozess- / Effizienzverbesserung in der gesamten Logistikkette

und wie Bestandstreiber / Fehlleistungen erkannt und auf Dauer vermieden werden, die Erfolge mittels Kennzahlen messbar und als Führungsinstrument nutzbar gemacht werden können.

Pforzheim-Hohenwart, im Juli 2017   Rainer Weber

---

[1] TU München, Prof. Dr. Dr. habil Dr. h.C. Horst Wildemann

Inhaltsverzeichnis

1.   Einleitung

Sinkende Liquidität, steigende Gemeinkosten und wachsende Lagerbestände sind Gegebenheiten, mit denen viele Unternehmen zu kämpfen haben. Bei der oftmals geringen Eigenkapitalquote kann dies zu einer Existenzbedrohenden Finanzkrise führen, die nur durch richtige, kurzfristige und wirksame Entscheidungen vermeidbar wird.

Erschwerend wirken in den Unternehmen, außer den rapiden Veränderungen der gesamtwirtschaftlichen Situation, verbunden mit dem zunehmenden Konkurrenzdruck:

Die immer kurzfristiger werdenden

- *Lebenszyklen der Erzeugnisse*
- *Liefertermine*
- *sowie die sinkende Risikobereitschaft der Kunden / Abnehmer, eine eigene Vorratshaltung zu führen*

Hinzu kommt der Wunsch des Vertriebes

- *Umsatz auf breitester Variantenebene zu tätigen,*

was in Bezug auf die Lagerkosten katastrophale Folgen hat, da immer mehr Varianten eingekauft, hergestellt und gelagert werden müssen.

Auch wurde den Mitarbeitern in Produktionsbetrieben beigebracht, dass es wichtig ist, dass die Maschinen ständig laufen müssen und in „wirtschaftlichen Losgrößen" produziert werden soll. Dies führte dann dazu, dass bei einem Bedarf von 50 Stück, 200 Stück oder mehr gefertigt wurden, weil dann die wirtschaftliche Losgröße, bzw. die kalkulatorischen Stückkosten stimmen. Für die restlichen 150 Stück war dann Hoffnung auf weiteren Bedarf angesagt. Hohe Anlagennutzung, wenig umrüsten als Vorgabe für den Betrieb, war wichtiger.

Darstellung dieser Entwicklung:

1

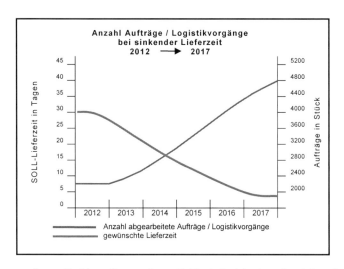

Anzahl Aufträge / Logistikvorgänge bei sinkender Lieferzeit 2012 ⟶ 2017

Anzahl abgearbeitete Aufträge / Logistikvorgänge
gewünschte Lieferzeit

Präzisierung dieser Problematik an einem Zahlenbeispiel, das die steigende Anzahl Geschäftsvorgänge in der gesamten Auftragsabwicklung und das Warteschlangen-problem vor den Arbeitsplätzen, sowie die Entwicklung des Lagerbestandes aufzeigt:

Jahr	Anzahl Artikel	Anzahl Mitarbeiter / Arbeits-plätze	Warte-schlangen-faktor je Artikel	Anzahl Beschaffungs-vorgänge / Picks im Lager pro Tag		Höhe des Lagerbestandes in € bei Preis / Stück = 2,-- € und gleich bleibende Bestandsmenge 100 Stück je Artikelnummer
				5 (Ø)		6 = 2,-- € x 100 Stück
1	2	3	4 = 2 : 3	Beschaf.-vorgänge	Picks	x Pos. 2
2000	200	100	1 : 2	10 ?	40 ?	= 40.000,00 €
2009	2.000	200	1 : 10	100 ?	400 ?	= 400.000,00 €
heute	5.000	250	1 : 20	300 ?	1200 ?	= 1.000.000,00 €
Jahr xx	12.000	300	1 : 40	850 ?	3000 ?	= 2.400.000,00 €

Bei gleich bleibender Bestandshöhe je Artikelnummer, aber steigender Artikelvielfalt, könnte es sein, dass der gesamte Gewinn eines Unternehmens in Form von Material und Teilen an Lager gelegt wird und davon Steuern bezahlt werden müssen. Die Liquidität geht verloren, der Arbeitsaufwand wird immer größer.

Betriebliche Leistung und damit verbundene Unternehmensziele, müssen somit bezüg-lich heutiger Anforderungen neu definiert werden:

ERFOLG AM MARKT / KURZE LIEFERZEITEN / HOHE EIGENKAPITALQUOTE / LIQUIDITÄT

1.1 Liquiditätsgewinn wird immer wichtiger

Und, was häufig nicht bedacht wird:

> - Liquidität ist auch Leistung. Eine Beschleunigung des Geld- bzw. Werteflusses ist heute ein MUSS.

> - Durch eine ca. 20%ige Verringerung der Lagerbestände / des Working Capitals können die Verbindlichkeiten der Unternehmen zu den Banken bis zu ca. 30 %[1] verringert werden.

<u>Darstellung des Geld- und Werteflusses</u>

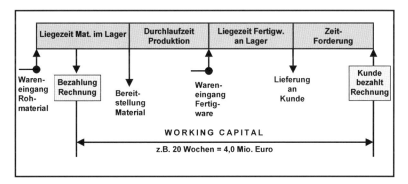

Wenn diese Zeitstrecke halbiert werden kann, auf z. B. 10 Wochen, können 2,0 Mio. Euro Liquidität gewonnen werden.

Oder noch besser „ALDI-Prinzip":

Über Konsignationsläger / entsprechende Zahlungsvereinbarungen mit Lieferanten – Kunden, erfolgt zuerst Zahlungseingang der verkauften Ware und dann Bezahlung Lieferant.

Ein Liquiditäts-gewinn von 5 Mio. Euro wäre dann z. B. realisierbar

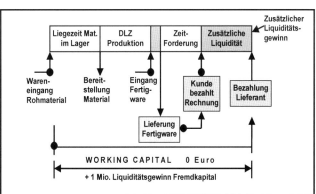

[1] in Abhängigkeit des Materialanteils zum Umsatz

Liquiditätsabfluss durch altes Denken / steuerliche Auswirkungen sind zu beachten

Jährliche Kosten der Lagerung in Prozent vom Lagerwert eines einzelnen Artikels

Nach einer Faustformel, die von den Lagerkosten abgeleitet ist, verdoppelt sich der Einstandspreis nach ca. 4 - 5 Jahren durch

▶ Zinsen und sonstige Bestandskosten	2	-	5	%
▶ Technik, Abschreibung für Transportmittel, EDV, etc.	3	-	5	%
▶ Raumkosten	2	-	4	%
▶ Personalkosten	6	-	8	%
▶ Versicherung / Schwund etc.	1	-	2	%
	14	-	24	%

Durch diese Zahlen wird deutlich, wie wichtig alle Maßnahmen zur Bestandssenkung sind, den Bodensatz (Null-Dreher) systematisch abzubauen, bzw. durch entsprechende Dispo- und Bestellregeln erst gar nicht entstehen zu lassen.

Liquiditätsabfluss durch altes Denken / Steuerliche Auswirkungen beachten.

Aufgrund der neueren steuerlichen Bewertungen von Lagerhütern (wenn ein Artikel mit Menge X abgewertet ist, aber im Prüfungszeitraum ein Stück zum normalen Preis verkauft wird, wird die Gesamtmenge X wieder aufgewertet), verschrotten immer mehr Unternehmen ihre Null-Dreher nach 2 - 2,5 Jahren, bzw. verkaufen solche Exoten zum Preis 0,-- €, plus ein Betrag X € für Logistik und Verpackung mit Vermerk *„Muster ohne Wert"*. (Gilt nicht für Ersatzteile, die werden im Regelfalle auch nicht abgewertet.)

Die logistische Leistungsfähigkeit trägt somit in vielerlei Hinsicht zur Wertschaffung von Unternehmen bei. Intelligente Logistiksysteme sind in der Lage, den Cashflow durch geringere Kosten oder zunehmende Umsatzleistungen zu erhöhen und durch effiziente Abwicklung von Aufträgen zu beschleunigen. Gleichzeitig ermöglichen sie durch ihre integrierende Wirkung in der Wertschöpfungskette vom Lieferanten bis zum Kunden eine signifikante Absenkung des wirtschaftlichen Risikos. So werden bis zu 40 Prozent des Umsatzwachstums und bis zu 27 Prozent der Umsatzrendite durch den Beitrag logistischer Prozesse erklärt[1].

Bild 1.1: *Einfluss der Logistik auf den Unternehmenswert[1]*

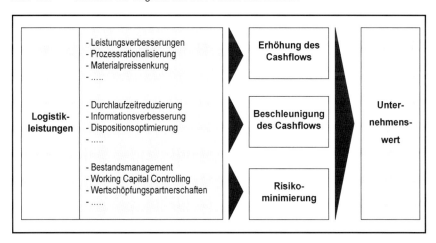

Effiziente Logistikstrukturen führen somit zu einer verbesserten Bestands- und Produktivitätswirkung, zur Senkung von Gemeinkosten und durch verbesserte Lieferfähigkeit zu zusätzlichen Umsätzen / Deckungsbeiträgen.

[1] Auszüge eines Beitrages von Prof. Dr. Dr. habil Dr.h.c. Horst Wildemann, aus Zeitschrift ZWF 12 / 2003, Carl Hanser Verlag, München

Dies bedeutet:

> Ähnlich wie Produkte, Betriebsmittel
> sowie Mitarbeiterqualifikation dem Wandel
> im Wettbewerb angepasst werden müssen,
> gilt es auch, die grundsätzliche
> Organisationsgrundsätze / die Abläufe /
> Prozesse in der Materialwirtschaft den
> Veränderungen / Zwängen
> des Marktes anzupassen.
>
> **ANDERS SEHEN LERNEN**

Welches Potential in der Produktions-, Beschaffungs- und Lagerlogistik liegt, lässt sich am besten anhand einer Benchmarking-Tabelle darstellen:

Kennzahl	Bestes Unternehmen	∅ der untersuchten Unternehmen	Schlechtestes Unternehmen
	Kosten in % von Gesamtkosten		
Beschaffungs- / Lagerungs- / Wareneingangs- und Bereitstellkosten	0,4 %	2,6 %	5,7 %
Bestandskosten	0,2 %	1,4 %	3,5 %
Abwertungs- / Verschrottungskosten	0,0 %	0,4 %	0,9 %
Bestandsreichweite in Arbeitstagen[1]	5,0 Tage	50,0 Tage	256 Tage
Liefertreue, bezogen auf den bestätigten Termin	98 %	75 %	28 %

[1] Quelle: Siemens AG, ELC, HuZ

6

1.2 Zielkonflikte in der Materialwirtschaft

Sicher ist, dass der Einsatz der IT alleine, keine wesentlichen Ergebnisse im Hinblick auf eine verbesserte Materialwirtschaft mit sich bringt. Das Umfeld, die Lieferanten, die Produktion, das Lager muss in die Prozessverbesserung mit einbezogen werden.

Die in der Vergangenheit angewandten Strategien, getrennte Optimierung der einzelnen Fachbereiche, wie Vertrieb, Arbeitsvorbereitung, Produktion, Materialwirtschaft, Fertigungssteuerung, verursachen eine Vielzahl von Schnittstellen mit geringem Auftrags- und Kundenbezug und zu langen Durchlaufzeiten. Außerdem konnte sich die Fertigung häufig mit den Ergebnissen der Tätigkeiten nicht identifizieren.

Versuche, die Probleme ausschließlich mit PPS- / ERP-Systemen zu lösen, erreichen wegen ihrer horizontalen Betrachtungsweise nur selten die gewünschten Besserungen.

Erfolgsfaktoren einer effizienten, kundenorientierten Auftragsabwicklung und Material-wirtschaft sind ganzheitliche Logistikkonzepte mit in sich schlüssigen, vertikal gegliederten Verantwortungsbereichen. Gefordert sind also durchgängige Strukturen mit über-schaubaren, dezentralen, eigenverantwortlich geführten Einheiten, die in ihrer Aufbau- und Ablauforganisation konsequent auf eine schnelle Abwicklung des Kundenauftrags ausgerichtet sind.

Bild 1.2:   *Zielkonflikte in der Materialwirtschaft*

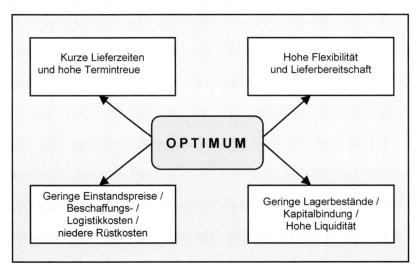

7

Merke: Je niederer die Bestandsmengen,
umso höher muss die Genauigkeit der Bestandszahlen
und der Organisationsgrad des Unternehmens sein!

Bild 1.3: *Darstellung von Bestandshöhe und Organisationsmängel*

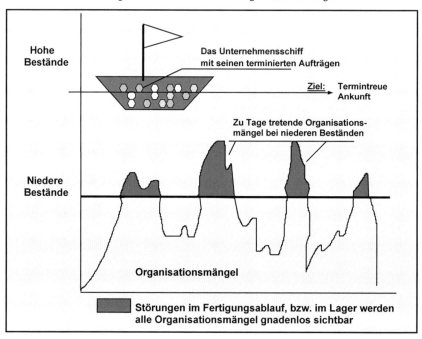

Aus den Darstellungen ergibt sich somit:

→ Hohe Bestände überdecken alle Organisationsmängel

→ Niedere Bestände verlangen eine stimmige Organisation mit optimierten Prozessabläufen im Unternehmen / zum Lieferanten und Kunden selbst

→ Bestände senken, ohne schnelle Verfügbarkeit auf Material und Teile zu haben, hat irgendwo ein Ende, oder

→ alle Materialien / Teile sind in genügender Menge vorrätig, gehören uns aber nicht (**Konsi- / KANBAN-Läger**), bzw.

→ die Lieferanten halten für uns Vorräte, z. B. über so genannte Logistiklösungen, wir erhalten alle Bedarfe innerhalb von maximal 5 Arbeitstagen

→ die Lieferanten haben über Internet-Plattform – *ONLINE* – permanent Zugriff auf unsere Bestände und liefern nach dem Min.- / Max.-Prinzip selbstständig nach (SCM-System)

8

Erzielbare Verbesserungen in der Nachschubautomatik und Lagerhaltung, sowie Fertigungssteuerung durch den Einsatz geeigneter ERP- / PPS Softwaresysteme, optimierte Prozesse und Stammdateneinstellungen

Bild 1.4: *Zielerreichungsgrad durch verbesserte IT- / PPS- / ERP-Einstellungen, in Anlehnung an Prof. Ellinger UNI Köln, Prof. Dr. Dr. Wildemann TU-München*

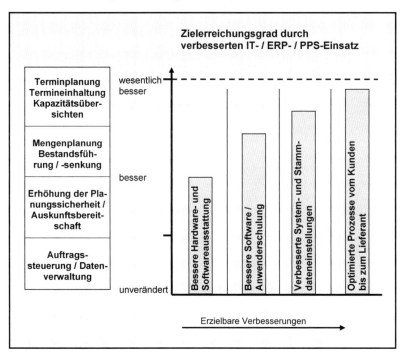

Wenn wir also wesentlich besser werden wollen, müssen wir die modernsten und effizientesten Konzepte in unseren IT-Systemen und in den Köpfen der Mitarbeiter hinterlegen. Die Variantenvielfalt, Termindiktat, Just in time - Erfordernisse zwingen dazu.

U N D

Die aufgestellten Regeln einer geordneten Materialwirtschaft müssen eingehalten werden.

1.3 Zusammenhänge der ERP- / PPS-Kern-Systemfunktionen und Produktionslogistik

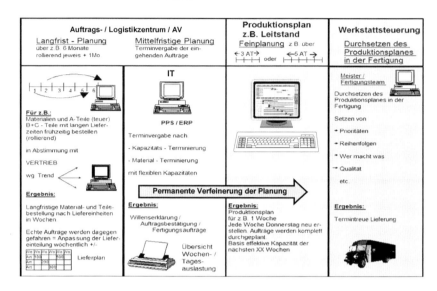

Das IT-Werkzeug in seinen Einzelmodulen

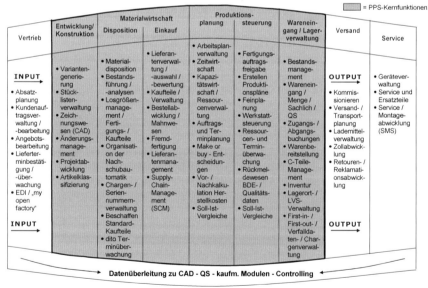

1)   In Anlehnung an Prof. Dr. Schuh / Prof. Dr. Stich, FIR-RWTH-Aachen

2. Bedarfsplanung / Bestands-, Terminverantwortung durchgängig einrichten

Schnittstellen abbauen, Abläufe zusammenlegen, Prozesse straffen

Die Funktionstüchtigkeit der Produktions- und Beschaffungslogistik kann man u. a. an der Menge der sich nicht mehr, oder nur noch sehr selten bewegenden Lagerbestände erkennen (Lagerhüter), bzw. an der Kennzahl Materialumschlagshäufigkeit = Drehzahl.

Drehzahl: Verbrauch letzte 12 Monate : Bestand =	

und am Servicegrad der Liefer- / Termintreue

Anzahl termintreu gelieferte Aufträge[1] zu gesamt gelieferte Aufträge als Servicegrad[1]	in %

und an der Länge der Durchlaufzeit von Betriebsaufträgen

Kennzahl:	$\dfrac{\text{Durchlaufzeit eines Auftrages in Tagen}}{\text{Summe der Fertigungszeit dieses Auftrages in Tagen}}$ =	

sowie

Anzahl Fehlteile, Fertigungsaufträge können nicht gestartet werden	Anzahl Fehlteile	in Fehlteile Positionen

Funktionsmatrix – Anforderungsprofil Materialwirtschaft

Eine wesentliche Voraussetzung für eine funktionsfähige Nachschubautomatik, die mit minimierten Beständen und hoher Lieferbereitschaft arbeitet, ist eine klare Zuordnung der Aufgabenbereiche – dargestellt als Funktions- / Anforderungsprofil mit Tätigkeitsmerkmalen, die sich zusammensetzen:

A)	Konventionelle Betrachtungsweise	
Eine Abteilung: Disposition und Arbeitsvorbereitung, (mit separatem Einkauf und Lager)	oder	Eine Abteilung Material-wirtschaft und Fertigungs-steuerung (ohne Arbeitsplanung)

Oder besser, bezüglich heutiger Just in time - Anforderungen:

B)	Prozessorientierte Betrachtungsweise	
Produktionslogistik = Auftrags- / Logistikcenter	incl.	Beschaffungslogistik = strategischer Einkauf

---

[1] Termintreue bezieht sich auf bestätigten Termin, Servicegrad bezieht sich auf Kundenwunschtermin

Prozesstransparenz schaffen / Verschwendung in den Logistikprozessen erkennen und abbauen

Bild 2.1: *Schemadarstellung einer konventionellen Organisation „Disposition – Beschaffen – Planung und Steuerung der Aufträge", mit vielen Schnittstellen*

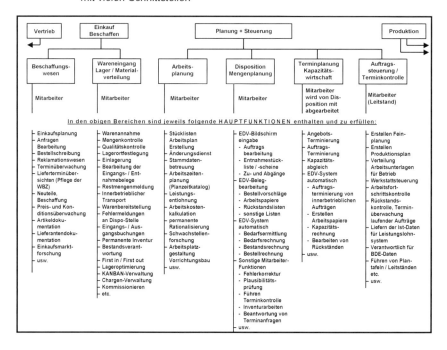

<u>Schnittstellen:</u> Wobei es innerhalb der einzelnen Abteilungen teilweise weitere spezielle Schnittstellen gibt

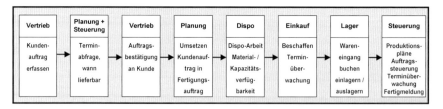

2.1 Optimierung des Informationsflusses, der Schnittstellen, der Prozesse von Lieferant → Lager → Kunde, erhöht die Flexibilität, reduziert Bestände

Als Geschäftsprozess wird eine Folge von Tätigkeiten verstanden, die in einer ablauforientierten Beziehung stehen. Die Tätigkeiten orientieren sich dabei an Produkt, Auftrag und Möglichkeiten, welche im Unternehmen dem Personal bekannt und in ISO-Unterlagen definierbar sind. Innerhalb dieser Abläufe herrscht ein so genanntes Kunden-Lieferanten-Verhältnis. Die Geschäftsprozesse erstrecken sich über Abteilungsgrenzen hinweg und beinhalten Schnittstellen. Für eine bestimmte Tätigkeit werden diese Aktivitäten immer in gleicher Reihenfolge abgearbeitet und durchlaufen viele Hände bis zur Lieferung.

Erfolgsfaktor

CHANGE-
MANAGEMENT

Dies bedeutet, ein minimierter Auftragsdurchlauf in einer Lean Organisation zeichnet sich durch die Fähigkeit aus, dass nur abgeschlossene und vollständige Arbeitsinhalte in den nächsten Prozess übergeben werden. Dies senkt Kosten, durch Vermeiden von Schnittstellenproblemen / von nicht wertschöpfenden Tätigkeiten, wie z. B. Informationsübermittlung, Einlesen, Doppelarbeit o. ä., sowie durch Vermeiden von Nacharbeit und Rückfragen, da nur so genannte i.O.-(in Ordnung)Vorgänge weitergegeben werden. Auch wird die Durchlaufzeit wesentlich verkürzt, da z. B. die komplette Auftragsbearbeitung, von Erfassen bis Liefern, durch weniger Hände mit minimierten Warteschlangenproblemen geht.

Außerdem verbessert eine Prozessorganisation die Kunden-Lieferanten-Beziehung. Der Lieferant und der Kunde profitieren durch die transparente Gestaltung der Abläufe, da die direkten Ansprechpartner bekannt sind und diese auch kontinuierlich z. B. über den Stand / den Arbeitsfortschritt eines Auftrages informiert sind.

Außerdem kann mittels eines Wertstromdessins (= Arbeitsplan für Bürotätigkeiten) über die gesamte Prozesskette die Kosten / das Kosten-Nutzen-Verhältnis je Kunde / je Auftrag ermittelt werden. Dienstleistungen können so wie Arbeitsgänge in der Produktion kalkuliert und zu Einzelkosten gemacht werden.

2.1.1 Mittels Wertstromdessin Doppelarbeit und Verschwendung an Zeit und Kosten erkennen und beseitigen

Was ist ein Wertstromdessin?

Ein Wertstromdessin[1] umfasst die Darstellung aller Tätigkeiten die notwendig sind, um einen Vorgang abzuarbeiten. Es ist quasi ein sehr detaillierter Arbeitsplan, aufgegliedert in die einzelnen Arbeitsprozesse / -schritte, wie dies aus der Arbeitswissenschaft bekannt ist und für die Produktion schon längst genutzt wird (Arbeitsplanorganisation).

Ergänzend kommt hinzu, dass in Form einer Matrixdarstellung alle Abteilungen / Personen die daran beteiligt sind, *„bildhaft"*, in Form von Flussbildern, wie sie aus der Logistik bekannt sind (hier Informationsfluss genannt), aufgeführt werden, um daraus eine ganzheitliche Betrachtung des analysierten Bereiches, mit all seinen Schnittstellen, von z. B. *„Auftragseingang bis Start Produktion"*, oder ab *„Erstellen Lieferschein / Rechnungserstellung bis Geldeingang"* zu erhalten.

Informations-fluss → / Tätigkeiten			Abteilung / Name →	Lauf meter ca.	Durchlauf-zeit in Tagen		Zeitbedarf in Minuten		Häufigkeiten Anzahl Vorg./Wo.		Hilfs-mittel	Musterb eleg Nr.	Be-mer-kun-gen
					min.	max.	min.	max.	min.	max.			
		•	Hier muss eine Tätigkeit gemacht werden, neu Einlesen erforderlich	3 m	0,5	1,0	10'	20'	400	500	ERP	---	
↓				20 m	1,0	2,0	20'	40'	400	500	ERP	1	
				15 m	0,1	0,5	5'	10'	---	---	manuell	1	
				Mail	0,5	1,0	15'	25'	---	---	Excel	2	
		•		12 m	0,5	1,0	20'	30'	---	---	manuell	4	

Mittels dieser Methode wird schnell und einfach erkennbar, wo Doppelarbeit, permanentes neu Einlesen in den Vorgang, o. ä., entsteht (nicht wertschöpfende Tätigkeit / Verschwendung), welcher Zeitaufwand dafür notwendig ist und welche Auswirkung dieser Ablauf auf die gesamte Durchlaufzeit, z. B. eines Auftrages, hat.

Daraus können gezielt Abstellmaßnahmen entwickelt werden, die sich grob in fünf verschiedene Aktivitäten gliedern lassen:

1. Was kann / muss getan werden, damit das viele *„NEU IN DIE HAND NEHMEN"* (zu verstehen wie Rüsten in der Fertigung) vermieden werden kann, z. B. durch prozessorientierte Arbeitsabläufe und welche Auswirkungen dies auf die Mitarbeiter und die Organisation insgesamt hat.

2. Welche Tätigkeitsschritte können ganz entfallen, weil sie auf reinen Überlieferungen – *„wurde immer so gemacht"* – aufgebaut sind, bzw. entfallen automatisch, wenn mehr Tätigkeiten in einer Hand abgearbeitet werden

Legende: • hier muss eine Tätigkeit gemacht werden

•—• geht in eine andere Verantwortlichkeit, Einlesen erforderlich

[1] Dessin = franz. für Zeichnung / Muster / Vorlage / Analyse der Abläufe

3. Wo können Engpässen entstehen, die beseitigt werden müssen?

4. Welche Tätigkeiten können billiger / preiswerter abgearbeitet werden, durch
- Auditierte Lieferanten liefern direkt an Lager (ohne Wareneingangsprüfung)
- Ausgliedern an Spezialisten (Set, fiktive Baugruppen einkaufen)

5. Wo kann mit neuen Techniken / Werkzeugen Abhilfe geschaffen werden, z. B. mittels
- Disposition und Beschaffen eine Einheit
- Barcode- / RFID- / Transponder-Systeme
- Ware zum Mann / automatisiertes Lager
- SCM- / KANBAN- / E-Business, selbst auffüllende Läger
- Einrichten von Lagern in der Produktion / an den Arbeitsplätzen etc.

Untersuchungen haben gezeigt, dass

➢ ca. 25 % der Arbeitszeit im Büro, durch Lesen und Rückfragen von Vorgängen entsteht und

➢ bis zu 70 % der Durchlaufzeit im Büro, reine Liegezeiten darstellen, was bedeutet:

Abkehr von der horizontalen Organisationsform, hin zu vertikalen, in die Tiefe gegliederten Organisationsformen

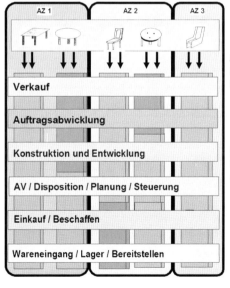

Also durch *„Nicht schneller, sondern anders, intelligenter arbeiten"*

⇨ viel Zeit im Durchlauf und unnötige Kosten

gespart werden können. Siehe nachfolgendes Wertestromdessin „IST- und SOLL-Zustand".

Tayloristisches Arbeiten erzeugt viel Doppelarbeit, nicht wertschöpfende Tätigkeiten. Prozessorientiertes Arbeiten vermeidet dies, erzeugt mehr Verantwortung, bringt die Tätigkeiten / die Arbeiten an die Stelle, wo sie logischerweise auch hingehören. Erhöht die Flexibilität und Kundenorientierung.

Ablaufuntersuchungen / Tätigkeitsanalysen mittels „Wertstromdessin" machen Liegezeiten, Doppelarbeit und Blindleistungen sowie unnötige Kosten auf einfachste Weise sichtbar.

Ablauf- / Tätigkeitsschritte von Auftragseingang – Disposition – Beschaffen – Einlagern – Versand, als grobes Wertstromdessin dargestellt

Pos.	Abteilung / Tätigkeit / Arbeitsschritt	Vertrieb	AV / Planung	Disposition	Einkauf	Fertigungssteuerung	Wareneingang	QS-Abteilung	Lager	Versand	Lauf-meter Min.	Lauf-meter Max.	Zeit in Minuten Min.	Zeit in Minuten Max.	DLZ in Tagen Min.	DLZ in Tagen Max.	Vertrieb	Logistik-Centrum	Wareneingang incl. QL + Lager	Versand	Lauf-meter Min.	Lauf-meter Max.	Zeit in Minuten Min.	Zeit in Minuten Max.	DLZ in Tagen Min.	DLZ in Tagen Max.
								IST-ZUSTAND												SOLL-ZUSTAND						
	Auftragsabwicklung Vertrieb																									
1	Kundenauftrag / Lieferabruf erfassen												0,5	1,0	0,5	1,0										
2	Liefertermin in AV / Fertigungsplanung abfragen												1,0	1,5	1,0	2,0										
3	Auftragsbestätigung an Kunden												1,5	2,0	0,5	1,0										
4	Auftrag einplanen																									
5	Material disponieren												3,0	5,0	1,0	2,0										
6	Material beschaffen																									
7	Auftragsbestätigung bearbeiten																									
8	Teminverschiebung an Dispo melden												1,0	2,5	0,5	1,0					6,5	10,0	1,0	2,0		
9	Auftrag neu einplanen und Meldung an Vertrieb												1,0	1,5	0,3	1,0										
10	Teminverschiebung neue AB an Kunde												0,5	1,0	0,5	1,0										
11	Liefertermine überwachen																									
12	Auftrag einsteuern												1,0	2,5	2,0	2,5										
13	**Summe Zeitaufwand in Min. / Vorgang** **Summe Durchlaufzeit in Tagen**												9,5	17,0	6,3	11,5					6,5	10,0	1,0	2,0		
	Versandabwicklung																									
20	Auftrag freigeben												0,5	1,0	0,5	1,0										
21	Pickliste ausdrucken																									
22	Auslagern												12,0	20,0	0,5	1,0										
23	Kommissionieren																					18,0	36,0	1,5	3,0		
24	Verpacken und Ladeliste ausdrucken												8,0	20,0	0,5	1,0										
25	Verladen												5,0	8,0	1,0	2,0										
26	Auftrag fertigmelden																									
27	Rechnung erstellen												0,5	1,0	1,0	1,0										
28	**Summe Zeitaufwand / Vorgang** **Summe Durchlaufzeit in Tagen**												26,0	50,0	3,5	6,0					18,0	36,0	1,5	3,0		

Ist der abgebildete Ablauf (IST-Zustand) noch zeitgemäß, bezüglich Kundennähe, Durchlauf- / Lieferzeit, kurze Reaktionszeit, Flexibilität?

Das Ergebnis könnte sein:

Zusammenführen der zuvor getrennten Abteilungen, Arbeitsplanung, -steuerung, Disposition und Beschaffen zu einer Einheit.

Bild 2.2: Schemadarstellung eines Logistik- / Auftragszentrums
(nach Kunden oder Warengruppen gegliedert)

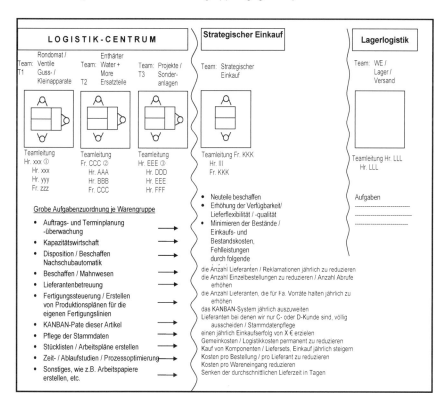

Durch eine so genannte Pärchenbildung und Jobrotation (im Rahmen des Möglichen) werden alle Teammitglieder schrittweise so ausgebildet, dass sie weitestgehend alle notwendigen Tätigkeiten für eine komplette Auftragsabwicklung beherrschen. Jeder kann jede Arbeit[1] machen, jeder kann jeden vertreten.

Die Teammitglieder, T1 - T3, haben Ziele, wie z. B.:
→ wöchentlicher Umsatz mit Kunden / zu Fertigungsteams
→ Angebote müssen innerhalb von drei Tagen beim Kunden sein
→ Aufträge müssen innerhalb von zwei Tagen in Fertigung sein
→ Standardprodukte innerhalb von 24 Std. beim Kunden

[1] für bestimmte Arbeiten wird es immer einen Spezialisten geben

17

Sofern alle Warengruppen-Teams dieselben Maschinen / Anlagen benötigen, muss die Fertigungssteuerung in ein separates Team überführt werden = Zentrale Steuerung

LOGISTIK - CENTRUM

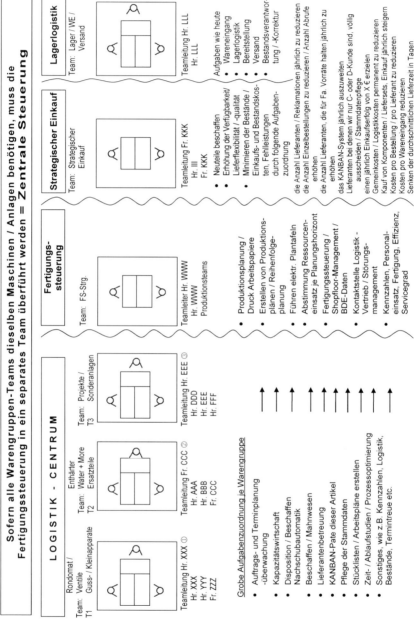

Team: T1
Rondomat /
Ventile
Guss- / Kleinapparate

Teamleitung Hr. XXX ①
Hr. XXX
Hr. YYY
Fr. ZZZ

Team: T2
Enthärter
Water + More
Ersatzteile

Teamleitung Fr. CCC ②
Hr. AAA
Hr. BBB
Fr. CCC

Team: T3
Projekte /
Sonderanlagen

Teamleitung Hr. EEE ③
Hr. DDD
Hr. EEE
Hr. FFF

Grobe Aufgabenzuordnung je Warengruppe

- Auftrags- und Terminplanung -überwachung
- Kapazitätswirtschaft
- Disposition / Beschaffen Nachschubautomatik
- Beschaffen / Mahnwesen
- Lieferantenbetreuung
- KANBAN-Pate dieser Artikel
- Pflege der Stammdaten
- Stücklisten / Arbeitspläne erstellen
- Zeit- / Ablaufstudien / Prozessoptimierung
- Sonstiges, wie z.B. Kennzahlen, Logistik, Bestände, Termintreue etc.

Fertigungssteuerung

Team: FS-Strg.

Teamleiter Hr. WWW
Hr. WWW
Produktionsteams

- Produktionsplanung / Druck Arbeitspapiere
- Erstellen von Produktionsplänen / Reihenfolgeplanung
- Führen elektr. Plantafeln
- Abstimmung Ressourceneinsatz je Planungshorizont
- Fertigungssteuerung / Shopfloor-Management / BDE-Daten
- Kontaktstelle Logistik - Vertrieb / Störungsmanagement
- Kennzahlen, Personaleinsatz, Fertigung, Effizienz, Servicegrad

Strategischer Einkauf

Team: Strategischer Einkauf

Teamleitung Fr. KKK
Hr. III
Fr. KKK

- Neuteile beschaffen
- Erhöhung der Verfügbarkeit / Lieferflexibilität / -qualität
- Minimieren der Bestände / Einkaufs- und Bestandskosten. Fehlleistungen durch folgende Aufgabenzuordnung

die Anzahl Lieferanten / Reklamationen jährlich zu reduzieren
die Anzahl Einzelbestellungen zu reduzieren / Anzahl Abrufe erhöhen
die Anzahl Lieferanten, die für Fa. Vorräte halten, jährlich zu erhöhen
das KANBAN-System jährlich auszuweiten
Lieferanten bei denen wir nur C- oder D-Kunde sind, völlig ausscheiden / Stammdatenpflege
einen jährlich Einkaufserfolg von X € erzielen
Gemeinkosten / Logistikkosten permanent zu reduzieren
Kauf von Komponenten / Liefersets, Einkauf jährlich steigern
Kosten pro Bestellung / pro Lieferant zu reduzieren
Kosten pro Wareneingang reduzieren
Senken der durchschnittlichen Lieferzeit in Tagen

Lagerlogistik

Team: Lager / WE / Versand

Teamleitung Hr. LLL
Hr. LLL

Aufgaben wie heute
- Wareneingang
- Lagerlogistik
- Bereitstellung
- Versand
- Bestandsverantwortung / -Korrektur

2.1.2 Mehr Verantwortung und Arbeitsinhalte ins Lager verlegen / Fehlleistungskosten minimieren

Die Softwaresysteme sind heute durchgängig angelegt (Datenbanksysteme), so dass prinzipiell nur Zugriffsberechtigungen freigegeben werden müssen. Die Erfahrung hat gezeigt, je näher (örtlich) die Bestandsführung / Nachschubautomatik am Lagerfach ist, je besser stimmen die Bestände, je weniger Fehlleistungen gibt es.

Die steigende Anzahl Dispo-Vorgänge, durch steigende Anzahl Aufträge mit kleineren Stückzahlen, bei permanent steigender Variantenanzahl, sowie die Schnittstellenproblematik / Erkenntnisse aus dem Wertstromdessin, führen dazu, dass immer mehr Unternehmen die Nachschubautomatik (zumindest für bestimmte Artikel) in die Hände des Lagers / des Lagerleiters legen.

Ziel: Da wo der Hauptlieferant und der Preis bekannt sind, ist dies sinnig.
Prozesse werden minimiert, die Datenqualität steigt.

Der Just in time - Gedanke, sowie die Umstellung von der bedarfsorientierten Disposition, in eine verbrauchsorientierte Disposition fördert dies wesentlich.

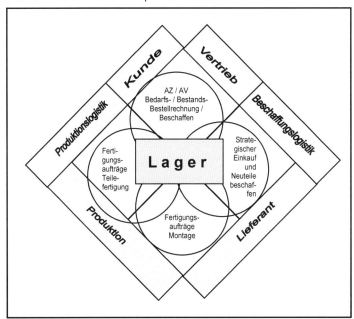

Einbettung des Lagers in seine Umfeldorganisation und Erweiterung der Tätigkeiten, bedeutet somit bereichsübergreifend:

► Kosten minimieren
 – Prozesskosten intern / extern
 – Kapitalkosten
 – Fehlleistungskosten

► Leistung maximieren
 – Materialverfügbarkeit
 – Lieferflexibilität intern / extern
 – Liefertreue intern / extern

3. Materialwirtschaft / Logistik – Lean Denkansätze – Ein Schritt zur Bestandssenkung

3.1 Steigender Aufwand in der Warenwirtschaft, trotz modernstem IT-Einsatz

ERP → **E**nterprise **R**essource **P**laning - Software hilft, die dispositiven Ressourcen – Mensch – Maschine – Werkzeug – Material – sowie Transportkapazitäten eines Unternehmens, optimal aufeinander abzustimmen. Dies ist das Vertriebsschlagwort vieler Anbieter von Hardware- und Softwaresystemen geworden.

Der potenzielle Anwender will allein mit Technik, durch Investitionen in Hard- und Software, seine Problemlösung kaufen, bzw. glaubt, sie kaufen zu können. So die Werbung.

Demnach soll ein zentrales Produktionsplanungs- und Steuerungs- / ERP- / PPS-System in der Lage sein, Auftragseingänge, Variantenkonstruktion, Produktionsprozesse und -kapazitäten, Lager- und Umlaufbestände, sowie Wareneingang / Warenverbrauch und Versand – Logistik so zu koordinieren und aufeinander abzustimmen, dass mit minimalen Beständen die richtigen Fertigprodukte zur richtigen Zeit, in der gewünschten Menge und Qualität, mit kürzesten Lieferzeiten zum Kunde gelangen.

Das Problem ist nur, man hat den Verbraucher, den Endabnehmer vergessen!

Plötzliche und immer häufiger kurzfristige Änderungen am Markt / im Verbraucherverhalten, Lieferverzug oder Qualitätsprobleme, bringen die im System geplanten Annahmen und Prozesse völlig durcheinander und machen schnelle, teilweise manuelle, Eingriffe notwendig.

In der Folge entsteht eine mehr oder weniger große Diskrepanz zwischen PLAN- und IST-Situation, was tatsächlich beschafft / gefertigt werden muss. Permanente Umplanungen sind notwendig, Termine können nicht, oder nur unter erheblichen Mehrkosten eingehalten werden. Die Bestände und Rückstände steigen. Was morgens neu geplant / eingeteilt wurde, ist nachmittags bereits hinfällig / überholt. Auch der enorme Aufwand für Stammdatenpflege und laufende Anpassungen, machen den Anwendern das Leben schwer. Die Konsequenz kann sein: Am so mühsam aufgebauten und teuer bezahlten ERP- / PPS-System wird vorbeigeplant. Das System selbst hinkt hinterher.

Es muss aber das produziert werden, was der Kunde will, nicht was das System will.

Was zu folgender Grundsatzphilosophie führt:

- Der Kunde bestimmt was produziert wird
- Der Kunde bezahlt nur den wertschöpfenden Anteil am Produkt
- Ein Kunde kauft kein Produkt, sondern nur
  - ▶ Kapazität u n d
  - ▶ Know-how
    - ⇨ Know-how ist das Produkt
    - ⇨ Kapazität ist die Anzahl Maschinen / Mitarbeiter über die gesamte Herstellprozesskette
- Hohe Liquidität ist auch Leistung

Daran hat sich alles auszurichten

Mit folgender Zielsetzung für einen hohen Lieferservice mit niederen Beständen:

- Minimieren aller nicht wertschöpfenden Tätigkeiten. Abbau von Blindleistungen und versteckter Verschwendung, insbesondere in den fertigungsnahen Dienstleistungsbereichen
- Abbau überholter Wirtschaftlichkeitsbetrachtungen. Es zählt nur das Gesamtoptima, nicht das Einzeloptimum
- Ein abgespeckter ERP- / PPS-Einsatz erzeugt Freiräume und vermindert Blindleistungen und nicht wertschöpfende Tätigkeiten in der Fertigung und in den angegliederten Dienstleistungsbereichen
- Optimieren des Material- und Informationsflusses – Vom Kunden bis zum Lieferant – Prozessorientiert durch Abkehr vom Push- zum Pull-System
- Einbinden der Lieferanten in die gesamte Logistik- und Produktionskette mittels ERP- / SCM- und KANBAN-Systemen etc. Kunden und Lieferanten haben gegenseitig Zugriff auf die Bestands- und Bedarfsdaten
- Reduzieren von Schnittstellen und Transportwegen. Die Produktion muss fließen, also Segmentieren der Fertigung prozessorientiert als Linienfertigung / Röhrensystem
- Kapazitäten schaffen und nicht verwalten / Hohe Mitarbeiterflexibilität
- Nur fertigen was gebraucht wird / Reduzierung der Werkstatt- und Lagerbestände durch Fertigen kleiner Lose
- Nicht so viele Aufträge in der Fertigung wie möglich, sondern so wenig, dass die Ware fließt, aber keine Abrisse entstehen
- Einfache Steuerungsinstrumente „Engpassplanung im Fertigungsrohr- / Segment" durch KANBAN und Linienfertigung
- Feinsteuerung vor Ort, durch mitarbeitende Produktmanager je Fertigungslinie / -segment
- Verbesserung der Transparenz durch den Einsatz von TOP-Kennzahlen, die die tatsächliche betriebliche Leistung widerspiegeln und an denen abgeleitet werden kann *„Wie atmet die Fertigung?"*

Woraus sich folgende Organisations- / Dispositions- und Beschaffungsvorgänge ergeben:

Die Hauptfaktoren in der Produktionslogistik

Vereinfachen des IT- / Software-einsatzes und der Abläufe im Unternehmen, mittels Wertstromdessin/ Stammdaten aktualisieren und pflegen

heute	zukünftig
konservativ	kundenorientiert

Denkweise

Einbinden der Lieferanten in die gesamte Logistik- und Produktionskette mittels ERP- / Bauhaus- und KANBAN-Systemen etc. Kunden und Lieferanten haben gegenseitig Zugriff auf die Bestands- und Bedarfsdaten

heute	zukünftig
wenig	alle

Anzahl Lieferanten, in die Logistikkette eingebunden

Realisieren der neuen Aufgabe Kapazitäten schaffen, und nicht in PPS verwalten, durch bilden von externen Personal- und Maschinenpuffern auf die flexibel zurückgegriffen werden kann

heute	zukünftig
viele	wenig

Personal- und Maschinenengpässe

Einrichten zukunftsweisender Arbeits- und Organisationsstrukturen, prozess- und teamorientiert zum Kunden mit schlüssigen Verantwortungen, prozessorientiert als KANBAN-Regelkreise

heute	zukünftig
geringe Flexibilität	hohe Flexibilität

Mitarbeiterqualifikation

Reduzieren des Working Capitals in der Fertigung

heute	zukünftig
hoch	nieder

Working Capital

Reduzieren der Durchlaufzeiten und Losgrößen

heute	zukünftig
groß	gering

Lose / Durchlaufzeiten

Verbesserung der Effizienz durch Abbau von nicht wertschöpfenden Tätigkeiten / Blindleistungen durch KANBAN- / Supply-Chain-Systeme

heute	zukünftig
viele	wenig

nicht wertschöpfende Tätigkeiten / Blindleistungen

Mit Kennzahlen die Logistik steuern, Abweichungen erkennen, gegensteuern

heute	zukünftig
hoch	nieder

Logistikkosten

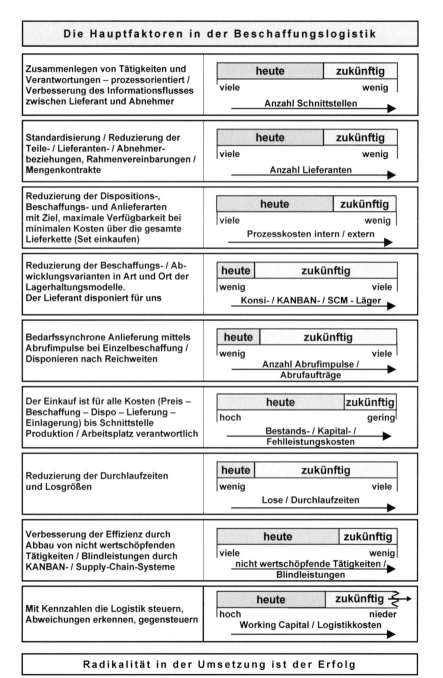

Die Hauptfaktoren in der Beschaffungslogistik

| Zusammenlegen von Tätigkeiten und Verantwortungen – prozessorientiert / Verbesserung des Informationsflusses zwischen Lieferant und Abnehmer | **heute** \| **zukünftig**
viele \| wenig
Anzahl Schnittstellen |

| Standardisierung / Reduzierung der Teile- / Lieferanten- / Abnehmer-beziehungen, Rahmenvereinbarungen / Mengenkontrakte | **heute** \| **zukünftig**
viele \| wenig
Anzahl Lieferanten |

| Reduzierung der Dispositions-, Beschaffungs- und Anlieferarten mit Ziel, maximale Verfügbarkeit bei minimalen Kosten über die gesamte Lieferkette (Set einkaufen) | **heute** \| **zukünftig**
viele \| wenig
Prozesskosten intern / extern |

| Reduzierung der Beschaffungs- / Abwicklungsvarianten in Art und Ort der Lagerhaltungsmodelle. Der Lieferant disponiert für uns | **heute** \| **zukünftig**
wenig \| viele
Konsi- / KANBAN- / SCM - Läger |

| Bedarfssynchrone Anlieferung mittels Abrufimpulse bei Einzelbeschaffung / Disponieren nach Reichweiten | **heute** \| **zukünftig**
wenig \| viele
Anzahl Abrufimpulse / Abrufaufträge |

| Der Einkauf ist für alle Kosten (Preis – Beschaffung – Dispo – Lieferung – Einlagerung) bis Schnittstelle Produktion / Arbeitsplatz verantwortlich | **heute** \| **zukünftig**
hoch \| gering
Bestands- / Kapital- / Fehlleistungskosten |

| Reduzierung der Durchlaufzeiten und Losgrößen | **heute** \| **zukünftig**
wenig \| viele
Lose / Durchlaufzeiten |

| Verbesserung der Effizienz durch Abbau von nicht wertschöpfenden Tätigkeiten / Blindleistungen durch KANBAN- / Supply-Chain-Systeme | **heute** \| **zukünftig**
viele \| wenig
nicht wertschöpfende Tätigkeiten / Blindleistungen |

| Mit Kennzahlen die Logistik steuern, Abweichungen erkennen, gegensteuern | **heute** \| **zukünftig**
hoch \| nieder
Working Capital / Logistikkosten |

Radikalität in der Umsetzung ist der Erfolg

3.2 Der Disponent wird Beschaffer / Pate für seine Produkte, prozessorientiert von Endprodukt bis zum Einzelteil-Halbzeug

Ein weiterer wesentlicher Punkt zur termintreuen Lieferung mit minimierten Beständen liegt im Bereich der Reduzierung der Entscheidungsebenen und der Zuordnung von genau definierten Verantwortlichkeiten für Disposition und Beschaffung nach Produkt- / Artikelgruppen. Sie wird durch eine Matrixorganisation erreicht und durch Zuordnen des Beschaffungsvorganges an den Disponenten. Also Aufteilung des Einkaufes in einen strategischen Teil (z. B. Preise und Lieferanten bestimmen bleibt bei Einkauf) und in einen operativen Teil (das Beschaffen wird in die Disposition integriert).

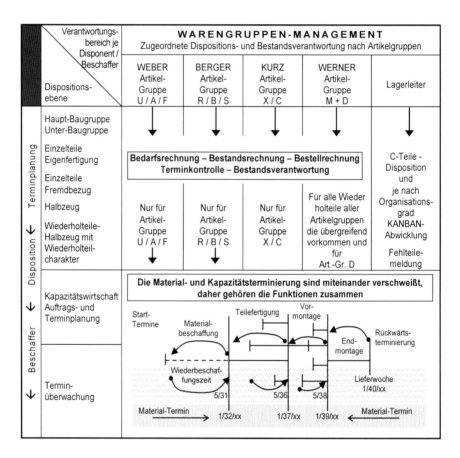

Diese Zuordnung (Warengruppen-Management) hat den weiteren Vorteil, dass die Arbeitsqualität jedes einzelnen Disponenten eindeutig kontrolliert werden kann, z. B.

- Bestandsveränderung in € je Disponent
- Fehlteile / Termineinhaltung je Disponent
- Bestandssicherheit, bezogen auf die Verfügbarkeit des körperlichen Bestandes je Disponent
- Bestellen von Bedarfen in gleichen Wellen und Mengen pro Produkt bzw. Produktgruppe
- Umschlagshäufigkeit der Teile je Disponent

und im Falle von erforderlichen Bestandssenkungsmaßnahmen eindeutige Vorgaben, sowie deren Kontrolle auf Einhaltung getroffen werden können.

Um diese Organisationsform verwirklichen zu können, ist es aber erforderlich, dass diese Detailorganisation in eine zweckentsprechende, funktionsfähige Gesamtorganisation, siehe Anlage Stammdatenzuordnung, Abschnitt *„Funktions- und Tätigkeitsmatrix nach Verantwortungsbereichen"*, eingebettet ist, und dass mittels eines so genannten Verantwortungsquadrates (*„Führen nach Kennzahlen"*), die Funktionsfähigkeit im Rahmen eines Controllingsystems auch dargestellt werden kann.

Bild 3.1: *Eindeutige Aufgabenvergabe / Aufgabenumschreibung gemäß Lean-Gedanke je Disponent / Beschaffer nach Warengruppen*

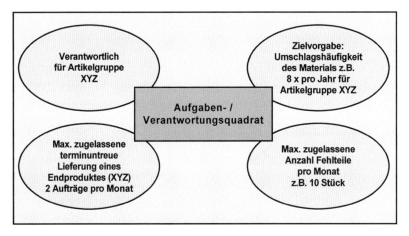

Wichtige Voraussetzung für eine zeitgerechte Material- / Teileanlieferung ist jedoch ein stimmendes Bestandswesen, d. h. dass die Bestände in der IT mit den Beständen im Lager übereinstimmen, wobei KANBAN durch seine automatische Nachschubregelung Bestandsfehler in der Praxis vor Ort, erst gar nicht auftreten lässt.

Merke: **Je niedriger die Bestandsmengen, umso höher muss die Genauigkeit der Bestandszahlen werden!**

3.3   Mehrstufigkeit abbauen / Reduzierung der Lagerstufen

Reduzierung der Dispositionsebenen, ein Schritt zur Senkung der Bestände – Erhöhung der Verfügbarkeit

Die Regeln der Materialwirtschaft lehren, dass in den einzelnen Dispositionsebenen die jeweiligen Lagermengen einzeln optimiert werden. Dadurch kann das Gesamtoptimum aus den Augen verloren werden, und es wird zu viel Kapital in Lagerbeständen und -ausstattung investiert, weil Lagern in den Mittelpunkt aller Überlegungen gestellt wurde.

Das Ergebnis ist:

Unnötige Lagerstufen, sowohl auf den Ebenen

- Fertigerzeugnisse
- Baugruppen
- Einzelteile,

als auch in der Fertigung in Form von abgearbeiteten Aufträgen.

Wo und wie viel gelagert werden soll, hängt insbesondere vom Verhältnis Lieferzeit zu Durchlaufzeit und von Wirtschaftlichkeitsbetrachtungen ab.

Anhand eines Wertezuwachs- und Lagerbestandsprofiles soll beispielhaft aufgezeigt werden, wie bei Entfall von zwei Lagerstufen sich eine Bestandssenkung von ca. 40 %, bei gleichzeitiger Durchlaufzeitreduzierung von ca. 18 % ergibt.

Siehe Bild *„Schema Wertezuwachs- und Lagerbestandsprofil"*.

Damit der damit verbundene schnellere Auftragsdurchlauf funktioniert, muss die Fertigung flexibler und die Werkstattsteuerung verbessert werden.

Beides sind also Forderungen, die im Rahmen des Themas Bestandssenkung / kürzere Lieferzeiten, Durchlaufzeiten sowieso erreicht werden müssen.

Also Abbau von Baugruppen / Einführung von:

- Dispositionsstufen nach Fertigungsgesichtspunkten / flache Stücklisten mit wenig Baugruppen
- Strukturstufen für Konstruktion und Zeichnungswesen,

wobei die komplette Materialwirtschaft und Bestandsführung nur nach den gekennzeichneten Dispo-Stufen geführt wird.

Die Baugruppen-Zeichnungs- / Artikelnummern bleiben erhalten, im ERP-System wird nur der ✓ Haken von lagerfähig J auf lagerfähig N gesetzt, also eine fiktive Baugruppe dargestellt, damit u. a. auch für das Bereitstellen der Ware im Lager, eine sogenannte Entnahme-Stückliste erzeugt werden kann.

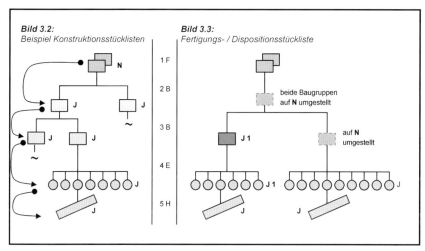

Bild 3.2:
Beispiel Konstruktionsstücklisten

Bild 3.3:
Fertigungs- / Dispositionsstückliste

Legende:

1 F	= Fertigprodukt	Ebene 1
2 B	= Baugruppe	Ebene 2
3 B	= Unterbaugruppe	Ebene 3
4 E	= Einzelteile	Ebene 4
5 H	= Halbzeug	Ebene 5

N = Nicht lagerfähig, also keine Dispo-
Stufe, nur Strukturstufe für F + E
Baugruppen-Nr. bleibt bestehen

J = Lagerfähig, wird dispositiv behandelt.
Lagerfach vorhanden und gleichzeitig
Strukturstufe für F + E
oder

J 1 = wird über KANBAN-System durch
die Fertigung selbst gesteuert

Aus dieser Darstellung wird ersichtlich, je mehr Dispositionsstufen vorhanden sind:

- desto länger ist die Reaktionszeit
- umso höher sind die Sicherheiten in Menge und Termin
- es addieren sich die Bestände auf das X-fache des Notwendigen
- umso mehr Dispositions- / Bereitstell- und Buchungsprozesse entstehen, die nach jeweils eigenen Regeln ablaufen
- umso schwieriger wird es, die Einzeloptima, die einzelnen Entscheidungsprozesse aufeinander abzustimmen
- Die durch die einzelnen Dispositions- und Entscheidungsebenen gebildeten Zeit- und Mengenreserven addieren sich zu einer deutlichen Verlängerung der Durchlaufzeit und Erhöhung der Bestände

Die erforderlichen Maßnahmen für eine bestandsminimierte Materialwirtschaft sind:

- Abbau der Dispositionsstufen / Sicherheit auf die unterste Ebene verlagern
- Stücklistenauflösung mehrmals täglich / Online Bestands-Info
- Disponieren nach Reichweiten
- Abbau von Sicherheitsbeständen

Bild 3.4: *Schema Wertezuwachs- und Lagerbestandsprofil*

Dispositions-Stückliste mit L = Lagerebene	Lagerwert bei 5 Lagerebenen	Durchlaufzeit bei 5 Lagerebenen		Lagerwert bei 2 Lagerebenen	Durchlaufzeit bei 2 Lagerebenen	
Fertigerzeugnis	------	0,1	Monate Endmontage	------	0,2	Monate Endmontage
Baugruppe 1. Ordnung	€ 200.000,--	0,5	Monate Fertigungsdurchlaufzeit	------	e n t f ä l l t	
		1,0	Monate Liegezeit Lager			
Baugruppe 2. Ordnung	€ 150.000,--	0,5	Monate Fertigungsdurchlaufzeit	------	e n t f ä l l t	
		1,0	Monate Liegezeit Lager			
Baugruppe 3. Ordnung	€ 120.000,--	0,5	Monate Fertigungsdurchlaufzeit	------		
		1,0	Monate Liegezeit Lager			
Einzelteile F = Fremdbezug E = Eigenfertigung	€ 100.000,--	0,5	Monate Fertigungsdurchlaufzeit	€ 200.000,--	0,5	Monate Fertigungsdurchlaufzeit
		1,0	Monate Liegezeit Lager		1,0	Monate Liegezeit Lager (als Konsi-Lager?)
Halbzeug	€ 50.000,--	1,5	Monate Liegezeit Lager	€ 50.000,--	1,5	Monate Liegezeit Lager
Summen: 5 Lagerebenen	**€ 620.000,--**	**7,6**	**Monate Gesamt-Durchlaufzeit**	**€ 250.000,--**	**3,2**	**Monate Gesamt-Durchlaufzeit NEU**

Wenn Dispositionsstufen und Arbeitsstationen im Produktionsprozess nicht abgebaut werden können, ist zumindest eine Synchronisation im Durchlauf (Grüne Welle) anzustreben, damit Warteschlangen vermieden werden können / Disponieren nach Wellen (gleiche Mengen).

Basis für eine bedarfsdispositions- und fertigungsgerechte Stücklistenauflösung sind so genannte **Fertigungs- / Dispositionsstücklisten.**

Die Konstruktions- / Fertigungs- oder Dispositionsstücklisten unterscheiden sich untereinander dadurch, dass die Fertigungsstücklisten nicht nach konstruktiven Gesichtspunkten, sondern nach Dispositions- und Lagerstufen aufgebaut sind, wie sie in der Fertigung zusammengeführt werden, reine Strukturstufen als fiktive Baugruppen außer Acht bleiben und möglichst nicht an Lager gelegt werden. Durch paralleles montieren, Vor- / Endmontage, werden Ihre Lieferzeiten zum Kunde nicht länger, eher kürzer.

In einer weiteren Stufe stellt sich dann die Frage nach der Lagerstufe, nach welchem Arbeitsgang soll gelagert werden. Neben organisatorischen Maßnahmen kann der Abbau von Fertigerzeugnissen im Vertrieb, bzw. von Baugruppen im Betrieb durch eine flexible Material- / Teileeindeckung erreicht werden. Per Saldo ergibt dies eine deutliche Bestandsreduzierung.

3.4 Nach welchem Arbeitsgang soll gelagert werden?

Ein weiterer wichtiger Punkt zur Verkürzung der Durchlaufzeit und Erhöhung der Flexibilität und Reduzierung der Bestände ist die Überlegung

„Nach welchem Arbeitsgang wird an Lager gelegt?"

Im Regelfall wird davon ausgegangen, dass z. B. Einzelteile montagefähig, also direkt einbaufähig, gelagert werden, was aber insbesondere bei Variantenfertigern zu folgenden Nachteilen führen kann:

– Trotz hoher Bestände im Teilelager, fehlt immer gerade das Teil / die Variante die gerade gebraucht wird.
– Was insbesondere bei Teilen mit langen Durchlaufzeiten zu großen Problemen in der Termintreue führen kann, und
– dies gegen wesentliche Gesichtspunkte der Kapitalbindung spricht, aber nie auffällt

da an dieses Kriterium einfach nicht gedacht wird.

Bild 3.5: *Grundsätzliche Überlegungen, nach welcher Wertigkeit soll gelagert werden? Erst kurz vor Auslieferung sollte die größte Wert- und Kostensteigerung eintreten*

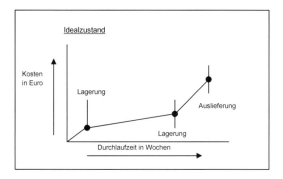

Bild 3.6: *In der Praxis häufig angetroffene Wertigkeit der Lagerung*

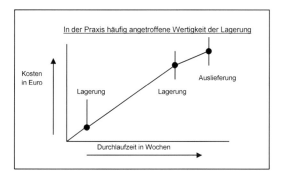

Am einfachsten kann dies an einem realen Beispiel im Detail verdeutlicht werden:

Bild 3.7: *Herkömmliche Betrachtung, Teil liegt einbaufertig / montagefähig an Lager*

Diesen Antriebs-Flansch (Anschlussteil für Motor an Getriebe) gibt es in 20 verschiedenen Bohrungsvarianten, die alle am Lager liegen.

Bestand pro Teil: 100 Stück im ∅

∅-Preis pro Teil: 40,-- €

<u>Woraus sich ergibt:</u>

Lagerbestand in €   ca.   80.000,--
             (20 x 100 x 40 €)

Anzahl belegte Lagerfächer   20

∅ verfügbare Teile in Stück: 0 - 180
             (je nach Lagerbestand)

Bild 3.8: *Vorschlag zur Einlagerung, Teil liegt als Rohling, also nicht mehr einbaufertig an Lager, Bohrungen für Motoranschlüsse sind noch nicht gesetzt Bohren ist der erste Arbeitsgang der Montage*

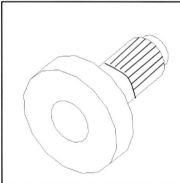

Teile liegen nicht mehr einbaufähig am Lager, sondern ungebohrt als KANBAN-Teil in der Fertigung. Montagegruppe erhält CNC-Bohrmaschine und produziert gewünschte Variante vor Einbau.

Es liegen 800 Teile am Lager, also das 8-fache ∅-Preis pro Teil: 32,-- €

<u>Woraus sich ergibt:</u>

Lagerbestand in €   25.600,--
             (1 x 800 x 32 €)

Anzahl belegte Lagerfächer   1

∅ verfügbare Teile in Stück: 100 - 800

Aussage: Einsparung in €   =   54.400,--   (80.000,-- - 25.600,--)
                Einsparung Lagerfächer   =   19
                Einsparung Artikelnummern   =   19   (Stammdatenverwaltung)

- Teileverfügbarkeit   =   ist um 800 % höher
- die Wahrscheinlichkeit, dass eine bestimmte Variante nicht gefertigt werden kann, das Teil also fehlt, geht jetzt gegen null
- Die CNC-Maschine die gekauft wird, finanziert sich selbst, durch Abbau Lagerbestand und entfallene Eilaufträge in Teilefertigung und Montage, ungeplantes Rüsten in der Teilefertigung, mehrmals anfangen, weglegen in der Montage und vermiedene Teillieferungen / Versandkosten, die leider in der Kalkulation nicht sichtbar sind
- Gemeinkosten werden in Einzelkosten umgewandelt
- Rohlingteilenachschub kann mittels KANBAN-Organisation einfachst gehandhabt werden – Montage ➜ Lager ➜ Vorfertigung

Hilfreich zur Findung von KANBAN-Regelkreisen, ist die Visualisierung der Arbeitsabläufe in Form einer so genannten Sprengzeichnung. Sie zeigt auf, dass, bezogen auf eine Warengruppe, letztlich immer *„DAS GLEICHE"* hergestellt wird und wo die Varianten entstehen.

Immer dort, wo aus einer Vorstufe weitere Varianten entstehen, bietet es sich an, KANBAN-Regelkreise einzurichten, insbesondere dann, wenn die Durchlaufzeit, auf Grund vieler Arbeitsgänge, über 5 Arbeitstage liegt.

Die Varianten liegen z. B.

> ➢ in der Legierung
>
> ➢ im Durchmesser
>
> ➢ in den Wandstärken
>
> ➢ in den Härtegraden

wobei Artikel z. B. mit kleinem Durchmesser, ab einem bestimmten Durchmesser auf anderen Anlagen hergestellt werden, als diejenigen mit großem Durchmesser, wodurch sich die Segmentierung der Anlagen, der Regelkreise im Prozess ergibt.

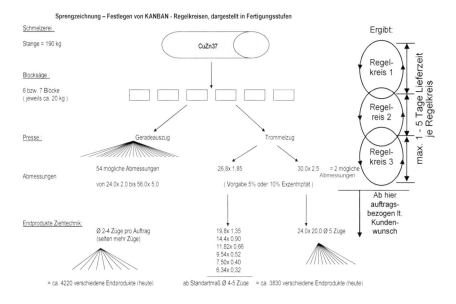

31

Bild 3.9: *Schemaablauf: Kundenaufträge – Stücklistenauflösung – Brutto- / Netto-Bedarfsrechnung – Disposition – Beschaffen – Lagern – Versenden*

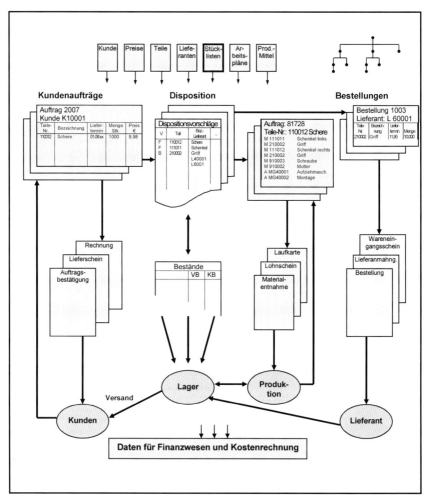

4. Disposition / Bestandsführung / Nachschubautomatik verbessern

4.1 Verbesserung der Dispositionsverfahren und Qualität

Jeder geordnete Materialdurchlauf setzt voraus, dass geeignete Unterlagen vorliegen. Dies sind Stücklisten und in begrenztem Umfang Arbeitspläne. Ohne richtig aufgebaute Stücklisten können Teile für die Fertigung und Montage nicht korrekt beschafft / bereitgestellt werden. Mangelt es aber an der terminlich richtigen Bereitstellung, fehlen Teile, so liegen andere Teile / Materialien in den Lägern, binden Kapital, führen zu Produktionsstockungen und erhöhen die Bestände, da nichts abfließt.

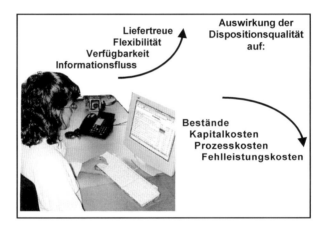

Wenn also Bestände, Lieferservice und Kosten optimiert werden sollen, muss ein Regelwerk für die unterschiedlichen Warengruppen und Artikelstrukturen geschaffen werden:

- welche Dispositionsstrategie
- welche Bevorratungsstrategie
- welche Losgrößenstrategie

soll gefahren werden.

Alles unter immer kürzer werdenden Lieferzeitbedingungen. Denn wenn Ihre Kunden ihre Bestände reduzieren, bestellen sie später und wollen die Ware früher. Diese Herausforderung muss zu 100 % geleistet werden.

4.1.1   Die neue ABC-Analyse als Bestandswertstatistik / Grundlage für eine bestandsminimierte Disposition

In früheren Jahren war die Klassifizierung ausschließlich durch Multiplikation der beiden Faktoren **„Menge x Preis"** und danach Einteilung in drei Gruppen, nach dem 80-20-Prinzip, üblich.

Bei dieser Betrachtung fehlt, bezüglich Lieferservice / Verwirklichung des Just in time-Gedankens, die Einflussgröße *„Wiederbeschaffungszeit"*. Deshalb werden heute zur Bestimmung der ABC-Wertigkeit die Merkmale

Preis pro Artikel absolut, sowie die Dauer der Wiederbeschaffungszeit in Wochen

verwendet. Hinzu kommt die Größe / das Volumen der Teile bezüglich Lagerplatzbedarfs.

Bild 4.1:   *A- / B- / C-Bestimmung nach Wertigkeit / Kosten und Wiederbeschaffungszeit / Lieferzeit (Beispiel), heute*

Wert	Teileart nach Wert	Wieder-beschaffungs-zeiten	Teileart nach WBZ und Wert	Platz-bedarf?[1] U - V - W	Mindest-haltbar-keit
Größer 10,-- €	A	5 Wochen	A-Teil		
		17 Wochen	A-Teil	Teile mit großem Ausmaß/ Volumen können wegen hohem Platzbedarf auch zu A-Teilen werden	Teile mit geringer Mindesthaltbarkeit / Verfalldatum sollten auch A-Teile sein
Größer 1,-- €	B	4 Wochen	B-Teil		
		20 Wochen	A-Teil		
Kleiner 1,-- €	C	3 Wochen	C-Teil		
		18 Wochen	A-Teil		

Woraus sich folgende Zielvorgaben für die Nachschubautomatik ergeben:

Artikelklassifizierung		Schwankungsbreite der Verbräuche (V)		
		Gering	Mittel	Groß
		X-Teile	Y-Teile	Z-Teile (S)
Servicegrad		Hoch	Mittel	Gering
Geringe Mengen / Anlefer-Takt	A-Teile Hohe Preise / Lange WBZ	U-Teile Groß-volumige Teile	Konsi-Lager[1] KANBAN- / SCM-Abruf-aufträge	Konsi-Lager[1] Abrufaufträge Einzel-bestellungen	Auftragsbezogen
	B-Teile Mittlere Preise / Mittlere WBZ	V-Teile mittel-große Teile	KANBAN / SCM - Dispo nach Reich-weiten	Dispo nach Reichweiten Einzel-bestellungen	Auftragsbezogen
Größere Mengen / Geringer Anlefer-Takt Hoher	C-Teile Niedere Preise Kurze WBZ	W-Teile klein-volumige Teile	C-Teile-Management, bzw. Dispo nach Meldebestand, hoher Si-Bestand	C-Teile-Management, bzw. Dispo nach Meldebestand, hoher Si-Bestand	Auftragsbezogen, bzw. KIT-Lösung

[1]   bei großen Verbrauchsmengen JIT oder in Fertigungsfrequenz anliefern

34

Wodurch sich folgende mögliche Dispositions- und Beschaffungsmodelle ergeben

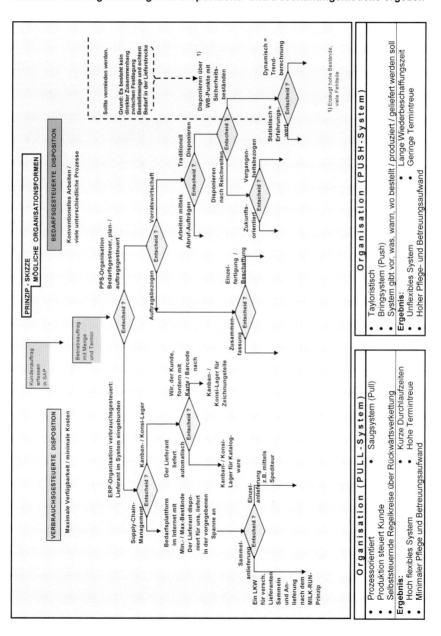

4.2   Bedarfsgesteuerte Disposition   (Push-System)

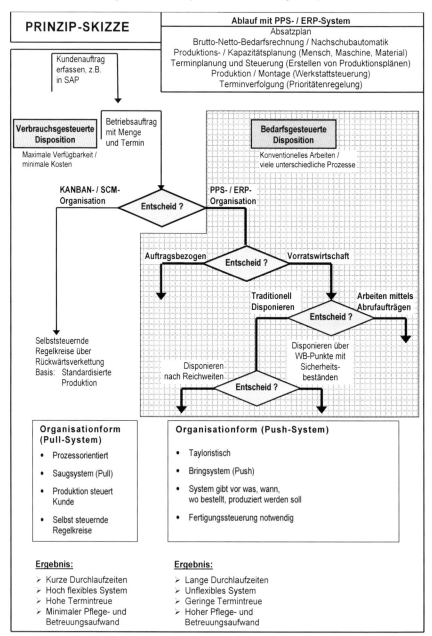

PRINZIP-SKIZZE

Ablauf mit PPS- / ERP-System
Absatzplan
Brutto-Netto-Bedarfsrechnung / Nachschubautomatik
Produktions- / Kapazitätsplanung (Mensch, Maschine, Material)
Terminplanung und Steuerung (Erstellen von Produktionsplänen)
Produktion / Montage (Werkstattsteuerung)
Terminverfolgung (Prioritätenregelung)

Kundenauftrag erfassen, z.B. in SAP

Verbrauchsgesteuerte Disposition
Maximale Verfügbarkeit / minimale Kosten

Betriebsauftrag mit Menge und Termin

Bedarfsgesteuerte Disposition
Konventionelles Arbeiten / viele unterschiedliche Prozesse

KANBAN- / SCM- Organisation

Entscheid ?

PPS- / ERP- Organisation

Auftragsbezogen

Entscheid ?

Vorratswirtschaft

Traditionell Disponieren

Entscheid ?

Arbeiten mittels Abrufaufträgen

Selbststeuernde Regelkreise über Rückwärtsverkettung
Basis: Standardisierte Produktion

Disponieren nach Reichweiten

Entscheid ?

Disponieren über WB-Punkte mit Sicherheits- beständen

Organisationform (Pull-System)

* Prozessorientiert

* Saugsystem (Pull)

* Produktion steuert Kunde

* Selbst steuernde Regelkreise

Organisationform (Push-System)

* Tayloristisch

* Bringsystem (Push)

* System gibt vor was, wann, wo bestellt, produziert werden soll

* Fertigungssteuerung notwendig

Ergebnis:

➢ Kurze Durchlaufzeiten
➢ Hoch flexibles System
➢ Hohe Termintreue
➢ Minimaler Pflege- und Betreuungsaufwand

Ergebnis:

➢ Lange Durchlaufzeiten
➢ Unflexibles System
➢ Geringe Termintreue
➢ Hoher Pflege- und Betreuungsaufwand

4.2.1 Abrufaufträge für A-Teile und „atmen"

Einbeziehung des Vertriebes in die Disposition und Bestandsverantwortung von A-Teilen / -Materialien

Bestände können reduziert werden durch die Einbeziehung des Vertriebes in die Dispositionsverantwortung von teuren A-Teilen, Materialien oder Vorprodukte mit langer Lieferzeit, denn die Wandlung vom Verkäufer- zum Käufermarkt verlangt mehr Marktorientierung. Sichere Prognosen über das Käuferverhalten sollten eine Grundlage sein.

Bild 4.2: *Schemadarstellung der rollierenden Planung:*

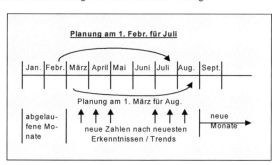

Untersuchungen zeigen jedoch, dass der Bestand eines Betriebes bis zu 30 % durch mangelnde Prognosequalität verursacht ist, der Kunde bestellt doch anders als geplant.

Der Verzicht auf absolute Zahlen auf Endproduktebene für die Vorplanung der nächsten Zeiträume, erleichtert dem Vertrieb seine Entscheidungen, wenn sie durch eine Trendangabe für alle A-Teile / -Materialien auf der untersten Stücklistenebene ersetzt wird. Basis Vergangenheitswerte / Wiederholteilelisten / Trend für die Zukunft

Letztlich muss der Disponent für seine Lagerbestandszahlen doch gerade stehen, also kann er unter Angabe der Trends und seiner Erfahrung sachgerecht seine Mengenfestlegungen und Abrufentscheidungen in Absprache mit Vertrieb / Einkauf / Lieferant selbst treffen.

In regelmäßiger Abstimmung werden auf dieser Basis alle A-Teile / Materialien bzw. Vorprodukte mit längerer Lieferzeit als die eigene Lieferzusagemöglichkeit disponiert und Rahmenvereinbarungen mit den Lieferanten getroffen.

Diesen Liefereinteilungen wird wiederum der echte Bedarf, laut tatsächlichem Auftragseingang und Liefertermin, dagegen gefahren und die Abrufe entsprechend gesteuert (erhöht, vermindert, terminlich vorgezogen oder zurückgestellt = „Atmen" genannt).

Bestandssicherheit auf der untersten Ebene wird verbessert.

4.2.1.1 Kann der Lieferant für uns disponieren?

Prognosen müssen sein, aber der Kunde bestellt doch anders.
Der echte Bedarf wird gegen die Planmengen gefahren. Der Lieferant disponiert für uns auf Basis unserer wöchentlichen Bedarfsübersichten.

Der Lieferant wird in den Informationskreis einbezogen. Er erhält die Bedarfsübersichten z. B. 1 x pro Woche, disponiert und produziert danach (= punktgenaue Anlieferung). Eine bessere Einhaltung von Lieferzusagen und eine Verminderung des Bestandsrisikos ist für Lieferant und Kunde eine Zwangsfolge.

Bild 4.3: *Bestell- / Bedarfsanalyse = Informationsfluss zum Lieferanten verbessern*

Datum: 13.06.xx	Artikelgruppe	von: 3005000 bis: 3006000		Bestell / Bedarf berechnet für Zeitraum ab 23 xx KW-Abstand 1				Blatt: 1
Pos. Mat-Nr.	Bezeichnung	Lager-menge	verfügbare Menge	reservierte Menge	bestellte Menge	Bestell-punkt	Bestell-menge	Besch-Zeit Wochen
A 4 030-0569.0	Transformator EI 30/15.5	838.00	-12162.00	13000.00	10000.00	1000.00	0.00	10 Wochen
	220/2 x 9 V 1,8 VA		*** Kennzeichen : ***					

Woche	23xx-23xx	24xx-24xx	25xx-25xx	26xx-26xx	27xx-27xx	28xx-28xx	29xx-29xx	30xx-30xx	31xx-31xx	32xx-32xx	33xx-33xx	34xx-34xx
eingeteilte Abrufe → 10000	0	0	0	6000	0	0	0	0	0	8000	0	
echter Bedarf → 2000	3000	0	0	0	4000	0	0	0	4000	0	0	
	Hier Abrufe rausschieben + reduzieren											

nächstes Teil:
↓ ↓

B 40 030-0507.0	Transformator EI 30/12.5	355.00	-38645.00	39000.00	8000.00	1000.00	0.00	10 Wochen
	220/24 V 1,2 VA		*** Kennzeichen : ***					

Woche	23xx-23xx	24xx-24xx	25xx-25xx	26xx-26xx	27xx-27xx	28xx-28xx	29xx-29xx	30xx-30xx	31xx-31xx	32xx-32xx	33xx-33xx	34xx-34xx
eingeteilte Abrufe → 0	5000	0	0	0	3000	0	0	0	0	0	3000	
echter Bedarf → 0	0	3000	3000	0	2800	0	0	0	0	4899	0	
	Hier Abrufe vorziehen + erhöhen											

Durch entsprechende Mengenkontrakt-Festlegungen

MENGENKONTRAKT INSGESAMT

–	ca. Bedarf pro Laufzeit	_____ Stück
–	Abrufmenge	_____ Stück
–	Liefermengentoleranz / Lieferung	_____ Stück
–	Bevorratung bei Lieferant	min. _____ Stück
–	Bevorratung bei Lieferant	max. _____ Stück
–	Bestandsinfo bei	_____ Stück
–	Vormaterialbereitstellung	_____ kg an Lager

wird das Risiko von Fehlplanungen / -prognosen, sowohl für den Lieferant, als auch für den Kunden minimiert, die Zusammenarbeit wird wesentlich verbessert.

Hinweis:

A) Sofern der Lieferant anhand dieser Übersichten aber nicht für uns disponiert, ist die rollierende Planung (konventionell eingesetzt) ein Dispositionsprinzip, das großen Pflege und Dispositionsaufwand bedeutet. Bei mangelhafter Betreuung der Zahlenwerte (Mengen erhöhen / vermindern, Termine vorziehen / nach hinten verschieben)[1], weil die Kunden doch anders bestellen als geplant / gedacht wurde, kann dieses Verfahren zu hohen Beständen (schlechte Drehzahl) oder aufgrund der unterschiedlichen Wiederbeschaffungszeit zu vielen Fehlteilen führen, was sich letztlich auch in einer Bestandserhöhung niederschlägt, da andere dazugehörige Stücklistenteile vorhanden sind.

Deshalb, als Alternative:

Eine verbrauchsgesteuerte Disposition mit Mindest- und Maximalbeständen, lässt diese Problematik gar nicht erst aufkommen, da nur das nachproduziert / nachbestellt wird, was auch abgeflossen ist. Supply-Chain (SCM) = Selbst auffüllend Lagersysteme.

B) Auch Ihre Kunden geben Planmengen vor, die rollierend angepasst werden. Ihr Vertrieb ist glücklich und lässt danach produzieren.

Nimmt der Kunde aber auch die Planmengen tatsächlich ab? Oder liegen diese am Lager und treiben die Bestände in die Höhe?

Deshalb ein Praxisrat:

> *Bevor im Vertrieb eine Planmenge zur Produktion freigegeben wird, also in einen Fertigungsauftrag umgesetzt werden soll, muss zuvor mit dem Kunden abgestimmt / gesprochen werden, ob er diese Menge, zu diesem Termin auch tatsächlich benötigt.*

Diese Vorgehensweise reduziert die Bestände und das Working Capital. Auch die Kapazitäten werden nicht mit unnötigen Fertigungsaufträgen verstopft. Sie werden flexibler und können das produzieren, was tatsächlich gebraucht wird.

---

[1] Vorgezogen wird im Regelfalle, da ansonsten Schwierigkeiten in der Produktion / Termintreue entstehen. Wird aber auch immer in die Zukunft verschoben? Zeitprobleme?

4.2.2 Standard-Dispositionseinstellungen für B-Teile
Basis Bestellvorschläge vom System erzeugt

Für B-Materialien lassen sich nur schwer Richtlinien aufstellen. Einige B-Materialien liegen näher bei der A-Kategorie, einige näher bei der C-Kategorie. Die Behandlungsweise muss deshalb von Fall zu Fall festgelegt werden.

Übliche Dispositionsverfahren sind:

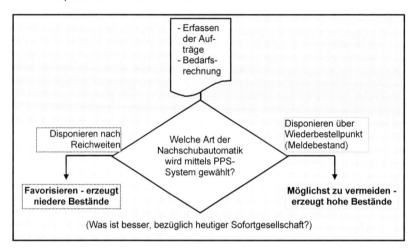

Disponieren nach Reichweiten minimiert Bestände und Fehlleistungen

Nach dem gewinnwirtschaftlichen Prinzip *„Geld ist wie ein Produkt zu betrachten"*, und dem Zwang *„Verbesserung der Liquidität"*, setzt sich für die Teile die nicht nach KANBAN laufen, das Disponieren nach Reichweiten immer mehr durch.

Beim Disponieren nach Reichweiten, wird an die Disponenten die Bedingung gestellt:

> ***Die Reichweite der Bestellmenge, plus vorhandener Bestand darf z. B. zwei Monate nicht überschreiten.***

A) Vergangenheitsbezogene Reichweitenberechnung

$$\frac{\text{Bestellmengen} + \text{Bestand}}{\varnothing - \text{Verbrauch} / \text{Woche}} = \text{Reichweite in Wochen}$$

B) Zukunftsbezogene Reichweitenberechnung

$$\frac{\text{Bestellmengen} + \text{Bestand}}{\text{zukunftsbezogener Bedarf im Zeitraster}} = \text{Reichweite}$$

Auch die Festlegung eines so genannten Reichweitenkorridors hat sich für eine bestandsminimierte Disposition bewährt, siehe nachfolgend.

40

Bild 4.4: *Reichweitenkorridor für reine Vorratswirtschaft (Ampel ● ● für Dispo-Arbeit)*

Die Visualisierung der Bestandshöhe als Reichweite in Tagen (ohne Si-Bestand) setzt obere und untere Interventionspunkte für den Disponenten

Ampel-Reichweite festlegen   **WBZ: 17 AT**

Ampel	●OO	O O	OO●
☑ Best.-Reichweite ± 1 S	20	26	33
☐ Best.-Reichweite ± 2 S	13	26	40

Dadurch werden nur die relevanten Artikel angezeigt, die am dringlichsten zu bearbeiten sind

Bestandshöhe als Reichweite in Tagen [1] z.B.	Farbskala bei WBZ = 17 Tage	Aktivitätenplan
größer 40 Tage	rot	überhöhter Bestand weitere Abrufe hinausschieben
34 - 40 Tage (Ø 37 AT)	gelb	überhöhter Bestand, Bewegungen sorgfältig beobachten
20 - 33 Tage (Ø 26 AT)	grün	Reichweite entspricht dem festgelegten Drehzahl-Ziel / der Wiederbeschaffungszeit
13 - 19 Tage (Ø 16 AT)	gelb	Bestand zu nieder Abrufe / Bestellungen vorziehen
kleiner 13 Tage	rot	Bestand zu nieder, es entsteht Produktionsstillstand, Notfallplan mit Lieferant aktivieren

Errechnet aus den Bedarfsschwankungen der einzelnen Verbrauchsperioden, z. B. Tage / Wochen, mittels Gaußscher Normalverteilung ($\overline{X}$) und Standardabweichung (S)

Beispielhafte Darstellung:

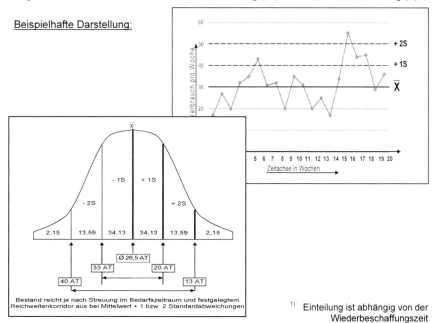

Bestand reicht je nach Streuung im Bedarfszeitraum und festgelegtem Reichweitenkorridor aus bei Mittelwert + 1 bzw. 2 Standardabweichungen

[1] Einteilung ist abhängig von der Wiederbeschaffungszeit

41

Die Berechnung des Reichweitenkorridors ist nachfolgend beispielhaft dargestellt. Der Zeitraum für den Rückgriff auf die Vergangenheitswerte muss variabel sein, in Wochen- oder Monatswerten, über z. B. 3, 6, 12 Monate, oder Wochenwerten

Wochen-verbrauch	Standard abweichung	Ein Servicegrad von 84% errechnet sich aus Mittelwert plus einer Standard-abweichung	Ein Servicegrad von 95 % errechnet sich aus Mittelwert plus zwei Standard-abweichungen	Ein Servicegrad von 99,9 % errechnet sich aus Mittelwert plus drei Standard-abweichungen
21				
33				
16				
19				
12				
20				
24				
22				
31				
19				
10		Servicegrad	Servicegrad	Servicegrad
21	1 S =	84 % entspr.	95 % entspr.	99,9 % entspr.
20,67	6,67	27,33	34,00	40,66

REICHWEITENKORRIDOR		Aktueller Bestand (Stck.)	Reichweite in Wo.	Aktuelle WBZ
Bei 50 %	Sevicegrad	120	5,81	4 Wo.
Bei 84 %	Sevicegrad	120	4,39	4 Wo.
Bei 95 %	Sevicegrad	120	3,53	4 Wo.
Bei 99.9 %	Sevicegrad	120	2,95	4 Wo.

Bei einem Servicegrad von 84 % müsste noch nicht nachbestellt werden, bei 95 % muss!

Faktorentabelle auf Basis $\overline{X}$ + 1 S = 84 % = F 1,0 für Zwischenwerte					
Service-grad	Faktor	Service-grad	Faktor	Service-grad	Faktor
50,00 %	0,0000	82,00 %	0,9154	98,50 %	2,1701
52,00 %	0,0502	84,00 %	0,9945	99,00 %	2,3263
54,00 %	0,1004	86,00 %	1,0803	99,10 %	2,3656
56,00 %	0,1510	88,00 %	1,1750	99,20 %	2,4089
58,00 %	0,2019	90,00 %	1,2816	99,30 %	2,4573
60,00 %	0,2533	91,00 %	1,3408	99,40 %	2,5121
62,00 %	0,3055	92,00 %	1,4051	99,50 %	2,5758
64,00 %	0,3585	93,00 %	1,4758	99,60 %	2,6521
66,00 %	0,4125	94,00 %	1,5548	99,70 %	2,7478
68,00 %	0,4677	95,00 %	1,6449	99,80 %	2,8782
70,00 %	0,5244	95,50 %	1,6954	99,90 %	3,0903
72,00 %	0,5828	96,00 %	1,7507	99,95 %	3,2906
74,00 %	0,6433	96,50 %	1,8119	99,96 %	3,3528
76,00 %	0,7063	97,00 %	1,8808	99,97 %	3,4317
78,00 %	0,7722	97,50 %	1,9600	99,98 %	3,5401
80,00 %	0,8416	98,00 %	2,0537	99,99 %	3,7191

Bildschirmübersicht im ERP-System oder als Excel-Tabelle sortierbar, z. B. nach Teileart, Lieferant, Endprodukt mit Filter, wo ist Reichweite kürzer als WBZ in Wochen

Artikel-Nr.	körperl. Lager-bestand	zu liefern innerhalb WBZ	verfügb. Lager-bestand	offene Bestellungen	fest-gelegter Sicher-heits-bestand [2]	Abgang letzte 12 Monate	Ø / Wo. Letzte 12 Mo-nate	Reichweite in Wochen[1] verf. Bestand			Reichweite in Wo.[1] incl. Bestellbestand (innerhalb WBZ)			WBZ in Wochen
								Ø	+1 S	+2 S	Ø	+1 S	+2 S	
1	2	3	4	5	6	7	8	9	10	11	12	13	14	15
6-500039	10	2	8	0	0	41	1	3	2	1	3	2	1	3
6-500048	113	11	102	200	50	491	9	6	4	2	14	12	10	6
6-500050	36	42	-6	300	100	754	15	3	2	1	23	21	20	2
6-500051	5	0	5	50	10	55	1	11	9	7	15	19	10	2
6-500052	0	8	-8	20	10	27	1	5	4	3	9	8	7	2
6-500053	4	0	4	0	0	21	1	2	1	0	2	1	0	1
6-500054	0	40	-40	40	20	260	5	1	0	0	41	40	39	1
6-520001	0	1	-1	4	0	1	0	12	11	10	12	11	10	2
8-500031	2	2	0	0	0	1	0	20	20	19	20	20	19	5
8-500033	11	10	1	0	0	17	0	1	0	0	1	0	0	1
8-501204	6	0	6	8	0	22	1	1	0	0	9	8	7	4
8-501206	0	70	-70	4	0	30	1	2	1	0	4	3	2	4
8-501207	8	72	-64	6	0	28	1	1	0	0	7	6	5	3
8-501208	4	25	-21	4	0	25	1	2	1	0	4	3	2	4

[1] gerechnet über $\overline{X}$ und Gaußsche-Normalverteilung und + 1 und + 2 Standardabweichungen
[2] bei liefertreuen Lieferanten kann der Sicherheitsbestand auf null gesetzt werden

Oder Reichweitenübersicht wochengenau bei Auftragsfertiger nach Teilenummer:

BEDARFSUEBERSICHT NACH TEILENUMMERN								DATUM: 07.08.xx	
NACH KALENDERWOCHEN								BIS KW: 53/xx	
WBZ = 6 Wo.		Si = 10	körperl. Best. 19	Reichweite bis KW 27				SEITE: 1	

Buchungsda tum	Lief.-Numm er	Bestelln ummer	Auftragsn ummer	Menge/ Bedarf	Soll-Termin in Tagen	Reserv . je KW	Bestell je KW	Lagerbestand *	
11304	HOLZGESTELL SESSEL					WBZ:6	Wo. Si: 10	19.00 *	
18.04.xx	7051	9324	50.00	50.00	200		18		
24.06.xx	7295	250	50.00	50.00	290		28		
05.07.xx	7051	2289	80.00	80.00	390		40		
KW. 35.xx			64	1.00	358	1.00			R
KW. 3.xx			102	1.00	38				E
KW. 3.xx			237	2.00	38	3.00			I
KW. 9.xx			583	1.00	98	1.00			C
KW. 12.xx			1216	2.00	128	2.00			H
KW. 14.xx			1230	2.00	148	2.00			W
KW. 21.xx			2263	1.00	218	1.00	Si - Bestand wird unterschritten		E
KW. 24.xx			1865	1.00	248	1.00			I
KW. 26.xx			2430	2.00	268				T
KW. 26.xx			2291	2.00	268	4.00			E
KW. 27.xx			2369	1.00	278				
KW. 27.xx			2513	1.00	278				
KW. 27.xx			2425	1.00	278	3.00		Unterdeckung	
KW. 28.xx			2512	3.00	288				

Bild 4.5: SAP-Artikelkonto – Reichweiten-gesteuert

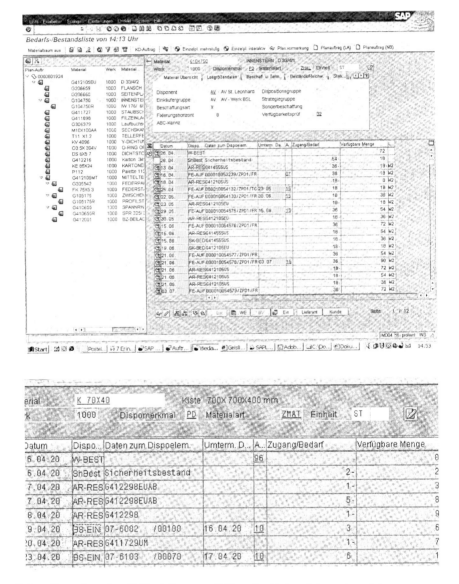

Sofern diese sinnvollen IT-Einstellungen mit Hinweis „Umterminieren / vorziehen – raus schieben", „Menge erhöhen – reduzieren", in Ihrem ERP-System nicht machbar sind, bieten sich Excel-Lösungen an.

Disponieren nach Reichweiten senkt die Bestände

- Durch Reichweitenvorgabe haben Sie die gewollte Umschlagshäufigkeit nach Teileart im Griff

- Steigt oder fällt der Bedarf, so wird mit diesem Dispositionssystem automatisch mehr oder weniger bestellt. Die Bestellmenge passt sich dem jeweiligen Bedarf an

- Das Disponieren nach Wellen[1] kann einfachst eingeführt werden. Sie erhalten ein Gesamtoptima und kein Einzeloptima. Vom linken Teil ist in etwa die gleiche Menge verfügbar wie vom rechten Teil.

- Es ist alles verfügbar, oder alles nicht.

  Wichtig: Geliefert / montiert kann immer nur nach der kleinsten Stückzahl werden

- Der Sicherheitsbestand kann bei Disponieren nach Reichweiten und termintreuen Lieferanten auf null abgesenkt werden. Ein Schritt zur weiteren Bestandssenkung.

- Das Disponieren über Wiederbestellpunkte / Mindestbestände o. ä. und Losgrößen „kostenoptimiert berechnet", erzeugt reine Einzeloptima, die nicht aufeinander abgestimmt sind und treibt somit die Bestände in die Höhe. Insbesondere wenn die Bestellpunkte mit einem hohen Sicherheitsbestand berechnet und lange Wiederbeschaffungszeiten in den Stammdaten hinterlegt sind (Bestandstreiber).

Das Visualisieren von Fehlteilen ist wichtig

Aktuelle Rückstandsliste	Woche	14 / xx	Datum	30.03.xx
FERTIGWARE	Disponent	XX	Blatt-Nr.	1

Wo-che / Jahr	Artikel-nummer	Bezeichnung	Men-ge	Kun-de	Pa-neele	Voraussichtli-cher Fertig-stelltermin	Kunden-wunsch-termin	Bemerkung
13 / xx	Aqua Classic	Filter-System	2	A	-	KW 15	23.03.xx	Deckel fehlt
13 / xx	Bewa X	Filter-System	1	B	J	KW 14	24.03.xx	Pumpe fehlt
13 / xx	Bona 12	Abscheider	5	C	-	KW 15	26.03.xx	Metallschlauch fehlt
14 / xx	Aqua Classic	Filter-System	4	D	-	KW 15	31.03.xx	Manometer fehlt
14 / xx	Medo First	Druck-Behälter	2	A	-	KW 15	31.03.xx	Display fehlt
14 / xx	Cilla Neu	Durchfluss-Zähler	10	E	-	KW 15	01.04.xx	Zähler fehlt
14 / xx	Mara 10	Doppel-Filter	8	F	J	KW 16	03.04.xx	Stegleitung fehlt
⇩	⇩	⇩	⇩	⇩	⇩	⇩	⇩	⇩

L I S T E   W I R D   A N   I N F O - T A F E L   A U S G E H Ä N G T

---

[1] C-Teile fallen nicht unter diese Betrachtung

4.2.2.1 Festlegung und Pflege der Wiederbeschaffungszeiten

Da der Pflege der Wiederbeschaffungszeiten eine große Bedeutung beikommt (falsche Wiederbeschaffungszeiten erzeugen entweder Fehlteile oder überhöhte Lagerbestände), müssen diese Daten im System permanent gepflegt werden (für alle Artikel die nicht über Rahmenvereinbarungen abgerufen werden).

Das Instrument hierzu ist eine Festlegung von Wiederbeschaffungszeiten in Arbeitstagen oder Wochen[1], die vom Einkauf permanent gepflegt und alle A- und B-Teile alle sechs bis acht Wochen aktualisiert an die Disposition zur Aktualisierung der Stammdaten (Wiederbeschaffungszeiten und Bestellpunkt, Nachschub auslösen J / N) mitgeteilt werden müssen.

Siehe Standard-Mail:
„Lieferzeitanfrage zur Festlegung und Pflege von Wiederbeschaffungszeiten".

Bild 4.6:   *Festlegung und Pflege von Wiederbeschaffungszeiten*

Adressen - Feld

Lieferzeit-Anfrage

Sehr geehrte Damen und Herren,

um unserem ERP- / PPS-System präzise und aktuelle Daten zur Verfügung zu stellen, möchten wir Sie bitten, uns Ihre derzeitige Lieferzeit, bezogen auf die einzelnen Artikel, mitzuteilen.

Für den Fall, dass wir mit Ihrem Hause Rahmenaufträge abschließen, weicht möglicherweise die Lieferzeit für den Rahmenauftrag von der in Anspruch zu nehmenden Lieferzeit für die Abrufe ab. In diesem Falle bitten wir um entsprechende Unterscheidung.

Für umgehende Beantwortung der ausgefüllten Aufstellung sind wir Ihnen sehr dankbar.

Mit freundlichen Grüßen

Artikel-Nr. (IDENT-NR.)	Zeichnungs-Nr.	ME	Bezeich-nung / Bestell-Nr.	Lieferzeit in Wochen	Rahmenauftrag Abrufzeit in Wo.

---

[1] Oder besser, es wird eine feste WBZ für einen bestimmten Zeitraum zwischen Lieferant und Kunde vereinbart

4.2.2.2   Bestellpunktverfahren – Ist dies noch zeitgemäß?

Bestellpunktverfahren kann zu überhöhten Beständen / Fehlleistungen / Fehlteilen führen

<u>Grund:</u>   Es besteht kein zeitlicher Zusammenhang zwischen Festlegung Bestellmenge zu echtem Bedarf in der Lieferstrecke. Die Kunden bestellen anders als gedacht, wodurch das ermittelte Mengen- und Termingefüge nicht mehr zufriedenstellend funktioniert. Die Disposition nach Reichweiten überwindet Fehlleistungen, ist näher am Kunden.

Bild 4.7:   *Ermittlung des Wiederbestellpunktes / Meldebestandes*

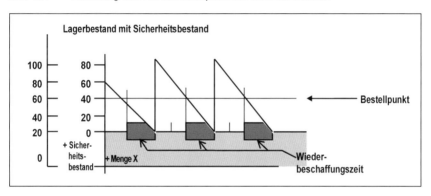

Formel:

(Wiederbeschaffungszeit in Wochen x Durchschnittsverbrauch / Woche)
+ gewollter Sicherheitsbestand

Dieses Verfahren sollte in der heutigen Just in time - Zeit auf Grund der Variantenvielfalt und zweier gravierender Kriterien nicht, bzw. nur noch für C-Teile angewandt werden:

1.   Der Pflege- und Betreuungsaufwand dieser Stammdaten ist hoch (wird häufig vernachlässigt). Insbesondere die Berechnungen sollten für A- und B-Teile alle 6 - 8 Wochen überprüft, bzw. fallweise sofort angepasst werden.

2.   Der größte Nachteil ist jedoch:
Es wird eventuell eine Bedarfslawine vom Endprodukt, über Baugruppen, bis hin zum Einzelteil / Halbzeug erzeugt, wenn der so errechnete Bestellpunkt unterschritten wird. Die Fertigung wird verstopft, erzeugt hohe Bestände, denn die Kunden bestellen doch anders.

47

Problematik der bedarfsorientierten Disposition mittels Bestellpunktverfahren

Darstellung dieser Problematik anhand vier verschiedener Artikel mit ca. gleich großen Bestell- / Bedarfsmengen und Wiederbeschaffungszeiten.

Dispo-System auf Wiederbestellpunktverfahren eingestellt.

Endprodukt / Baugruppe / Einzelteil / Halbzeug	Ident-Nr. **A**	Ident-Nr. **B**	Ident-Nr. **C**	Ident-Nr. **D**	usw. **...**
Festgelegter Wiederbestellpunkt im PPS-System	100	120	110	150	
Bestand lt. Letzter Bedarfsrechnung	99	119	109	129	
Wiederbestellpunkt ist niederer als Bestand, also erzeugt PPS-System nach festgelegten Regeln Bestellvorschläge, die vom Disponenten in Fertigungsaufträge umgewandelt werden					
Ergebnis: Bestellmenge	200	220	210	240	
mit Starttermin Wo./J.	32/xx	32/xx	32/xx	32/xx	
und Endtermin Wo./J.	40/xx	40/xx	40/xx	40/xx	

Darstellung weiterer Kundenbedarfe, eingereiht in das terminliche Zeitraster, wann werden die Bedarfe tatsächlich benötigt (weitere Aufträge / Termin- / Mengenänderungen)

Termin [1]	Kunden-aufträge	mit Menge	A	B	C	D	
Wo. 32	A	"	20	--	5	18	
Wo. 33	B	"	10	--	5	12	
Wo. 33	C	"	5	--	5	10	
Wo. 34	D	"	15	--	--	2	
Wo. 34	E	"	15	--	--	2	
Wo. 35	F	"	10	--	5	2	
Wo. 36	G	"	15	--	5	4	
Wo. 36	H	"	10 xxx [2]	--	--	10	
Wo. 38	I	"	10	--	1	10	
Wo. 39	K	"	20	--	1	10	
Wo. 40	L	"	10	--	8	--	
Ergibt Σ Bedarf bis Wo. 40			140	0	35	80	0
Ergibt Bestand in Wo 40 [1]			-41	119	74	49	0

Ergebnis der Dispo-Arbeit von Freitag Wo. 31 aus Sicht eines Lageristen, z. B. ↓ am Donnerstag Wo. 40	zu wenig und zu spät bestellt	wird nicht benötigt	wird in Wo. 40 nicht benötigt	o.k.

Was passiert in diesen 8 Wochen, von Auslösen der Bestellung bis Wareneingang kundenseitig in der heutigen Sofortgesellschaft und Änderungswut?

Andere Worte für Bestellpunktverfahren sind:
- Meldebestand
- Wiederbestellpunkt

---

[1] ERP- / PPS-System erzeugt bei erneuter Unterdeckung / Unterschreitung des Wiederbestellpunktes neue Aufträge. Dieser Vorgang ist hier nicht dargestellt, da für Problembesprechung bedeutungslos.

[2] Ab hier Unterdeckung

Aussage:

Zum Zeitpunkt der Freigabe der Aufträge haben alle vier internen Aufträge die gleichen Start- und Endtermine auf den Bestellungen / Arbeitspapieren. Die Dringlichkeit nach Reichweiten, die sich durch weitere / laufend eingehende Kundenaufträge aber ergeben, lauten, Stand Wo. 40:

Artikel ID-Nr. A:	Hat Unterdeckung, Kundenaufträge können ab Wo. 36 nicht erfüllt werden
Artikel ID-Nr. B:	Wird quasi z. Zt. nicht benötigt, hat aber gleichen Termin wie A
Artikel ID-Nr. C:	Hat noch ca. 14 Wochen Reichweite
Artikel ID-Nr. D:	Hat noch ca. 5 Wochen Reichweite, o.k. – Dispo war in Ordnung

Resümee:

Wenn alle vier Aufträge termintreu gefertigt werden, werden u. a. Produkte hergestellt, die momentan nicht benötigt werden.

Übertragen Sie dieses Beispiel auf Ihr Unternehmen mit angenommenen 2.000 verkaufsfähigen Artikeln und den damit verbundenen Stücklistenauflösungen. Wenn es der Zufall will, werden über Baugruppen und Unterbaugruppen, bis hin zu Einzelteilen / Halbzeug, Bestellungen getätigt, also eine Bedarfslawine erzeugt, von Dingen, die man zu den angenommenen Zeitpunkten tatsächlich nicht oder nur teilweise benötigt.

> **Was bedeutet:**
>
> **Verschwendung / falscher Einsatz von Personal und Maschinenkapazität mit zu hohen Lagerkosten und zu langen Durchlaufzeiten**
>
> **Mit dem Ergebnis:**
>
> **Die Auftragsflut verstopft die Fertigung, erzeugt ständig wechselnde Engpässe, die es u. a. nicht mehr ermöglichen die Artikel, die tatsächlich benötigt werden, rechtzeitig zu fertigen.**

oder vereinfacht, aus Sicht des Lagerleiters ausgedrückt: Er erhält permanent Teile / Artikel die er nicht benötigt, selten die, die er benötigt, was Frust im Lager erzeugt.

Es wird das Falsche, zum falschen Zeitpunkt produziert.

Wir haben eine hausgemachte Konjunktur.

Reichweitendisposition erzeugt diese Fehlleistungen nicht. Auch KANBAN-Systeme, die auf dem Saugprinzip aufgebaut sind, lösen nur dort Aufträge aus, wo auch Abgänge vorhanden sind. Wodurch automatisch auch nur das gefertigt wird, was auch benötigt wird.

4.3   C-Teile-Management –
Das Supermarktprinzip für Industrie und Handel

Abbau von Geschäftsvorgängen und Erhöhung der Lieferbereitschaft durch neues Denken und Handeln in der gesamten Materialwirtschaft und Logistikkette von Lieferant bis Abnehmer

Bei C-Teilen / -Materialien kann das Dispositionsverfahren gelockert werden. Es kann entweder

    a)   **Nach dem Zwei-Kisten-System gearbeitet werden,**
        ●   Bestandsverantwortung liegt in den Händen des Lageristen

    o d e r

    b)   **es werden nur komplette Abgänge nach**
        ●   Menge pro Kiste / Lagereinheit / fixe Entnahmemengen

im körperlichen Bestand abgebucht. Nachdispositionen erfolgen über einen festgelegten Wiederbestellpunkt, der großzügig ausgelegt ist. Die Festlegung der Bestellmenge erfolgt nach Vorgaben, z. B. max. Reichweite 3 - 4 Monate.

    c)   **Oder es wird ein so genanntes Bauhaus- / Regalservice- / KANBAN-Verfahren eingerichtet, das ähnlich dem Auffüllen eines Zigarettenautomaten funktioniert**

Alle IT-gestützten Bestandsführungsverfahren erfordern einen hohen Aufwand in Führung und Pflege der Systeme. Bei niederen Beständen kommt noch das Risiko von Fehlmengen / Fehlbeständen hinzu, durch:

    ▶   Bildschirmbestand entspricht nicht dem Lagerbestand vor Ort,

was für die geforderte Flexibilität und Liefertreue ein verhängnisvoller Zielkonflikt ist.

Gelöst werden kann dieser Zielkonflikt durch die Einführung von so genannten Bauhaus- / Regalserviceverfahren und / oder KANBAN-Systemen, wie sie im Handel bereits üblich sind, die Kosten senken (Abbau von Geschäftsvorgängen, wie z. B. Buchungs- und Bestellvorgänge, bei gleichzeitiger Erhöhung der Verfügbarkeit).

Supply-Chain-Management-Verfahren (SCM-Systeme), auch selbst auffüllende Lager genannt, forcieren diesen Trend.

Einrichten so genannter Bauhaus- / Regalserviceverfahren, die ähnlich dem Auffüllen von z. B. Zigarettenautomaten funktionieren

Diese so genannten Bauhaus- / Regalserviceverfahren setzen sich immer mehr durch. Ein Blick in die Zukunft sagt, dass in den nächsten Jahren bis zu 50 % aller Beschaffungsvorgänge nach diesen Prinzipien ablaufen. E-Business unterstützt die schnelle Einführung dieser einfachen / bestandssicheren Nachschubautomatik. Auch die Vorteile für den Lieferant sind enorm: Weniger Lagerplatz, feste Kundenbindung, dadurch mehr Umsatz, außer liefern und Rechnung schreiben, keine weiteren Geschäftsvorgänge.

Bild 4.8: *Schemadarstellung Funktionsweise Bauhaus- / Regalserviceverfahren*

Das Bauhaus- / Regalserviceverfahren

Das Unternehmen stellt entsprechende Lagerräumlichkeiten zur Verfügung. Die Lieferanten richten in diesen Räumlichkeiten Läger ein, die gemäß den Wünschen des Unternehmens in Artikel und Mengen entsprechend ausgerüstet sind.

Für diese Räumlichkeiten gibt es im Unternehmen einen zuständigen Lagerverwalter.
Das Unternehmen muss die dort liegenden Bestände nicht bezahlen, dies sind reine Kommissionswaren.

Jede Woche kommt ein Mitarbeiter der entsprechenden Lieferfirma, prüft die Abgänge und füllt automatisch bis zu einer Maximalmenge auf, die vom Unternehmen oder z. B. durch die Regalgröße vorgegeben ist oder Lagerist ruft mittels KANBAN-Karte beim Lieferant ab[1].

Das Unternehmen erhält eine Rechnung über die entnommenen Mengen, die jetzt wieder bis zur Maximalmenge aufgefüllt worden sind.

Über die Stücklistenorganisation (retrogrades buchen) werden die Kosten der Kalkulation / dem Produkt zugeordnet.

1) oder die Nachschubautomatik wird über Transponder / Waagen automatisiert

Somit ist eine 100%-Verfügbarkeit für das Unternehmen gegeben, ohne dass sich das in Form von Lager- und Zinskosten niederschlägt.

Bild 4.9: *Darstellung der verschiedenen Ausprägungen von Regalserviceverfahren, auch Bauhaussysteme und KANBAN genannt*

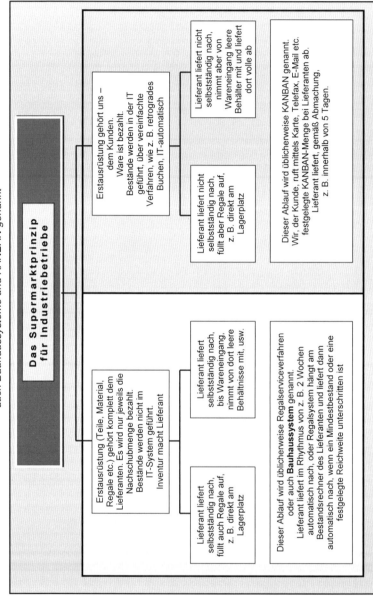

Durch den Einsatz von Waagen und Transponder- / RFID-Systemen können heute die Bestandsdaten über Internet dem C-Teile-Logistiker / der Lieferfirma zugespielt werden, damit er seinen Einsatz variabler gestalten kann (E-Business).

Auswirkungen von Regalservice- / Bauhaus- / KANBAN-Systemen auf die Logistik / Logistikleistung des Unternehmens

Bestandsreduzierung   Durchlaufreduzierung

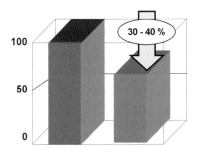

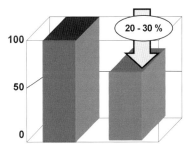

● Konzentration auf wenige Lieferanten
● Keine Disposition
● Erhöhung der Termin- und Liefertreue
● Keine Störungen des Produktionsablaufes
● Erhöhung der Lieferbereitschaft
● Senkung des operativen Beschaffungsaufwandes, keine Bestellung, keine WE-Kontrolle, kein Buchen

● Just in time - Lieferung
● Reorganisation der internen Logistik vom Einzelteil bis zur Baugruppe
● Senkung der Wiederbeschaffungszeiten
● Es ist immer das richtige in richtiger Menge da
● Reduzierung der Logistikkosten

Bei dieser Art der Nachschubautomatik muss eine entsprechende Kennung in den Stammdaten hinterlegt werden und das System wird auf eine rein körperliche Bestandsführung (nur Zugangs- und Abgangsbuchungen) für KANBAN-Teile umgestellt, wobei die Abgangsbuchungen meist so eingestellt sind:

Zentrallager → Umbuchen auf Produktionslager – bei Fertigstellung retrogrades Abbuchen von PL-Lager, bei paralleler Zugangsbuchung auf Versand- / Fertigwarenlager.

Sofern die Erstausstattung noch dem Lieferanten gehört, entfällt eine Bestandsführung komplett. Es gibt nur eine Dummy-Bestellung, damit die Rechnungen vom Lieferanten bezahlt werden.

4.4 Zusätzliche Dispo-Kennzeichen als Dispositionshilfen – X / Y / Z

Ein weiteres, wichtiges Hilfsmittel zur Verbesserung der Dispositionsqualität ist folgende Zusatzinformation an den Disponenten, bzw. das Hinterlegen eines zusätzlichen Dispo-Kennzeichens in den IT-Stammdaten nach der 1- / 2-/ 3- bzw. X- / Y- / Z-Methode:

1 = Wiederholteil mit Mindestbestand (X)

2 = Sonderteil mit Wiederholcharakter für nur 1 Kunden,
wobei Mindestbestand = 0 ist. (Y)
Die Fertigung erfolgt nach Reichweitenberechnungen
laut Absprache Dispo - Vertrieb - Kunde.

3 = Reines Sonderteil, mit reiner auftragsbezogener Fertigung,
ohne Bevorratung, ohne Losgrößenberechnung. (Z)

4 = Ersatzteil: Interne Lösung je Firma (ZZ)

Für den Disponent ergeben sich dadurch folgende eindeutige Dispo-Vorgaben:

Bild 4.10: *Dispo-Kennzeichen nach Teile- / Materialklassifizierung*

Dispo-Vorgabe		Zusatz-Dispo-Kennzeichen			
		Wiederholteil 1 (X)	Sonderteil mit Wiederholcharakter für 1 Kunde 2 (Y)	Reines Sonderteil 3 (Z)	Er-satz-teil 4 (ZZ)
A - B - C - Klassifikation	A	Vorratshaltung: Ja Mindestbestand: Lt. Vertriebsplanvorgabe Bestellmenge: Lt. echtem Kundenbedarf Art der Bestellung: Punktgenaue Abruf-aufträge	Vorratshaltung: Ja Mindestbestand: 0 Bestellmenge: In Abstimmung mit Kunde über Vertrieb max. z. B. 2 Monate Losgrößenberech-nung möglich, Reichweitenberech-nung lt. Vertrieb max. z. B. 2 Monate	Vorratshaltung: Nein Mindestbestand: 0 Bestellmenge: Reine, auftragsbezo-gene Fertigung, ohne Losgrößen-berechnung	Nach Vorgabe bzw. festgelegtem Servicegrad
	B	Vorratshaltung: Ja Mindestbestand: Ja Bestellmenge: Nach Reichweitenberechnu ng			
	C	Vorratshaltung: Ja Mindestbestand: Ja Bestellmenge: Lt. Losgrößenberech-nung möglich, aber z. B. max. für 6 Monate Oder besser C-Teile - Manage-ment, Lieferant liefert automatisch nach			

Die früher praktizierte pragmatische 1-2-3-Klassifizierung wird heute

X- / Y- / Z-Analyse   genannt

und in den ERP- / PPS-Systemen mathematisch auf der Basis große - kleine Bedarfsstreuung ermittelt. Mittels mathematischer Statistik, hier VARIATIONSKOEFFIZIENT (V) genannt, wird die Schwankungsbreite der Bedarfe in der Zeitachse ermittelt und danach Dispositionsverfahren und Servicegradhöhe bestimmt[1].

Beispiel:
$V =$ Verhältnis Standardabweichung S zu Mittelwert $\overline{X}$

Beispielrechnung (S 86,21 : $\overline{X}$ 238 = 0,36 = Y-Artikel)

► je kleiner die Schwankungsbreite = je regelmäßiger der Bedarf

► je größer die Schwankungsbreite = je unregelmäßiger der Bedarf

woraus sich folgende Einteilungen / Lieferbereitschaftsgrade für die Praxis ergeben:

Schwankungsbreite	Ergibt Teileart	Bemerkung	Höhe des Si-Bestandes
≤ 0,33	X	Im Regelfalle[2] Einser-Teile	Höher ▲
≤ 0,66	Y	Im Regelfalle[2] Zweier-Teile	
≤ 1,00	Z	Im Regelfalle Dreier-Teile	▼ Niederer
Artikel kommen nur sporadisch vor, weiterer Bedarf ist nicht absehbar	S oder ZZ	Immer Dreier-Teile	0 - auftragsbezogene Beschaffung

Alles unter Beachtung saisonaler Schwankungen und Trends.
Dann gleiche Zeitfenster zur Berechnung heranziehen.

Bild 4.11:   *Je nach Unternehmen, Variantenfertiger, Auftragsfertiger, können die Anteile X-, Y-, Z- (S-) erheblich streuen[1]*

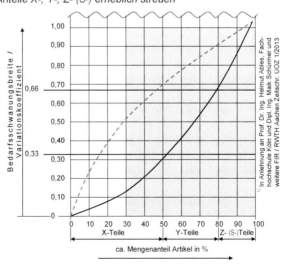

55

Festlegung Teileart mit den Zahlen zur Bestimmung des Sicherheitsbestandes /
des Servicegrades mittels mathematischer Statistik

S T A T I S T I K						Man. Hilfsrechnung		
	20xx		20xx		20xx	n	m i	mj-m
1		1	100	1		1	100	-138
2		2	124	2		2	124	-114
3	/	3	328	3		3	328	90
4	92	4	276	4		4	276	38
5	90	5	345	5		5	345	107
6	250	6	324	6		6	324	86
7	150	7	251	7		7	251	13
8	180	8		8		8	180	-58
9	200	9		9		9	200	-38
10	250	10		10		10	250	12
11	150	11		11		11	150	-88
12	330	12		12		12	330	92
Berechnung der mittleren Abweichung ohne Berücksichtigung der Vorzeichen						Σ	2858	Σ 874
m=2858:12=238	874:(n-1)=79,45					m	238	79,45
Mittlere Abweichung (= n - 1)							79,45	
Servicegrad für 84 % Sicherheit						m x 1,25=(S)	99,31	
Bearbeiter					Weber	s : m = V	0,42	

Festlegung Teileart X - Y - Z

Werte	Mittelwert	Standard-abweichung S	Variations-koeffizient V	Ergibt Teileart
Von manueller Hilfsrechnung	99,31	238,00	0,42	Y
Mit Excel gerechnet	86,21	238,20	0,36	

Die Dispo
muss in den
Änderungs-
dienst mit ein-
gebunden sein

Bild 4.12: *Berücksichtigung weiterer Wertigkeiten / Auftragsarten*

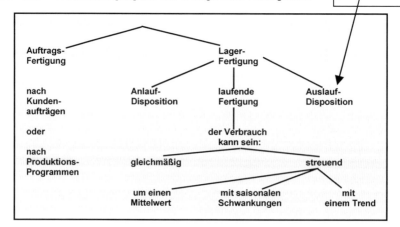

4.5 Ermittlung des Sicherheitsbestandes (Servicegrad-Faktor)

Der Sicherheitsbestand kann auf mehrere Arten berechnet werden. Diese reichen von einer einfachen Festlegung einer Zeitspanne, die mit dem Bedarf multipliziert wird (z. B. Eindeckung für einen halben Monat), bis zu statistischen Methoden, die die mittlere, absolute Abweichung als Sicherheitsfaktoren heranziehen. Siehe Punkt „Servicegrad - Mathematische Bestimmung".

Speziell im Bereich des Sicherheitsbestandes befinden sich hohe Ansätze zur Bestandssenkung.

In der Praxis wird als Sicherheitsbestand häufig die Eindeckung für 1 - 2 Wochen[1] verwendet.

			Wird verwendet bei
a)	Sicherheitsbestand =	Eindeckung für 1 - 2 Wochen[1]	termintreuen Lieferanten

Hier ist besonders darauf zu achten, dass bei steigendem Bedarf und Verlängerung der eigenen Lieferzeit die Reserven über z. B. Lagerbestand : Ø Verbrauch/Monat die Größe von zwei Monaten nicht übersteigt, bei z. B. einem gewollten Lagerumschlag von 6 x / Jahr, also das Sicherheitspolster beim Lieferanten hinterlegt wird.

Weitere gebräuchliche Grobverfahren sind:

			Wird verwendet bei
b)	Sicherheitsbestand =	50 % des Verbrauches während der Wiederbeschaffungszeit	weniger termintreuen Lieferanten
c)	Sicherheitsbestand =	100% des Verbrauches ~~während der~~ Wiederbeschaffungszeit	sehr lieferuntreuen Lieferanten [2]

Wobei, je nach Lieferant, entweder nach a), b), c) verfahren wird, bzw. bei der Durchrechnung eines Zahlenbeispiels ersichtlich wird, dass Fall c) den Wiederbestellpunkt und somit die Verzinsung so in die Höhe treibt, dass es eigentlich unsinnig wird, bei solch einem Lieferanten einzukaufen.

[1] oder 1 - 2 Tage, je nach Liefertreue der Lieferanten und Anlieferzyklus
[2] Neuer Lieferant erforderlich!

57

Mathematische Bestimmung des Sicherheitsbestandes oder der Servicegrad als das wesentliche Kriterium zur Bestimmung der Bestandshöhe

Jeder Disponent hat das Bedürfnis, gegenüber dem Verkauf möglichst immer lieferbereit zu sein. Dies bedeutet in der Praxis, dass er häufig mit überhöhten Beständen und hohen Sicherheitsreserven arbeitet.

Insbesondere dann, wenn bei Unterdeckung dem Disponenten Fehlverhalten vorgeworfen wird. Die tatsächlichen Gründe können aber sein

- hohe Mengenschwankungen in den Bedarfen
- hohe Schwankungen in den Wiederbeschaffungszeiten
- vom Vertrieb zu kurzfristig zugesagte Liefertermine mit der Auswirkung: **„Die Teile wegstehlen"**, von Auftrag A für neuen Auftrag X.

Diese Problematik ist u. a. lösbar, mit dem Instrument „Servicegrad".

Der Servicegrad in Abhängigkeit der Bedarfsschwankungen kann mathematisch ermittelt und somit vorgegeben werden.

Bild 4.13: *Servicegradfaktoren zur Bestimmung des Servicegrades nach Gaußscher Normalverteilung*

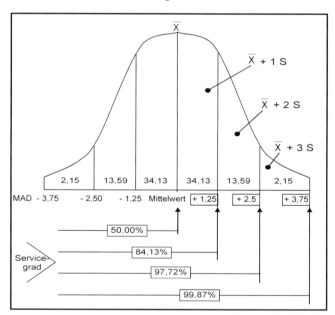

Mit dieser Messzahl des Lagerservices ist es möglich:

1. Den gewünschten Servicegrad in Form der zulässigen Unterdeckung pro Jahr festzusetzen, oder
2. den Prozentsatz der Bestellabläufe, die keine Unterdeckung aufweisen sollen, zu berechnen und diesen Prozentsatz zur Ermittlung des richtigen Sicherheitsfaktors heranzuziehen

Sofern diese Art der Si-Bestandsrechnung nicht in Ihrem Warenwirtschaftssystem enthalten ist, kann dies mit Hilfe einer Excel-Tabelle einfachst berechnet werden.

<table>
<tr><td>Achtung:</td><td>Hohe Sicherheitsbestände treiben die Bestände um das X-fache nach oben, insbesondere bei langen Wiederbeschaffungszeiten und hohen Bedarfsschwankungen. Deshalb:
•   Legen Sie eine vertretbare Lieferbereitschaft je Artikel / Warengruppe fest
•   Akzeptieren Sie in Einzelfällen Null-Bestand</td></tr>
</table>

Ziel muss sein, Lieferanten halten für uns Vorräte, wir rufen nach KANBAN-Regeln ab. Senkt Bestände und steigert Servicegrad auf 100 %, ohne Mehrkosten. Der Sicherheitsbestand im eigenen Lager kann auf null gesetzt werden.

Art der Sicherheits- / Mindestbestandsabsicherung bei den Lieferanten ergibt:

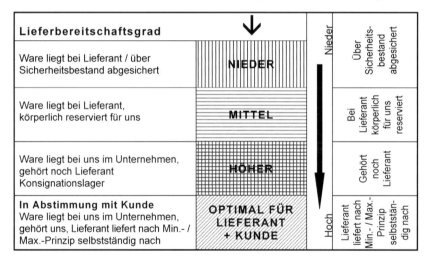

4.6 Ersatzteilmanagement / Disposition von Ersatzteilen

Für die Disposition / Lagerhaltungshöhe von Ersatzteilen lassen sich kaum Regeln aufstellen. Die Handhabung hängt größtenteils von der Unternehmensphilosophie / dem Zwiespalt ab, was will das Unternehmen:

> Eine hohe Verfügbarkeit, damit eine umgehende, termingerechte Versorgung sichergestellt ist.
> Mit dem Ergebnis: Hohe Lagerhaltungskosten, aber geringe Maschinenstillstandszeiten.

> Eine geringere Verfügbarkeit, mit dem Risiko, dass höhere Maschinenstillstandszeiten im Schadensfalle in Kauf genommen werden müssen.

Es sei denn, es können mit den Lieferanten / Maschinenherstellern KANBAN- / Konsignationslager oder besser, ein so genanntes Zentrales Informationsmanagement mittels IT-Plattform, „BEI WEM LIEGT WAS?" eingerichtet werden.

Bild 4.15: *Die gesamte Problematik kann am einfachsten anhand eines Entscheidungsmodells dargestellt werden:*

Kriterium	Ausprägungen[1] (mit beispielhaften Gewichtungsfaktoren)			
	hoch	mittel	niedrig	
Wiederbeschaffungszeit	4	2	1	1) Quelle: Zeitschrift ZWF 12 / 03 Carl Hanser Verlag, Autor Dipl.-Ing. K. Kaiser, Dipl.-Ing. M. Vogel, Dipl.-Ing. A. Werding
Preis	3	2	1	
Bedarfsregelmäßigkeit	1	2	3	
Lagerhaltungskosten	1	2	3	
Haltbarkeit	4	2	1	
Lieferzuverlässigkeit	1	2	3	
Stillstandskosten	6	3	1	
Funktionsrisiko	6	3	1	

Nach der Höhe der Punktezahl wird dann die Lagerhaltungsstrategie für einzelne Teile oder Teilegruppen festgelegt.

Natürlich müssen noch weitere Einflussfaktoren Beachtung finden, wie z. B.:

> Lagerkapazität / Lieferant Helfer in der Not
> sowie Liquiditätsfragen grundsätzlicher Art
> Vertragliche Regelungen mit Kunden

Kenntnisse über Anzahl eingesetzter Anlagen, deren Laufstunden, bzw. planmäßige Wartungen / Generalüberholungen, also Daten wie sie aus modernen Instandhaltungsprogrammen geliefert werden, erleichtern die Arbeit wesentlich.

Eine völlig andere Strategie ist, das Ersatzteillager gegen null zu setzen und mit Unternehmen in der Nähe vertraglich vereinbaren, dass notwendige Reparaturen / Ersatzteile innerhalb von z. B. 24 Stunden, oder weniger, hergestellt / in einwandfreier Qualität geliefert werden. Ein höherer Stundensatz in der Bezahlung kann das Lockmittel sein.

4.7 Problem Minusbestände im verfügbaren Bestand bei Vorratswirtschaft

Problem: **System reserviert innerhalb der WBZ im verfügbaren Bestand ins Minus bei Vorratswirtschaft**

Manche Warenwirtschaftssysteme sind so eingestellt, dass bei Vorratsteilen innerhalb der Wiederbeschaffungszeit ins Minus reserviert werden kann. Es entsteht bei terminlich nachfolgend, bereits zugesagten Aufträgen innerhalb der Wiederbeschaffungszeit **UNTERDECKUNG**. Dies bedeutet, es werden Teile für einen bereits bestätigten Auftrag weggestohlen. Dies ist **NICHT** zulässig und führt zu Problemen in der Liefertreue (Flexibilität bedeutet nicht Chaos). Es sei denn, die eigentliche Nachschubautomatik wird über KANBAN gesteuert.

Bild 4.16: *Artikelkonto eines Vorratsteiles*
Kennung z. B. B 1 (B X)

Mat.-Nr. 030.0507.0	von Termin Wo.20 xx	bis Termin Wo.30 xx	

Bezeichnung:	TRANSFORMATOR EI 30/12.5 220/24 V 1,2 VA	Datum: 13.06.xx

Lagerbest. 355,00	Verf. Bestand -38.645,00	Wiederbestellpunkt 1.500,00

Termin		Bedarf	Bestellt	Verfügbar
20	xx	0,00	4.000,00	4.355,00
21	xx	3.000,00	0,00	1.355,00
22	xx	0,00	0,00	1.355,00
23	xx	2.500,00	0,00	-1.145,00
24	xx	0,00	5.000,00	3.855,00
25	xx	3.000,00	0,00	855,00
↓	↓	↓	↓	↓
42	yy	4.000,00	0,00	-23.645,00
43	yy	0,00	0,00	-23.645,00
44	yy	0,00	0,00	-23.645,00
45	yy	3.000,00	0,00	-26.645,00
46	yy	0,00	0,00	-26.645,00
47	yy	0,00	0,00	-26.645,00
48	yy	0,00	0,00	-26.645,00
49	yy	0,00	0,00	-26.645,00

In dieser Zeitachse, WBZ 20 AT, darf nicht automatisch ins Minus reserviert werden Hinweisfeld **KLÄRUNG** notwendig

Körperlicher Bestand
– Bedarf + Bestellung
= **verfügbare Menge**

Je Artikelnummer kann in den Stammdaten hinterlegt werden, ob dies zugelassen werden soll [J] [N]
Haken entsprechend setzen

4.8 Restmengenmeldungen verbessern die Bestandsqualität und senken die Bestände

Niedrigere Bestände erfordern genauere Bestandsführung über die aktuelle Situation.

Restmengenmeldungen mit sofortiger Bestandskorrektur bei Abweichung, die vom Lagerverwalter bei Erreichen einer überschaubaren Bestandsmenge im Warenwirtschaftssystem vorgenommen wird, erhöht die Sicherheit, dass

a) die Bestände stimmen, die Kontenauskünfte also glaubhaft sind,

Artikelnummer

b) Bestandsdifferenzen zwischen Buchungsbestand und körperlichem Bestand am Lager frühzeitig erkannt, rechtzeitig reagiert werden kann und es so nicht zu ärgerlichen Fehlbeständen überhaupt kommt.

Restmenge

c) Sicherheitsbestände heruntergefahren werden können

Außerdem kann das System Restmengenmeldung so ausgebaut werden, damit es eine ähnliche Funktion wie ein KANBAN-System erhält. In Verbindung mit der permanenten Inventur erhöht dies wesentlich die Genauigkeit der Bestandszahlen.

Bei Einsatz von Barcode / RFID- / Transponder-Systemen wird durch Online-buchen dasselbe erreicht, da alle Zugänge, Abgänge abgescannt werden; die Soll-Restmenge am Display des Scanners angezeigt wird.

Differenzkonto

Bei dieser Organisationsform führt der Lagerleiter auch das Differenzkonto in eigener Verantwortung.

Durch Vorgabe von Obergrenzen:

–   Die Gesamtabweichung darf über das Jahr gesehen nicht mehr als X % vom Gesamtbestand überschreiten

und

–   eine einzelne Abweichung über XXXX € muss gemeldet und genehmigt werden (Ursachenforschung ist angesagt)

Außerdem kann mit diesem System, das letztlich funktioniert wie eine permanente Inventur, auf eine so genannte Stichtagsinventur verzichtet werden, sofern die IST-Meldungen als Inventurdatum entsprechend vermerkt werden und dieses Verfahren mit der Finanzbehörde/dem Wirtschaftsprüfer abgesprochen ist. Für die Bilanzierung reicht dann eine so genannte Stichprobeninventur / -prüfung durch das testierende Wirtschaftsprüfungsinstitut.

Sicherheitsbestand auf null setzen

Wenn eine Lagerbestandsgenauigkeit von 98 % sichergestellt ist, kann der Sicherheitsbestand auf null gesetzt werden, bzw. auf 1 - 2 AT reduziert werden, was eine weitere Bestandsreduzierung bedeutet. (Je nach Liefertreue der Lieferanten.)

Weitere Bestandsarten / Kennungen

Der Disponent muss zum Zwecke einer geordneten Materialwirtschaft mit minimierten Beständen Kenntnis haben über

- den Bestellbestand, getrennt nach Eigenfertigung und Fremdbezug je Artikelnummer im terminlichen Zeitraster
- Werkstattbestand, Bestand, der aus dem Lager zwar entnommen ist, aber im Rahmen einer Bereitstellung, z. B. nach KANBAN-Prinzipien (ein voller Behälter / Palette wird bereitgestellt) nicht in voller Höhe für den Auftrag benötigt wird
- Wareneingangsbestand Warenzugang, der noch nicht freigegeben ist[1]
- Bestände in Sperrlager laut Qualitätskontrollmerkmalen[1]
- Sicherheits- / eiserner Bestand Dies ist der Bestand, der eigentlich nicht unterschritten werden darf, und der eine sofortige Nachschub-Anmahnung auslösen muss
- Bei flexibler (chaotischer) Lagerführung Gesamtbestand, sowie Bestand pro Lagerfach / -ort
- Bei Versandlager bereits entnommen, für Kunde reserviert, aber noch nicht verladen (Bereitstellbestand)

Sowie für die tägliche Arbeit, gemäß Bestellvorschlagsübersicht (Mindestanforderung):

- Verfügbarer Bestand im terminlichen Zeitraster
- körperlicher Bestand / Sicherheitsbestand
- Mengeneinheit (Stück, kg, Liter, oder?)
- Reichweite und aktuelle Wiederbeschaffungszeit
- Bei Abrufaufträgen (bei Lieferanten) Restabrufmenge
- Min- / Max.-Bestand / Soll-Drehzahl / Umschlagshäufigkeit
- Farbige Hinweisfelder mit Datum für vorziehen / hinausschieben von Bestellungen / Fertigungsaufträgen, entstanden durch kurzfristige Kundenänderungen in Menge und Termin
- A-, B-, C, / X, Y, Z-Teil / Ersatzteil
- Verkettungshinweis
- Menge / Verpackungseinheit / Losgröße / fixe Bestellmenge
- Trend / Prognosefaktor
- Verbrauch der letzten Perioden mit größtem und kleinstem Wert und Streuung, sowie vergleichbare Perioden in der Vergangenheit
- aktuelle Wiederbeschaffungszeit

---

[1] Ware darf nicht länger als ein Arbeitstag im Wareneingang, bei der QS-Abteilung, auf dem Sperrlager liegen. Sofortiges bearbeiten, klären ist Pflicht. Wenn Feierabend ist, muss der Wareneingang / das Sperrlager „besenrein" sein

4.9   Festlegen und Pflegen der Teile-Stammdaten für die erforderlichen IT-Systemeinstellungen / Dispositions- und Beschaffungsregeln

Voraussetzung für eine zeitgemäße Materialwirtschaft, Auftrags- und Terminplanung / Fertigungssteuerung mittels PPS- / ERP-System, ist eine sachlich korrekte Stammdateneinstellung. Eine regelmäßige Pflege, Anpassung an veränderte Gegebenheiten ist für die zuständigen / verantwortlichen Sachbearbeiter ein MUSS.

● Falsch eingestellte, bzw. nicht gepflegte Stammdaten erzeugen Überbestände, Fehlleistungskosten und ungenügende Lieferbereitschaft. Es fehlt immer etwas.

● Nicht gepflegte Wiederbeschaffungszeiten, überholte Losgrößen-, Mindestbestellmengenvorgaben tun ein Übriges.

● Abgestimmte Lieferbereitschaftsgrade (Servicegrade) / das Denken in Wellen, bezogen auf das jeweilige Endprodukt mit den darunter liegenden Baugruppen / Einzelteilen helfen, die richtigen Einstellungen zu finden.

● Stellen Sie Ihr System auf „Disponieren nach Reichweiten" ein. Bei dieser Dispo-Art ist das Denken in Wellen sichergestellt und die Bestellmengen passen sich dem tatsächlichen Bedarf / Verbrauch an. Bei der Dispo-Einstellung / Nachschubautomatik mittels Meldebestand / Wiederbestellpunkt wird über Baugruppen / Unterbaugruppen etc. eine Bedarfslawine erzeugt, die mit der realen Bedarfswelt nichts zu tun hat. Die Kunden bestellen doch anders als gedacht. Die Bestände werden nach oben getrieben und die Fertigung verstopft.

● Lassen Sie das Warenwirtschaftssystem bei Vorratswirtschaft innerhalb der Wiederbeschaffungszeit nicht ins Minus reservieren. Flexibilität und Chaos liegen nahe beieinander.

● Prüfen Sie, was für Ihre Belange das bessere Dispo-System ist:

  ◆ Bedarfsorientiert – Push-System
  ◆ Verbrauchsorientiert – Pull-System, auch KANBAN genannt

Je nach Randbedingungen in Fertigung, bzw. Lieferant kann dies pro Produkt / Stücklistenposition unterschiedlich sein.

● Korrigieren Sie Ihre Durchlaufzeiten nach unten, mittels auf null setzen von so genannten Liege- / Pufferzeiten im ERP- / PPS-System.

Kurze Wiederbeschaffungszeiten / Durchlaufzeiten vermindern das Working Capital in der Fertigung, erhöhen die Flexibilität, reduzieren die Bestellmengen und Bestände. Der Teufelskreis

mehr Umsatz ➜ *mehr Lagerbestand*

wird durchbrochen.

- Geben Sie Fertigungsaufträge so spät wie möglich und nicht so früh wie möglich frei.

  Und stellen Sie Ihre Fertigungssteuerung von einer reinen Start- und End-
  terminbetrachtung um in ein Priorisierungssystem nach Punkten, von z. B.
  1 - 9, und legen Sie danach Ihre Produktionspläne fest.

  Es wird nur das gefertigt, was auch tatsächlich gebraucht wird. Die Bestände und Durchlaufzeiten werden weiter reduziert, bei wesentlicher Verbesserung der Liefertreue.

- Zu prüfen ist auch, ob der Vertrieb durch frühzeitige / schematisierte Freigabe von einmal festgelegten Planmengen[1] und die Disponenten durch zu
  große Lose das Unternehmen in Liquiditätsengpässe treiben,

  deshalb

- schulen und qualifizieren Sie Ihre Mitarbeiter in den Bereichen Auftragsabwicklung, Disposition, Beschaffung, Arbeitsvorbereitung / Fertigungssteuerung in Theorie und ERP- / Systempraxis. Nur so können Sie erkennen, wo in den Stammdaten und durch logisches / verantwortungsbewuss-
  tes Arbeiten angesetzt werden muss, damit das System optimal funktioniert,

  und

  dass erkannt wird, was durch schludriges Arbeiten / *Es-sich-zu-einfach-
  Machen*, in der MAWI bezüglich Liquidität angerichtet werden kann.

  Beispiel:

  ▶ Abrufe / Liefereinteilungen der Kunden, werden ohne Rückfrage, ob
    der Kunde die Ware zu diesem Zeitpunkt in der Menge überhaupt
    benötigt, in Fertigungsaufträge umgesetzt. Eine Katastrophe bezüg-
    lich Bestände und Kapazitätsauslastung.

  Beispielhafte Auszüge *„Stammdaten zielorientiert Einrichten
  und Pflegen, Datenqualität verbessern"*,
  finden Sie in unter Punkt 7. dieses Buches.
  Ob diese Infos / Arbeitsanweisungen direkt im jeweiligen
  Stammdatenfeld hinterlegt, oder in Papierform erstellt
  sind, ist nicht das Wesentliche.
  Die Mitarbeiter müssen sich daran halten.

  ---

[1] ohne Prüfung, ob die Planmengen in Menge und Termin auch tatsächlich so benötigt werden

4.10 Einbeziehung der zukünftigen Trendentwicklung in die Bestellmengenrechnung

Wird von einem bestimmten Teil zu wenig erzeugt, können Aufträge verloren gehen. Wird zu viel produziert, wird Geld vergeudet, also scheint eine Vorhersage unentbehrlich, um den zukünftigen Bedarf während der Wiederbeschaffungszeit von Teilen zu bestimmen.

Es gibt zwei grundsätzliche Methoden zur Vorherbestimmung des Bedarfes:

Schätzung und Vorhersage.

- Die Schätzung ist eine begründete Annahme und umfasst nicht die geordnete Verwendung numerischer Daten.

- Die Funktion der Vorhersage liegt in der Untersuchung des Bedarfsverlaufes der Vergangenheit und in der Vorausbestimmung für einen gewünschten Planungszeitraum, z. B. Saison oder ein Jahr.

- In neueren Dispo-Programmen sind Vorhersage- / Trendprogramme installiert, die meist auf mathematischen Beziehungen zwischen den Mittelwerten aus der Vergangenheit, mit dem Mittelwert der Gegenwart aufbauen und durch entsprechende Gewichtung dieser Werte, eine zukünftige Trendentwicklung errechnen.

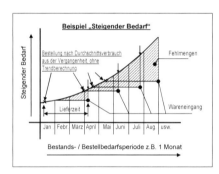
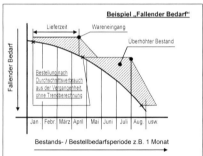

Z. B. Trendberechnung aus Gewichtung der letzten Monate

Eine Möglichkeit der mathematischen Trenddarstellung, ist die Ermittlung des Durchschnittsverbrauches aus den letzten 12 Monate (oder vergleichbare Perioden, bei Artikel mit saisonalen Schwankungen), mit einer Gewichtung der letzten drei Monate.

Beispiel:

Monat	1	2	3	4	5	6	7	8	9	10	11	12
Ø-Verbr./Mo.	20	22	30	15	13	25	28	16	20	23	30	29
Ø	Ø 21,0								Ø 27,3[1]			

[1] ggf. gewichtet mit einem Trendfaktor, z. B. mode- / saisonbedingt

Bild 4.17: *Trendberechnung mittels Glättungskonstanten*

Darstellung: *Je nach Trend / Saisonal / Mode etc. können die Gewichtungsfaktoren nach Teileart unterschiedlich hinterlegt werden (hier Faktor 0,1)*

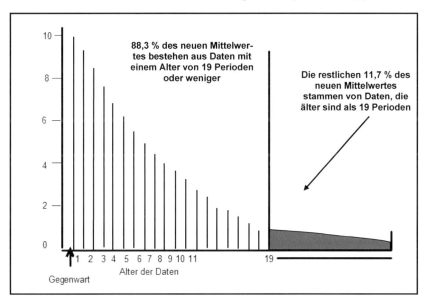

Auswirkung der Einbeziehung von Trends (hier Faktor 0,1)
in die Bestellmengenrechnung (Beispielrechnung)

(1) Monat	(2) Lagerabgang (kg)	(3) Bewertungs- faktor	(4) Gewichteter Wert (2) x (3)
Januar	400	0,66	264
Februar	350	0,73	256
März	420	0,81	340
April	480	0,90	432
Mai	450	1,00	450
SUMME	$\frac{2100 : 5}{= 420}$	4,10	$\frac{1742}{4,10} = 425$

Nach dem arithmetischen Mittel beträgt der durchschnittliche Monatsverbrauch
2.100 : 5 = 420. Für die Festlegung der Bestellmenge sollte aber als Trend / Aktualitäts-
bewertung von 425 ausgegangen werden.

Die Betrachtung ist aber bezüglich der Cashflow Entwicklung gefährlich.

In Verbindung mit der damit einhergehenden, gewollten Anpassung der Bestellmengen (Sinn dieser Trendrechnung) wird die unsägliche Verbindung „*Mehr Umsatz – Mehr Materialbestand*" nicht durchbrochen.

Schemabild: Darstellung Prozentanteil Working Capital bei bedarfsgesteuerter Nachschubautomatik über z. B. Wiederbestellpunkt und Trendberechnung zu verbrauchsgesteuert, z. B. mittels KANBAN- / SCM-System

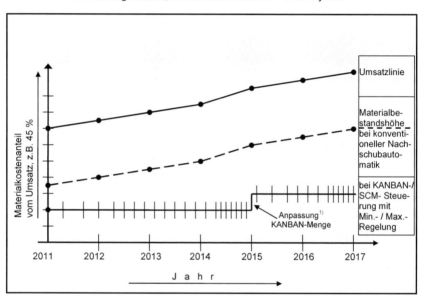

Wenn dieser unsägliche Zusammenhang durchbrochen werden soll, muss auf eine SCM- / KANBAN- oder Dispositionsart mit Min.- / Max.-Bestand und eine feste Bestellmenge[1] umgestellt werden.

Die Nachschubautomatik wird dann über die Frequenz geregelt. Natürlich müssen bei gravierenden Abweichungen mittelfristig auch bei diesen Verfahren die Abrufmengen erhöht / vermindert werden.

Hinweis: Alle mathematischen Modelle die für die bedarfsgesteuerte Nachschubautomatik entwickelt wurden, entstanden in früheren Jahren, als die Variantenvielfalt unbedeutend und der Just in time - Gedanke unbekannt war. Das Unternehmen hat seine Ware / Lieferungen dem Kunden zugeteilt.

---

[1] Muss wie eine KANBAN-Menge mindestens 2 x / Jahr gepflegt werden

4.11 Gefahren durch die Anwendung von Losgrößenformeln

4.11.1 Ermittlung der optimalen Bestellmenge nach Losgrößenformeln – Ist dies immer richtig?

Die Entscheidung, wie viel von einem Teil / Rohmaterial bestellt werden muss, ist eine der wichtigsten Gesichtspunkte für die Bestandsführung. Die Mengen der gefertigten oder gekauften Teile / Materialien stehen in direkter Beziehung a) zum Verbrauch während einem bestimmten Wiederbeschaffungszeitraum und b) zu den allgemeinen Kosten des Einkaufs, der Fertigung und des Einlagerungszeitraumes.

Die Entscheidung über die Größe der Bestellmenge beeinflusst die Kosten somit wesentlich. Hier können wesentliche Einsparungen erzielen werden, wobei die Herabsetzung der Bestellmenge weder den Arbeitsablauf im Betrieb stören, noch eine Erhöhung anderer Kosten mit sich bringen darf.

Nachfolgende Abbildung zeigt den Zusammenhang zwischen Lagerbestand und Bestellmenge. Der gesamte Durchschnittsbestand kann z. B. von 600 auf 300 Einheiten herabgesetzt werden, wenn die Bestellmenge von 900 auf 300 Einheiten sinkt. Das Teil müsste mittels Liefereinteilungen nachbestellt werden, wodurch sich die Zahl der zu verarbeitenden Wareneingänge, bzw. die Zahl der Rüstvorgänge für ein Fertigungsteil in der Produktion erhöht, aber nicht unbedingt die Rüstzeit in Stunden pro Jahr. Grund: Verkettungsmöglichkeiten vor Ort steigen.

Bild 4.18: *Abhängigkeit des durchschnittlichen Lagerbestands von Bestellmenge*

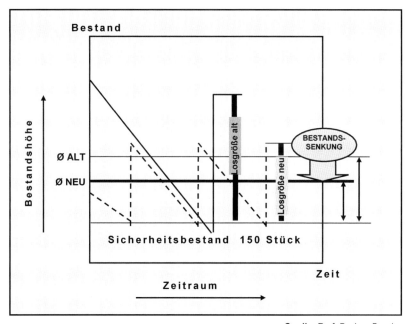

Quelle: Prof. Dr. Ing. Brankamp

69

Kleine Lose sind gefordert / keine Kapazitätsverschwendung zulassen

Ermittlung der optimalen Bestellmenge bzw. Losgröße, ist dies noch richtig?

Die Kosten, die mit der Bestellung zur Ergänzung des Lagerbestandes verbunden sind, steigen mit abnehmender Losgröße. Sie umfassen die Rüstkosten, Bestell- und Ausfertigungskosten, einen Anteil der Kosten für Transport, Wareneingang, Versand usw. Die mit der Höhe des Lagerbestandes zusammenhängenden Kosten sinken, wenn die Losgröße abnimmt. Sie werden als Lagerhaltungskosten bezeichnet und umfassen den Wert des gebundenen Kapitals, die Lagerungskosten, die Kosten für Veralterung, Zinsen etc.

Es sollte ein wirtschaftliches Gleichgewicht bestehen, zwischen den Kosten die sich bei Veränderung der Bestellmenge erhöhen, bzw. verringern. Diese Festlegung ist der ursprüngliche Ansatz der Berechnung der optimalen Losgröße.

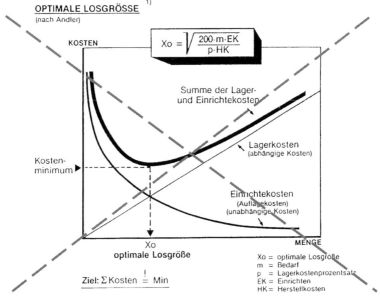

OPTIMALE LOSGRÖSSE [1]
(nach Andler)

KOSTEN

$$X_0 = \sqrt{\frac{200 \cdot m \cdot EK}{p \cdot HK}}$$

Summe der Lager- und Einrichtekosten

Lagerkosten (abhängige Kosten)

Kosten- minimum

Einrichtekosten (Auflagekosten) (unabhängige Kosten)

Xo
optimale Losgröße

MENGE

Ziel: Σ Kosten $\overset{!}{=}$ Min

Xo = optimale Losgröße
m = Bedarf
p = Lagerkostenprozentsatz
EK = Einrichten
HK = Herstellkosten

Diese Einzelbetrachtung kann dazu führen, dass bis zu 1/3 des Umsatzes in Beständen gebunden ist, große Lose zu langen Durchlaufzeiten in der Fertigung führen und trotz der hohen Vorräte immer wieder Fehlteile entstehen. Grund:

Die Kunden bestellen anders als geplant / gedacht war.

Hat diese Betrachtung – **REINES EINZELOPTIMA** – je Artikelnummer heute noch Bestand? Oder fehlen viele weitere Einflussgrößen zu einem **GESAMTOPTIMA**? Wie z. B.:

„Hohe Liquidität / Flexibilität / kurze Durchlaufzeiten ist auch Leistung" [1]

Die Variantenvielfalt, der Just in time - Gedanke mit Ziel *niedere Bestände, hohe Umschlagshäufigkeit* setzt andere Regeln.

[1] Die steigende Variantenvielfalt, Just in time - Denkweise bedeutet das Aus, das Ende von Andler

Bild 4.19: *Losgrößenmanagement und Mythos Rüstzeiten*

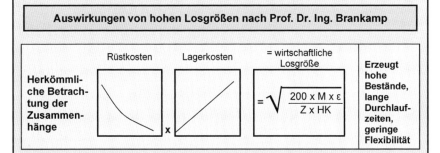

Auswirkungen von hohen Losgrößen nach Prof. Dr. Ing. Brankamp

Herkömmliche Betrachtung der Zusammenhänge

Rüstkosten Lagerkosten = wirtschaftliche Losgröße

$$= \sqrt{\frac{200 \times M \times \varepsilon}{Z \times HK}}$$

Erzeugt hohe Bestände, lange Durchlaufzeiten, geringe Flexibilität

Fehlende / weitere Einflussgrößen mit gravierenden Auswirkungen auf Bestände, Flexibilität und Durchlaufzeiten:

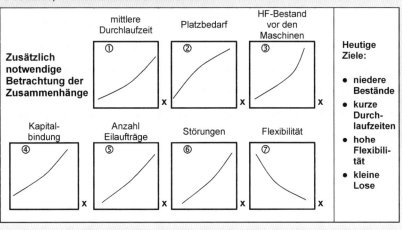

Zusätzlich notwendige Betrachtung der Zusammenhänge

① mittlere Durchlaufzeit   ② Platzbedarf   ③ HF-Bestand vor den Maschinen

④ Kapitalbindung   ⑤ Anzahl Eilaufträge   ⑥ Störungen   ⑦ Flexibilität

Heutige Ziele:

- niedere Bestände
- kurze Durchlaufzeiten
- hohe Flexibilität
- kleine Lose

KEINE VERSCHWENDUNG IN ZEIT UND WERTSCHÖPFUNG ZULASSEN

<u>Merksatz:</u>

Wenn etwas produziert wird, was im Moment nicht gebraucht wird, dafür aber etwas nicht gefertigt werden kann, was gebraucht wird, ist dies pure Verschwendung.
Leistung ist nur das, was gefertigt und auch umgehend, termintreu verkauft werden kann.

Und was für einen Industriebetrieb besonders wichtig ist:

Große Lose und viele Aufträge gleichzeitig in der Fertigung, verstopfen die Fertigung, erzeugen lange Lieferzeiten, beeinträchtigen die Flexibilität, treiben die Bestände in die Höhe.

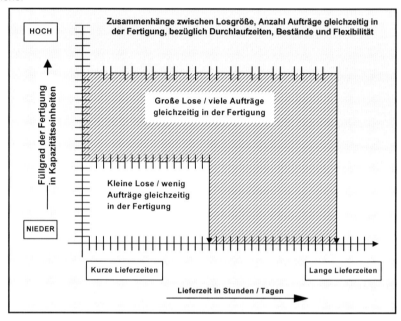

Kleinere Mengen fertigen ergibt geringe Lagerbestände. Weniger Aufträge gleichzeitig in der Fertigung sind ebenfalls von Vorteil. Vor jedem Arbeitsplatz maximal 2 - 3 Stück bzw. für maximal vier Stunden, erzeugt → **niederes Working Capital** → **hohe Flexibilität** → **kurze Durchlaufzeiten.**

Flexibilitäts-grad	=	Durchlaufzeit in Tagen eines Betriebsauftrages
		Summe der Fertigungszeit dieses Betriebsauftrages

Die Kennzahl sagt aus, wie flexibel / unflexibel reagiert werden kann.

$\frac{5}{1}$ = **Sehr unflexibel - Auf 1 Arbeitstag Fertigungszeit kommen noch zusätzlich 4 Arbeitstage Liegezeit**

$\frac{2}{1}$ = **Sehr flexibel - Auf 1 Arbeitstag Fertigungszeit kommt maximal 1 Arbeitstag Liegezeit**

Und denken Sie daran:

Leistung ist nur, was produziert und umgehend verkauft werden kann - NICHT was an Lager geht.	**UND**	**Kurze Lieferzeiten, hohe Termintreue sind heute genauso wichtig wie der Preis**

Höhere Flexibilität und steigende Anzahl Varianten bedingt kleinere Lose in der Fertigung

A) Aus Liquiditätsgründen, für eine Bank ist im Prinzip ein Lager nichts wert, siehe auch Regelwerk der Banken, Basel II, bzw. Basel III

B) Aus Flexibilitätsgründen, große Lose verstopfen die Fertigung = unflexibel. Kleine Lose machen das Unternehmen zum Kunde hoch flexibel

Beispiel:

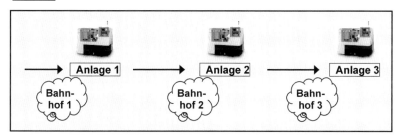

Fall 1 Über diese drei Anlagen müssen **40 verschiedene Artikel** gefertigt werden

Eine Ø **Losgröße** belegt diese Anlagen **0,5 Tage = Kapazitätsverzehr**

Dies bedeutet, dass **40 x 0,5**
also im Ø ein Artikel erst wieder in **20 Arbeitstagen** gefertigt werden kann.

Fall 2 Steigende Anzahl Varianten, es müssen jetzt **60 verschiedene Artikel** über diese Anlage gefertigt werden.

Bei gleichbleibender Losgröße bedeutet dies **60 x 0,5**
also im Ø ein Artikel erst wieder in **30 Arbeitstagen** gefertigt werden kann.

Fall 3 Das Unternehmen will zum Kunde flexibler werden, bzw. die Bestände reduzieren

a) ein Teil der Artikel wird zugekauft

oder

b) die Losgröße wird z.B. halbiert, also der **Kapazitätsverzehr / Los** beträgt im Ø **nur noch 0,25 Tage**

Was bedeutet: **60 x 0,25**
die Artikel können im Ø alle **15 Arbeitstage** neu hergestellt werden.

Natürlich kann ein Artikel immer vorgezogen werden, dann kommen andere aber erst später an die Reihe, Ø bleibt.

73

Also Losgrößen pragmatisch festlegen

Bewährt hat sich:

a) Nach dem 20-80-Prinzip belegen ca. 20 % der zu produzierenden Artikel ca. 80 % des Kapazitätsbedarfs der Anlagen / Arbeitsplätze. Diese Lose z. B. halbieren. Der zusätzliche Rüstaufwand ist im Regelfalle minimal, kann von der Produktion problemlos aufgefangen werden. Auch wird dadurch häufig ungeplantes Umrüsten wegen Eilaufträgen vermieden. Kleinst-Lose werden nicht verändert.

b) Die Losgrößen werden so berechnet, dass z. B. in einer Zeiteinheit „2 Wochen" (oder „4 Wochen"?) alle Artikel wieder neu produziert werden können.

Nivelliert die Produktion, Spitzen werden vermieden. Die Mitarbeiter vor Ort verinnerlichen diesen Rhythmus. Rüstzeiten werden durch stetiges Umrüsten (Einübungseffekt) verringert.

Beide Varianten steigern die Produktivität durch „rückstandsfreies Produzieren". Und was wichtig ist:

> *Es gibt pro Jahr zwar mehr Rüstvorgänge,*
> *aber nicht unbedingt mehr Rüstzeit in Stunden.*

UND

> *Engpässe werden vermieden.*
> *Teilweise kann von 3-Schicht-Betrieb*
> *auf 2-Schicht-Betrieb reduziert werden.*

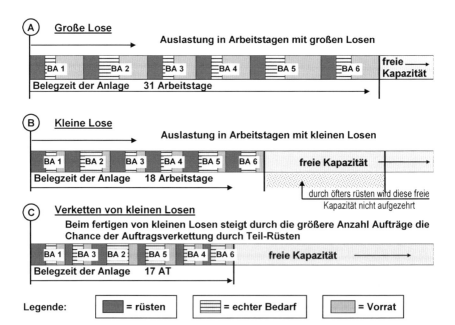

Ⓐ Große Lose

Auslastung in Arbeitstagen mit großen Losen

BA 1   BA 2   BA 3   BA 4   BA 5   BA 6   freie Kapazität

Belegzeit der Anlage   31 Arbeitstage

Ⓑ Kleine Lose

Auslastung in Arbeitstagen mit kleinen Losen

BA 1 BA 2 BA 3 BA 4 BA 5 BA 6   freie Kapazität

Belegzeit der Anlage   18 Arbeitstage

durch öfters rüsten wird diese freie Kapazität nicht aufgezehrt

Ⓒ Verketten von kleinen Losen

Beim fertigen von kleinen Losen steigt durch die größere Anzahl Aufträge die Chance der Auftragsverkettung durch Teil-Rüsten

BA 1 BA 3 BA 2   BA 5   BA 4 BA 6   freie Kapazität

Belegzeit der Anlage   17 AT

Legende: ■ = rüsten   ▤ = echter Bedarf   ▨ = Vorrat

4.11.2 *Reale* Einsparungen von *fiktiven* unterscheiden lernen / Die hausgemachte Konjunktur

Die hausgemachte Konjunktur ist eine Katastrophe bezüglich Flexibilität und Lieferzeit.

Durch die reine Betrachtung von Einzeloptima, z. B. Erreichen hoher Maschinennutzungsgrade, oder Verhältnis Rüstzeiten / Beschaffungskosten zu Lagerkosten, wurde den Mitarbeitern beigebracht, dass Maschinen ständig laufen müssen und in *„wirtschaftlichen Losgrößen"* produziert werden soll. Dies führt dann dazu, dass bei einem Bedarf von 50 Stück, 200 Stück oder mehr gefertigt werden, weil dann die kalkulatorischen Stückkosten stimmen. Was anschließend mit den restlichen 150 Stück geschieht, ist „Hoffnung".

So lange also Produktivität in Form von Anlagennutzung oder am Leistungsgrad pro Mitarbeiter und nicht am marktgerechten Verhalten gemessen wird, wird der Verschwendung bezüglich:

> ➢ **es wird etwas produziert was man im Moment nicht braucht**

> ➢ **die Fertigung wird verstopft, es gibt Warteschlangenprobleme**
> **Ergebnis: Terminprobleme, Mehrkosten aller Art**

> ➢ **Verschrottungsaktionen und Abwerten von wirtschaftlich**
> **gefertigten Teilen am Inventurstichtag**

weiter Vorschub geleistet.

Betriebliche Leistung und damit verbundene Motivationsziele müssen aber bezüglich heutiger Kundenanforderungen und Banken-Zielen

„Marktorientiert produzieren"

„Hohe Eigenkapitalquote / Liquidität"

neu definiert werden. LIQUIDITÄT IST AUCH LEISTUNG.

Leistung ist nur das, was hergestellt und auch umgehend verkauft werden kann. Nicht, was an Lager geht, oder als Arbeitspuffer zwischen den Maschinen liegt. Betriebliche Untersuchungen haben gezeigt, dass bis zu 50 % der gefertigten Mengen in absehbarer Zeit nicht benötigt werden.

Durch das Produzieren kleinerer Lose und nur fertigen was gebraucht wird, erreichen Sie folgende Ziele:

◆ **Rückstandsfrei produzieren**

◆ **Reduzierung des Umlaufvermögens**

◆ **Reduzierung der Lagerbestände**

◆ **Reduzierung der Durchlaufzeit / höhere Termintreue**

◆ **Steigerung der Flexibilität**

Daraus resultiert weiter: Liefereinteilungen aus Kundenabrufen dürfen erst nach Rückfrage beim Kunde, welche Mengen tatsächlich und überhaupt gebraucht werden, also AKTUALISIERT / ANGEPASST, in Fertigungsaufträge umgesetzt werden.

Andere Losgrößenformeln / -festlegungen

A) Reichweitenbetrachtungen / -vorgaben

Die Reichweite der Bestellmenge plus vorhandener Bestand darf z. B. zwei Monate nicht überschreiten.	Ziel: Umschlagshäufigkeit 6 x pro Jahr

Die Disposition nach Reichweiten erzeugt u. a. auch keine Einzeloptima je Teil, sondern fördert das Denken in Wellen. Entweder ist alles in gleichen Mengen vorhanden, oder alles fehlt (ohne C-Teil-Betrachtung). Es kann immer nur die Menge geliefert werden, die das Teil mit der niedrigsten Bestandszahl zulässt.

B) Losgrößenfestlegung nach der A-, B-, C- / 1-, 2-, 3-Analyse

Anstelle von Losgrößenformeln wird häufig die Anwendung des A-, B-, C- / 1-, 2-, 3-Prinzips bei der Losgrößenbildung vorgegeben.

Beispiel: A-Teile werden nach Bedarf disponiert bzw. aus der rollierenden Planung genommen, bei B-Teilen wird der Bedarf z. B. für 6 Wochen zusammengefasst, bei C-Teilen der Bedarf von 3 Monaten. Zusätzlich werden für einzelne Teile oder Teilegruppen Höchst- und Mindestgrenzen festgelegt.

C) Gleitende wirtschaftliche Losgröße

Die gleitende wirtschaftliche Losgröße will die Nachteile der Andlerschen Formel vermeiden. Die gleitende WILO geht nach dem gleichen Grundprinzip vor: Sie vergleicht einmalige Bestellkosten und anfallende Lagerkosten. Doch wird eine Zukunftsbetrachtung angewandt. Es wird gesammelt, also zukünftige Bedarfe in der Zukunft werden zusammengefasst, um so zu einem vertretbaren, wirtschaftlichen Los zu kommen.

Ein Nachteil der gleitenden WILO liegt darin, dass zukünftige Bedarfe verschiedener Perioden zusammengefasst werden (man muss sammeln):

Beispielzahlen	1. Periode	2. Periode	3. Periode	4. Periode
Bedarf nach Zeitraster	100	150	20	250
Bedarfszusammenfassung:	250		270	

Der Vorteil ist, dass verschiedene Bedarfe zu einem vertretbaren / wirtschaftlichen Los zusammengefasst und gefertigt werden können. Wobei auch hierbei die gleichen Zusatzüberlegungen, wie bereits zuvor beschrieben, angewandt werden sollten.

D) Auftragsbezogen Fertigen – Der sicherste Denkansatz

Bestände können am sichersten gesenkt werden, wenn die Vorratswirtschaft komplett abgeschafft wird. Also alle Bedarfs auftragsbezogen nachgeordert werden.

➢ Sofern bei Eigenfertigungsteilen die Durchlaufzeit kürzer ist, als die gewünschte Lieferzeit des Kunden und „Rüsten vermeiden" nicht als oberstes Unternehmensziel betrachtet wird, muss dies möglich sein.

Und was besonders wichtig ist:

Wird die gewonnene freie Kapazität bei Fertigen von kleineren Losen ⓑ durch mehr Rüstvorgänge tatsächlich aufgezehrt? (Bei 80-20-Prinzip) Und wenn dies geringfügig so wäre, was ist dem Unternehmen die Verkürzung der Lieferzeit / Steigerung der Flexibilität wert?

4.12 Rüstoptimierung und Mythos Rüstzeiten durchbrechen

> **Kleine Lose effizient produzieren**
> **Eine Forderung zum Erfolg in der heutigen Just in time - Gesellschaft**

♦ **Erfolgsfaktor 1 – Halbierung der Losgröße nach dem 80-20-Prinzip und Mitarbeiter helfen sich gegenseitig beim Umrüsten (anderer Mitarbeiter übernimmt Maschine solange mit)**

♦ **STUFEN DER RÜSTOPTIMIERUNG**

TECHNIK
↳ Werkzeug / Maschinen / Vorrichtungskonzepte / -auswahl
↳ Schnellspanneinrichtungen / Instandhaltung

ARBEITSPLANUNG
↳ Ähnliche Teile immer auf gleiche Maschine / Standardisierung / Produkt-Clustering
↳ Maschinenauswahl, keine Engpassbildung
↳ Werkzeuge / Spannmittelauswahl / -festlegung

BETRIEBSMITTELVORBEREITUNG
↳ Was kann außerhalb der Maschine vorgerüstet werden?
↳ Vollständige und rechtzeitige Bereitstellung (Info-System)
↳ Komplett vorgerüstete Werkzeuge bereitstellen
↳ Werkzeuginstandhaltung (schnelle Kasse)
↳ Bei Einzelfertigung „Rüstsätze", die benötigten Werkzeuge / Spannmittel etc. werden rüstfertig an den Maschinen vorgehalten, alles in einer Kiste

ARBEITSORGANISATION
↳ Führen von Rüstlogbüchern (Zeitfresseranalyse)
↳ Einrichten von Verkettungsnummern
↳ Dezentrale Strukturen, Mitarbeiterqualifikation / Teambildung (z. B. 4 Mitarbeiter sind für 7 Maschinen verantwortlich)
↳ Patendenken (1 Mitarbeiter = für z. B. 2 Maschinen Qualitätspate)
↳ Qualität, stabile Prozesse / Nullfehlerstrategie
↳ Info, was ist Engpassmaschine (steht nie offen, wird sofort umgerüstet)
↳ Alle notwendigen Werkzeuge in einen Behälter

AUFTRAGSSTEUERUNG – PRODUKTIONSLOGISTIK
↳ Bilden von Rüstfamilien in Disposition und Auftragsfreigabe (Schaffen von Möglichkeiten der Rüstverkettung im Rahmen der Produktionsplanerstellung)
↳ Reichweitenanalysen / Unterschied darstellen „Was ist ein Kunden- bzw. ein Vorratsauftrag"
↳ Reihenfolgenbildung durch entsprechende Info-Systeme vor Ort

FERTIGUNG
↳ Verketten von Aufträgen
↳ Rüstdokumentation / Bedienerkonzepte / Fotos / Videos
↳ Laufwege reduzieren mittels Wegediagramm
↳ Einrichter rüsten Pausen durch / geben selbst frei
↳ Zielvorgaben / Produktivitätskennzahlen / Rüstzeitvorgaben
↳ Einen Auftrag auf einer langsameren Maschine mitlaufen lassen, wenn diese leer steht

Wird Rüsten / Rüstkosten überbewertet?

Eine nachhaltige Verkürzung der Rüstzeiten, insbesondere bei Engpassmaschinen, wirkt sich unmittelbar auf eine verbesserte Lieferfähigkeit mit niederen Stückkosten und Beständen aus. Wobei sich die Frage erhebt: Hat das Unternehmen überhaupt echte geldwerte Nachteile, wenn Lose nach dem 80-20-Prinzip verkleinert werden, oder kann dies vernünftig gemacht, von der Fertigung problemlos aufgefangen werden?

I   Was ist Rüstzeit?

Ist Rüstzeit die Zeit (tr) lt. Arbeitsplan oder ist dies die Zeit, die eine Maschine „offen" steht?

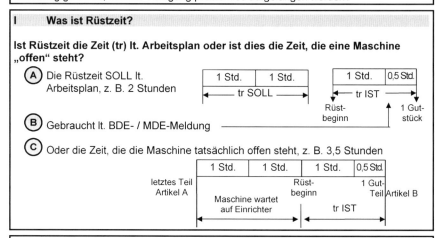

(A) Die Rüstzeit SOLL lt. Arbeitsplan, z. B. 2 Stunden

(B) Gebraucht lt. BDE- / MDE-Meldung

(C) Oder die Zeit, die die Maschine tatsächlich offen steht, z. B. 3,5 Stunden

---

II   Analyse Einrichter - Tätigkeitszeiten / Tatsächliche Auslastung, bezüglich Rüst-Tätigkeit:

a) Anwesenheitszeit pro Jahr x 5 Einrichter   1.500 Std. x 5 = 7.500 Std
b) Summe Rüstzeit in Std. lt. BDE- / MDE - Meldungen pro Jahr: = 3.500 Std.[1]
c) Summe aller SOLL-Rüstzeiten der in diesem Jahr
    produzierten Fertigungsaufträge   = 4.000 Std.
d) Was ist mit den restlichen Zeiten zu 7.500 Stunden? Transport,
    QS–Arbeit oder?

III   Reale Einsparungen von fiktiven unterscheiden lernen!

a) Wie viele Stunden müssten tatsächlich mehr umgerüstet werden, wenn die Lose der 20 % der Artikel, die die Maschinen zu ca. 80 % belegen, um 50 % reduziert würden? Werden die wenigen, zusätzlichen Rüstvorgänge überhaupt kostenrelevant?[2] (Die restlichen 80 % der Teile, die die Anlage nur zu 20 % belegen, bleiben in der festgelegten Losgröße.) Also pro Jahr zwar mehr Rüstvorgänge anfallen, aber null Stunden zusätzliche Rüstzeit und die Chance besteht, dadurch mehr Rüstverkettungen zu erreichen.

b) Und wie fließen die sogenannten „ungeplanten Umrüstvorgänge", u. a. wegen Eilaufträgen, in die Formel ein? Lassen Sie über Monate eine Strichliste vor Ort führen. Die Erkenntnis könnte sein, dass große Lose mehrmals unterbrochen werden. Dann können die Lose gleich minimiert werden.

---

[1] Kürzer als SOLL, da häufig Aufträge verkettet werden können
[2] Realer Geldfluss gemeint

Schnell wirksame Rüstzeitminimierungsmaßnahmen

Darstellung des Potenzials als Tätigkeitsanalyse der einzelnen Rüstprozesse in Minuten und Prozentanteilen

Tätigkeit Rüst-Prozess-Kategorie	Rüsten / Rüsttätigkeit		Messen / Prüfen	Nach-justie-ren / mes-sen/ prüfen	Freigabe	Laufen / Wege/ Trans-portie-ren	Störun-gen / Unter-brechun-gen z. B. Hilfestel-lung an anderem Arbeits-platz	Gesamt	Warten auf Um-rüsten (Maschi-ne steht)
	Ab-rüs-ten	Auf-rüs-ten							
Zeit in Minuten	15 '	25 '	5 '	8 '	9 '	**41 '**	17 '	120 '	36 '
%	12,5%	20,8%	4,2%	6,7%	7,5%	**34,2%**	14,1%	100%	30%
Anteil wert-schöpfend / nicht wert-schöpfend	**Wertschöpfend** 37,5 %			**Nicht wertschöpfend** 62,5 %				Ges. 100%	

Daraus resultiert:

Erste Schritte

➢ **Was kann außerhalb der Maschine vorgerüstet werden**

➢ Engpassmaschinen kennzeichnen, müssen sofort umgerüstet werden

➢ Rüstzeitenminimierungsmaßnahmen nur an Engpassmaschinen im ersten Schritt

➢ Pausen durchrüsten[1] / zwei Personen rüsten um / Teambildung in der Fertigung einführen, z. B. fünf Mitarbeiter betreuen 8 Maschinen (hel-fen sich gegenseitig beim Rüsten und Störungen beheben)

➢ **Laufwege, nicht wertschöpfende Tätigkeiten u. a. mittels Laufwe-ge-Diagramm und Video-Aufnahmen[2] reduzieren (Spaghetti-Diagramm)**

➢ **Verkettungsnummern einführen / Rüstpersonal gibt selbst frei**

➢ Teile auf andere (langsamere) Maschinen legen, wegen Warteschlan-genproblematik (welche Mehrkosten entstehen tatsächlich, wenn z. B. eine andere Maschine noch freie Kapazität hat und sie abgeschrieben ist?)

➢ **Alle Rüstwerkzeuge in einem Behälter**

---

[1] Arbeitsgesetze / Betriebsverfassungsgesetzt beachten

[2] Mitbestimmungspflichtig

Einführung einer so genannten Verkettungsnummer zur Bildung von Teile- / Rüstfamilien reduziert Rüstzeiten wesentlich

Bildschirme / Auslastungsübersichten vor Ort, in der Werkstatt je Fertigungsgruppe, die den permanenten Abruf des Produktionsplanes plus eine Zeiteinheit X ermöglichen, haben sich bewährt um Rüstzeiten zu minimieren. Alle Betriebsaufträge können nach Suchbegriffen hintereinander angezeigt werden, die bei der Erstellung des Produktionsplanes zu so genannten Fertigungslosen zusammengefasst werden könnten.

Bild: *Arbeitsabläufe bei Teilefamilien / Rüstfamilien mit Ziel –*
Bilden von Rüstfamilien in der Fertigung durch die Mitarbeiter selbst

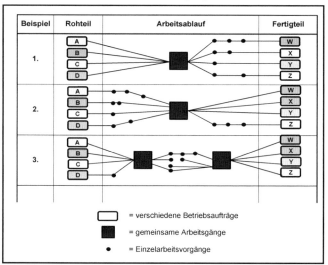

Eine Verkettungsnummer kann auf einfachste Weise eingerichtet werden (ist im Arbeitsplan hinterlegt):

I *Zusammengestellt über Filter, auf Basis Werkzeugbereitstellstücklisten und hinterlegten Werkzeugnummern*

> ➢ Maschine, bzw. der Maschine zugeordnete Werkzeuge / Werkzeugträger etc., gemäß Werkzeugbereitstellstücklisten

> ➢ mittels Filter und Prio-Vorgabe selektieren, welche Artikel haben z. B.
> ↳ gleiche Werkzeugträger / Werkzeuge / Spannelemente etc.

II *Sie wird von den Fachleuten vor Ort für Arbeitsgänge an Engpassmaschinen vergeben und in den Arbeitsplanstammdaten hinterlegt*

> **Welche Teile sollten idealerweise zusammen in einer Folge gefertigt werden**

Die Nummerierung ist ein fortlaufender Zähler, AA / AB / AC usw.

5.   Bestände reduzieren / Fehlleistungskosten minimieren

Hohe Bestände binden Kapital, benötigen Platz (Fläche – Volumen), kosten also viel unnötiges Geld und verbessern, wie Untersuchungen gezeigt haben, meist die Lieferbereitschaft nicht wesentlich, da irgendetwas immer fehlt.

Insbesondere die steigende Variantenvielfalt, mit immer kurzfristigeren Lebenszyklen, bei gleichzeitig sinkender Risikobereitschaft der Kunden / Abnehmer eine eigene Vorratshaltung zu führen, stellt die Produktionsbetriebe vor große Herausforderungen. Bisher erfolgreiche Regelwerke / IT-Organisationswerkzeuge funktionieren nicht mehr zufrieden stellend und müssen in Frage gestellt werden.

Auch werden viele Dispositions- und Beschaffungsanforderungen durch ein veraltetes Wirtschaftlichkeitsdenken beeinflusst. Das Einzeloptima und nicht das Gesamtoptima / der Unternehmenserfolg steht im Vordergrund.

Z. B. wurde den Mitarbeitern beigebracht, dass es wichtig ist, dass die Maschinen im Betrieb ständig laufen müssen und in *„wirtschaftlichen Losgrößen"* produziert werden soll. Dies führte dann dazu, dass bei einem Auftrag von 50 Stück, 200 Stück oder mehr gefertigt wurden, weil dann die wirtschaftliche Losgröße, bzw. die kalkulatorischen Stückkosten stimmen. Was anschließend mit den restlichen 150 Stück geschah, war dann weniger von Interesse, sie wurden an Lager gelegt.

Und mit Abwertung kommt man heute auch nicht mehr weiter. Siehe verschärfte steuerliche Bewertungsrichtlinien bei der Inventur.

Betriebliche Leistung und damit verbundene Unternehmensziele, müssen aber bezüglich heutiger Anforderungen

ERFOLG AM MARKT / KURZE LIEFERZEITEN / HOHE EIGENKAPITALQUOTE / LIQUIDITÄT

neu definiert werden.

Leistung ist nur das, was hergestellt und auch umgehend verkauft werden kann. Nicht, was an Lager geht, oder als Arbeitspuffer zwischen den Maschinen liegt.

A) Durch eine ca. 20%ige Verringerung der Lagerbestände, können die Verbindlichkeiten der Unternehmen zu den Banken bis zu ca. 30 %[1] verringert werden.

LIQUIDITÄT IST AUCH LEISTUNG

Eine völlig andere Darstellung ergibt ein ähnliches Bild:

B) Vergleichbarer Gewinnbeitrag bei einer Material- / Logistik- / Bestandskostenreduzierung in Prozent zu einer vergleichbaren Umsatzsteigerung in Prozent

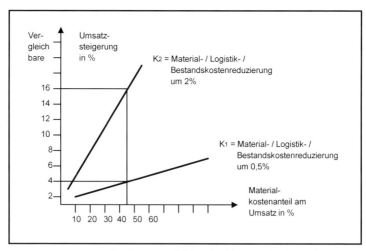

Quelle: *Erfolgsorientierte Materialwirtschaft durch Kennzahlen von Prof. Dr. Dr. h.c.mult. Erwin Grochla, Dr. Robert Fieten, Dipl.-Kfm. Manfred Puhlmann, Dipl.-Kfm. Manfred Vahle, FBO-Verlag, Baden-Baden*

[1] in Abhängigkeit des Materialeinsatzes zum Umsatz

5.1 Bestandstreiber sichtbar machen und eliminieren

1.) Führen Sie eine Artikelanalyse auf Überbestände und Null-Dreher durch, am einfachsten mittels Reichweitenanalyse zu aktuellen Wiederbeschaffungszeiten, z. B. gegliedert nach A- / B- / C-Selektion, Disponent sowie getrennt nach Fertigungs- / Kaufteilen und Handelsware

Disponent:	X Y	Kaufteil		Halbzeug		Baugruppe		A	✓
								B	
Handelsware		Fertigungsteil	✓	Einzelteil	✓	Fertigprod.		C	✕

Artikel-nummer	Bestand in Stück oder in € am Stichtag	∅- Verbrauch / Mo. der letzten Perioden, z. B. 12 Monate, in € oder Stück	∅- Reichweite in Wochen	Wiederbe-schaffungs-zeit in Wochen	Überbestand[1] Bestand in Reich-weite doppelt so hoch wie die Wiederbeschaf-fungszeit	
					J	N
1	2	3	4 = 2 : 3 x 4	5	6	7
A	4.000,-- €	1.000,-- €	16 Wo.	6 Wo.	✓	—
B	6.500,-- €	4.000,-- €	6,5 Wo.	6 Wo.	—	✓

2.) Danach je Analyse-Block eine Hitliste erzeugen = höchste Überbestände nach oben, niederste Überbestände nach unten (Null-Dreher nach Jahren letzter Verbrauch gegliedert).

3.) Durchgang der Überbestände nach dem 80-20-Prinzip (im ersten Schritt), zusammen mit den Verantwortlichen *„Wie ist es zu diesen Überbeständen gekommen?"*[1]
Bei den Null-Drehern: *„Warum ist dies ein Null-Dreher geworden?"*[1]

4.) Ordnen Sie die Ergebnisse der Analyse, zusammen mit den Fachabteilungen, nach Gründen und stellen Sie die Häufigkeiten der „WARUM?", wieder gegliedert nach Wertigkeiten dar, in einer Statistik geordnet, siehe nachfolgend.

5.) Stellen Sie Gründe nach einer Hitliste durch entsprechende Maßnahmen auf Dauer ab.

UND: Reduzieren Sie die Mehrstufigkeit, wie im entsprechenden Abschnitt beschrieben.

---

[1] geordnet nach einem Gründekatalog (eindeutige Merkmale)

Bild 5.1: *Analyse nach Bestandstreiber*

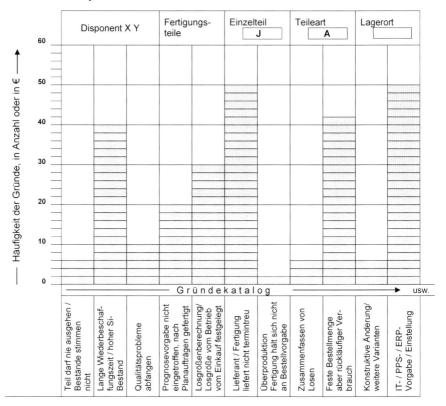

Das Ergebnis ist die Erkenntnis, *„Was sind die Haupt-Bestandstreiber im Unternehmen?"*, die dann Schritt für Schritt in einem Projekt Bestandsreduzierung, Ziel z. B. minus 30 %, bei verbesserter Lieferfähigkeit, im Team gegen null gebracht werden müssen.

Und denken Sie daran:

Eine Erhöhung des Lieferbereitschaftsgrades von z. B. 95 % auf 99 %, kann je nach Wiederbeschaffungszeit und nach Streuung der Bedarfe eine Verdopplung des Bestandes bewirken.

Praxis-Tipp:

Eine rein auftragsbezogene Fertigungs- / Beschaffungspolitik senkt Ihre Lagerbestände auf null! Mehrkosten durch Kapazitätsvorhalt müssen dagegengehalten werden. Meist rechnet es sich. Das oberste Ziel muss also sein:

„Kürzeste Durchlaufzeiten in der Fertigung herstellen und Materialsicherheit auf der untersten Stücklistenebene herstellen".

Bild 5.2: *Analyse der Stammdateneinstellungen auf Zeitreserven*

Wobei die eingebauten Zeitreserven in den Stammdaten / in der Zeitstrecke des Materialflusses, wie z. B. Si-Bestand, Wiederbeschaffungs- / Durchlaufzeiten etc., bezüglich Bestandshöhe, Durchlaufzeit und Flexibilität große Auswirkungen haben. Hier liegen hohe Reserven zur Reduzierung des Working Capital.

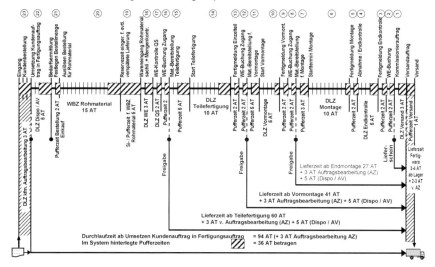

Beispielhafte Aufzählung von Zeitreserven / Sicherheiten im PPS- / ERP-System

Zeit für Wareneingangsbearbeitung		Ist	5 AT	Soll	1 AT
Zeit für Bereitstellung von Teile / Baugruppe etc. für Montage / Versand	Teilelager für Vormontage	Ist	5 AT	Soll	1 AT
	Komponentenlager für Endmontage	Ist	3 AT	Soll	1 AT
	Fertigwarenlager / Versand / Endkontrolle	Ist	3 AT	Soll	1 AT
Zeit für Einlagern von	Fertigungsteilen	Ist	3 AT	Soll	0,5 AT
	Baugruppen	Ist	3 AT	Soll	0,5 AT
	Fertigwaren	Ist	2 AT	Soll	0,5 AT
Zusätzliche Zeitreserve wegen evtl. unpünktlicher Lieferung von Ware, in den Lieferanten-Stammdaten hinterlegt		Ist	5 AT	Soll 0 da in Si-Bestand hinterlegt	
Zeitreserve bei Umsetzen von Planbedarf in Fertigungsaufträge		Ist	5 AT	Soll 0	
Übergangsmatrix = hinterlegte Liegezeiten, Transport-zeiten etc., bei den Arbeitsgängen von Arbeitsgang 1 zu Arbeitsgang 2 usw., zu großzügig ausgelegt		z. B. 2 AT x 6 Arbeitsgänge = 12 AT Liegezeit		bei 0,5 AT ergibt dies bei 6 Arbeitsgängen = 3 AT	
Durchlaufzeiten sind 1-schichtig hinterlegt / berechnet, Firma arbeitet aber 2-schichtig, also 50 % Reserve in der DLZ hinterlegt, Berechnungsbasis (te x m) + tr		1-schichtig 5 AT		2-schichtig 2,5 AT	
Summe Zeitreserve		**51 AT**		**11 AT**	
Dies ist gleichbedeutend mit einem zu frühen Material-eingang für Rohmaterial (unterste Lagerstufe) von		**40 Tage**			

Die Optimierung des Material- und Werteflusses, in Verbindung mit reduzierten Rüstzeiten und einer verbesserten Produktions- und Fertigungssteuerung, reduziert zudem das Working Capital im Unternehmen wesentlich.

Schemadarstellung: Geld- und Wertefluss **ALT** und **ZUKÜNFTIG NEU**
für ein mehrstufiges Produkt

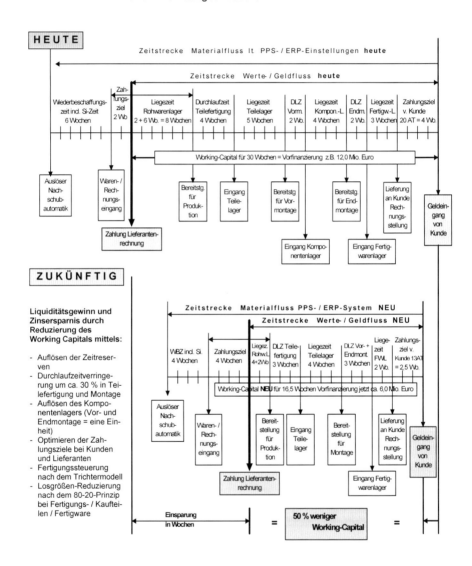

Darstellung eines Werkzeugkastens / Praktische Tipps / Bewährte Methoden zur Senkung der Bestände und Logistikkosten

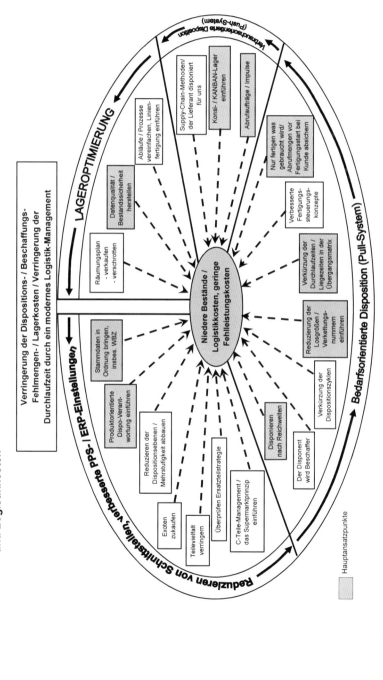

5.3 Sonstige Instrumente und Maßnahmen zur Bestandssenkung / Reduzierung von Logistikkosten

Aufbauend auf den Regeln der Materialwirtschaft und Fertigungssteuerung, können Bestände / Logistikkosten, ohne Beeinträchtigung der Lieferbereitschaft, zusätzlich gesenkt werden durch:

Reduzierung der Variantenvielfalt / Teilevielfalt

Untersuchungen der Bestände in vielen beratenden Unternehmen haben gezeigt, dass es einen direkten Zusammenhang gibt zwischen

→ **Anzahl Teile** zu → **Höhe der Bestände**

Als Hauptverantwortlicher kann hier in großem Maße die Konstruktion / Entwicklung genannt werden. Auch der Vertrieb mit all seinen Sonderwünschen, siehe Varianten- und Produktvielfalt, hat hier seinen Anteil.

Diese bedeutet, dass eine unter vielen anderen Forderungen an die Konstruktion lauten muss:

Rüst- und bestandsgerechtes Konstruieren.

Da in der heutigen „Sofortgesellschaft" die Variantenvielfalt auf die Endproduktebene erhalten bleiben muss, ist es zwingend, mittels Standardisierung / Werkstücksystematisierung, die Teilevielfalt auf der Einzelteilebene zu reduzieren, bzw. die Artikel sollen so konstruiert werden, dass die Varianten in der spätmöglichsten Fertigungsabfolge entstehen und die Einführung ausgereifter Produkte ist wichtig.

Die Einführung nicht ausgereifter Produkte und nicht erfüllte Qualitätsanforderungen wirken sich negativ auf die Bestände aus, zum Beispiel durch:

- Verlängerung der Fertigungseinführung
- verspätete Serienreife / Lieferungen
- häufige Änderungen und Nacharbeit / Ausschuss
- mangelhafte Verfügbarkeit der Teile und Baugruppen
- umfangreicheren Ersatzteildienst

Diese Auswirkungen erhöhen das Sicherheitsdenken in der Disposition, um zum Beispiel Reklamation hinsichtlich einer eingeschränkten Lieferfähigkeit abzuwenden, was in Bezug auf Lagerkosten katastrophale Folgen hat.

Produzieren von Überbeständen konsequent abstellen

Fertigungsaufträge in Menge / Stückzahl zu Soll-Stückzahl erheblich überschreiten, muss konsequent abgestellt werden. Dies ist eine Katastrophe bezüglich

- Material wegstehlen für Folgeaufträge
- Bestandshöhe und Lagerplatz
- Kapazitätswirtschaft / Auslastungsübersichten

Verkürzung der Dispositionszyklen

Bestände können gesenkt werden durch Verkürzen der Dispositionszyklen. Unsicherheiten in der Disposition werden durch Sicherheitsbestände abgedeckt. Diese Sicherheitsbestände können durch kurze Dispositionszyklen abgebaut werden.

Je häufiger disponiert wird, um so

- besser ist das Dispositionsergebnis,
- kleiner sind die Losgrößen,
- kleiner ist das Änderungs- / Ausschussrisiko,
- kleiner ist das Dispositionsrisiko (Bilden von Lagerhütern)

Aus diesen Gründen ist anzustreben, eine permanente, täglich mehrmalige Stücklistenauflösung / -bedarfsrechnung einzurichten.

Abbau von ungeplanten Lagern in der Fertigung

Die Nachteile von ungeplanten / wilden Lagern sind gravierend:

1. Es entstehen dadurch große Bestandsabweichungen zwischen den Angaben auf den Konten und den effektiven Teilebeständen.
2. Es wird zu viel Kapital gebunden.
3. Es entstehen mit Sicherheit hochwertige Lagerhüter.
4. Es fehlen Teile / Baugruppen für bereits zugesagte termingenaue Lieferungen, da Wiederholteile bereits verbaut sind.
5. Es ist keine genaue Kapazitätswirtschaft und Auftragsterminierung möglich.

Verbesserte Ersatzteilstrategie

Hier können folgende Leitfragen für eine Bestandssenkung, ohne Verschlechterung der Ersatzteil-Nachlieferqualität, angesetzt werden:

- ➢ Welche Teile sind Ersatzteile und wer legt dies fest?
- ➢ Wie sieht die Regelung vor und nach Produktionsanlauf aus?
- ➢ Wo wird gelagert?
- ➢ Wer legt diese drei obigen Punkte fest und wer ist dafür verantwortlich?
- ➢ Vermeiden wir Mehrfachlagerungen, insbesondere in Verbindung mit der laufenden Produktion?
- ➢ Vermeiden wir Mehrfachdispositionen, erfolgt die Disposition also an einer Stelle?
- ➢ Können wir die Ersatzteilproduktion auslagern? Bei einer Belieferung innerhalb 1 - 2 AT geht der Ersatzteilvorhalt gegen null.

Wobei besonders der Abbau von Doppellagern und die Zusammenführung der Disposition in eine Hand, zusammen mit der normalen Produktion, zu einer merkbaren Bestandssenkung führen. *Voraussetzung dazu aber ist, dass das Dispo-Programm im verfügbaren Bestand so eingestellt ist, dass es nicht ins Minus reservieren kann (Gefahr des Teile-Wegstehlens für andere Aufträge ist sonst zu groß).*

5.3.1 Konzept der Wertanalyse in der Materialwirtschaft bezüglich „make or buy" von verkaufsfähigen Endprodukten

Ziel der Untersuchung ist es, Möglichkeiten zur Bestands- / Kostensenkung zu finden und somit auch zwangsläufig zur Senkung der Teileanzahl und Vielfalt, ohne die Lieferfähigkeit einzuschränken. Ein möglicher Weg ist die Wertanalyse, die sich gliedert

in die bekannte

Produkt-Wertanalyse (über Produkte der laufenden Fertigung)

bzw. in die so genannte

Konzept-Wertanalyse (auf Basis Prozesskostenrechnung)

Ihr kommt immer größere Bedeutung zu, da sie die Kosten und Anzahl neuer Teile bereits im Planungs- und Entwicklungsstadium berücksichtigt.

Folgende Kennzahlen überwachen die Wirksamkeit der geforderten Maßnahmen Reduzierung der Teilevielfalt und der Geschäftsvorgänge.

Artikel-Nr. (End-produkt)	Umsatz in € p.a.	Ø Lager-bestand in €	Anzahl Einzelteile Baugruppen (Sachnummern)	Ø Umsatz je Sachnummer	Ø Lager-bestand je Sachnummer
	1	2	3	1 : 3 = 4	2 : 3 = 5
ABC	100.000,00	10.000,00	100	1.000,00	100,00
XYZ	10.000,00	8.000,00	20	500,00	400,00

mit folgender Aussage:

Je höher der Umsatz pro Sachnummer, je niederer sind im Regelfalle die Bestände und die Anzahl Geschäftsvorgänge, bezogen auf z. B. eine Einheit von € 1.000,--

Je niederer der Umsatz pro Sachnummer, je höher sind im Regelfalle die Bestände und die Anzahl Geschäftsvorgänge, bezogen auf z. B. eine Einheit von € 1.000,--

Prüfen, ob die 30 % der Artikel / Endprodukte, die den niedrigsten Umsatz je Sachnummer, aber gleichzeitig den höchsten Lagerbestand je Sachnummer haben, nicht besser komplett zugekauft werden können. Ergebnis: Erheblich weniger Geschäftsvorgänge / Gemeinkosten und erheblich weniger Bestand.

5.3.2 Berechnung des Bestandsrisikos in Disposition und Beschaffung

Auch die Berechnung des Bestandsrisikos für Sonderteile / -artikel die nur ein Kunde abnimmt, ist eine sinnige Methode um Überbestände zu reduzieren.

		A	B	C
		1	2	3
Teile-Nr.	Bezeichnung		Teileart	

A	Ausgangsdaten für Jahr	x x x x
1	Jahresbedarf ca.	120.000 Stück
2	⌀ Wochenbedarf ca.	2.400 Stück
3	Wiederbeschaffungszeit (in Wochen)	4 Wochen
4	Festgelegte Bestellmenge / Losgröße	12.000 Stück
5	Festgelegter Sicherheitsbestand (in Wochen)	1 Woche
6	Wiederbestellpunkt / Meldebestand (2 x 3) + (2 x 5) =	12.000 Stück
7	Maximale Bestandsreichweite in Wochen am Lager	10 Wochen
8	Mindestbestand im Lager	9.600 Stück
9		

B	Berechnung des Bestandsrisikos	Datum
10	Maximalbestand (2 x 7) =	24.000 Stück
11	Bestellmenge in Produktion/bei Lieferant (maximal 1 Auftrag)	12.000 Stück
12	Maximalbestand insgesamt (10 + 11)	36.000 Stück
13	Bei Lieferant abgesicherter Vorrat von Vormaterial / Halbzeug umgerechnet in Stück	24.000 Stück
14	Zwischensumme (12 + 13) =	60.000 Stück
15	– Von Vertrieb, bzw. Kunde abgesicherte Abnahmemenge	40.000 Stück
16	Bestandsrisiko in % $\dfrac{14 - 15}{15}$ x 100 =	**150 %**

5.3.3 Problem Lagerhüter (Null-Dreher) lösen

Die steuerliche Betrachtung der Abwertung / des Abverkaufs von Null-Drehern ist wichtig, wobei Null-Dreher erst gar nicht entstehen sollten, z. B. durch folgende Maßnahmen:
- Restmengen sofort verschrotten, sie reichen für den nächsten Auftrag doch nicht aus
- Kundenaufträge incl. Restmengen ausliefern

MASSNAHMELISTE – RÄUMUNGSPLAN

Kriterium (Beispielhafte Aufzählung)	Zu erledigen von:	Zu erledigen bis:	Informations-stand:
– Null-Dreher-Analyse des Fertigwarenlagers aufstellen lassen nach Modell, Lagerbestand Menge, Wert, letzter Zugang, letzter Abgang und nach fallenden Jahren			
– Wie hoch ist der Bestand unverkäuflicher Ware?			
– Ausverkaufs- bzw. Räumungsplan aufstellen a) Wer ist dafür verantwortlich? b) Welche Artikel müssen verschrottet werden? –Ist Ausschlachten möglich? –Was kostet das? c) Wie muss der Schrott behandelt werden? (z. B. unkenntlich machen)			
– Welche Sonderverkäufe sollen einsetzen? Zielkunden / Zeitpunkt / Preis / Werbeaufwand?			
– Ist Umbau möglich? Welche Kunden beziehen ähnliche Artikel? Wer spricht mit Ihnen über Abnahme?			
– Gibt es die Weiterverwendungsmöglichkeit in neuen, verkaufsfähigen Produkten?			
– Wird in absehbarer Zeit ein erneuter Verkauf möglich?			
– Können Posten exportiert werden?			
– Was kann über eBay verkauft werden?			
– Zeitplan für Verschrottungsaktion festlegen			

Ein Räumungsplan ist wichtig, denn auf Dauer können nur die lebenden Artikel beeinflusst werden. Der Sumpf bleibt ansonsten konstant (Beispiel)

Lagerbestandsanalyse:

	Anzahl Artikel	Wert in €	Anteil in % von Gesamtbestand
	4.000 Stck. lebend	750.000,-- €	75 %
	1.000 Stck. 0-Dreher	250.000,-- €	25 %
	5.000 Stck. Gesamt	1.000.000,-- €	= 100 %

Erforderliche Zielbestandssenkung: 30 %

A)	Ziel: 30 % von 1.000.000,-- € = 300.000,-- €
B)	Die lebenden Artikel, Wert 750.000,-- € sollen um 300.000,-- € reduziert werden
C)	Ergibt Zielbestandssenkung für die lebenden Artikel von $\dfrac{300.000,-- €}{750.000,-- €} \times 100 = 40 \%$

Eine Zusammenführung der Erhebung „**Überbestände warum?**" und deren Analyse nach dem 80-20-Prinzip, gemäß Gründekatalog mit dem aufgezeigten Werkzeugkasten „**Einzelschritte zur Bestandssenkung**", zeigt den Weg, damit Überbestände / Fehlleistungskosten **dauerhaft minimiert** werden können. Eine Maßnahmeliste mit Datum und Name, „*WER MACHT BIS WANN WAS*", erleichtert die Umsetzung im Unternehmen.

Null-Dreher / Lagerhüter müssen verschrottet oder über andere Wege eliminiert werden. Ein Vorhalt nach dem Grund „*Es kann doch noch irgendwann benötigt werden*", ist u. a. bei Berücksichtigung steuerlicher Auswirkungen, der teuerste Weg.

Natürlich muss der Erfolg von Maßnahmen, bezüglich Bestandsreduzierung, auch sichtbar gemacht werden. Kennzahlen sind dann das richtige Mittel.

Bestands- / Teileart			∅ Umschlagshäufigkeit am Stichtag bzw. Lagerbestand in € nach Teileart				
Art des Bestandes	Wertig-keit	Teileart	2014	2015	2016	2017	2018
Fertigware	A	Handelsware	5,0				
		Eigenfertigung	6,3				
	B	Handelsware	4,8				
		Eigenfertigung	4,5				
	C	Handelsware	2,6				
		Eigenfertigung	2,8				
	KANBAN/ SCM	Handelsware	16,0				
		Eigenfertigung	19,2				
Baugruppen	A	Kaufteile	3,0				
		Eigenfertigung	6,2				
	B	Kaufteile	3,5				
		Eigenfertigung	4,1				
	C	Kaufteile	2,2				
		Eigenfertigung	1,8				
	KANBAN/ SCM	Handelsware	18,0				
		Eigenfertigung	22,0	Formel:			
Einzelteile	A	Kaufteile	1,9	Verbrauch / Jahr in € od. Stck.		=	
		Eigenfertigung	4,4	Bestand am Stichtag in € od. Stck.			
	B	Kaufteile	2,2				
		Eigenfertigung	3,0	**UND / ODER**			
	C	Kaufteile	0,9				
		Eigenfertigung	1,6	Bestand je Stichtag in €			
	KANBAN/ SCM	Kaufteile	17,6	Monatlich, quartalsweise oder jährlich 1 x		=	
		Eigenfertigung	20,3				
Halbzeug / Rohmaterial	A	Kaufteile	2,1				
		Eigenfertigung	--				
	B	Kaufteile	1,5				
		Eigenfertigung	--				
	C	Kaufteile	0,8				
		Eigenfertigung	--				
	KANBAN/ SCM	Kaufteile	--				
		Eigenfertigung	--				
Umlauf-kapital	Werk-statt-bestand	Teilefertigung	0,8 Mio. €				
		Vor- / Endmontage	0,5 Mio. €				
		Versand	0,1 Mio. €				

Wobei die Umschlagshäufigkeit die aussagekräftigere Kennzahl ist. Durch Neuteile / neue Produkte können die Bestände in €-absolut steigen, obwohl die Drehzahl eine Verbesserung aufzeigt.

5.4 Supply-Chain-Management in der Materialwirtschaft (Pull-System)

Null Dispo- und Logistikaufwand und null Bestand, bei absoluter Flexibilität und Liefertreue.

Wie kann dieses visionäre Ziel erreicht werden?

A) Traditionelle Arbeitsweise / Lieferung nach Bestellung / Lange Lieferzeiten

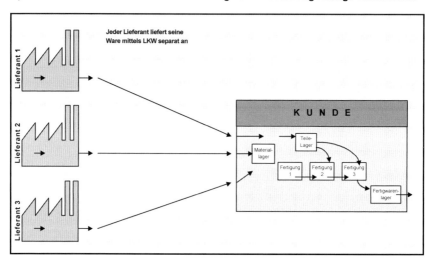

B) Lieferung (in Logistiklager) mittels Abrufaufträge / Kurze Lieferzeiten, aber 2-stufige Lagerhaltung, oder Lieferant lagert selbst

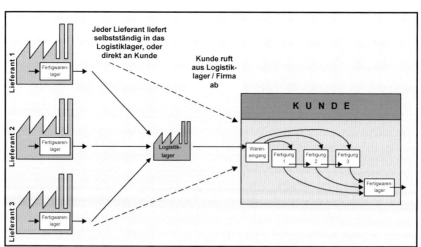

C) Oder einfacher, über KANBAN- / KONSIGNATIONSLAGER-ORGANISATION

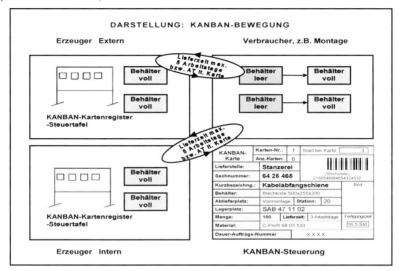

D) Ziel:
Supply-Chain-System / Selbst auffüllendes Liefer- und Lagersystem nach dem Min.- / Max.-Prinzip, über Internet-Plattform, als Konsignationslager

Es wird eine Internet-Plattform eingerichtet. Es wird vereinbart, was jeweils im Lager zu liegen hat = Mind.- / Maximalbestand. Was vom Kunden entnommen wird, wird *ONLINE* abgebucht. Lieferant hat direkt Zugriff auf die Bestände über Plattform; disponiert und liefert in eigener Verantwortung eigenständig, gemäß Mindest- / Maximalbestand nach.

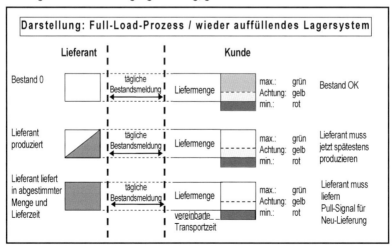

Internet-Infomaske

Arti-kel-Nr.	Be-zeich-nung	Ände-rungs-Index	Bestand in Stück		Aktueller Lager-bestand in Stück		Stan-dard-Liefer-menge	Liefer-zeit in Tagen	Dauer-Auf-trags-Nr. Lief.-Kenng.	Aktuel-ler Zu-stand Bestand
			Min.	Max.	Datum	Menge				
X Y	A A	19.08.xx	2.500	10.000	06.06.xx	2.900	2.000	2	XXXX/08	gelb

Einfache Nachschubautomatik mit minimierten Prozessen, auf höchstem Niveau

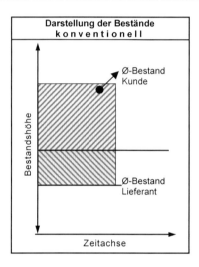

Darstellung der Bestände
konventionell

Ø-Bestand Kunde

Ø-Bestand Lieferant

Bestandshöhe

Zeitachse

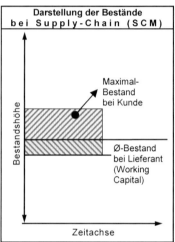

Darstellung der Bestände
bei Supply-Chain (SCM)

Maximal-Bestand bei Kunde

Ø-Bestand bei Lieferant (Working Capital)

Bestandshöhe

Zeitachse

Vorteile für den Lieferanten	Vorteile für den Kunden
1. Weniger Bestände / Working Capital / weniger Kosten	1. Weniger Bestände / Working Capital / weniger Kosten
2. Weniger Lagerfläche / höhere Flexibilität	2. Es kann flexibelst gefertigt werden, hohe Verfügbarkeit
3. Es kann das produziert werden, was der Kunde benötigt	3. Alle Artikel sind immer in ausrei-chender Menge da. Keine Sonder-fahrten, keine Eilschüsse notwendig
4. Weniger dispositive Arbeit / weniger Prozesskosten	4. Keine Abrufe / kein Disponieren / weniger Prozesskosten
5. Weniger Transportkosten , LKW wird mittels verschiedener Artikel optimal ausgelastet	5. Weniger Fehlleistungskosten, hoher Servicegrad

E)   Milk-Run-System

Kosten minimieren → Leistung maximieren, bei verbessertem Informations-, Material-
und Wertefluss, minimiert die Beschaffungs- / Anlieferkosten mittels Milk-Run-System /
ein Spediteur oder eigener LKW sammelt, bringt die Ware zum Kunden / zu uns.

Vorteil: Weniger Frachtkosten, weniger LKW-Anliefertakte / Tag,
            weniger Warteschlangenprobleme

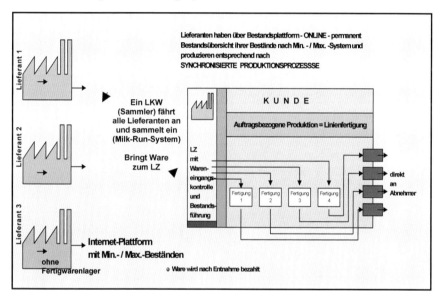

In Verbindung mit dem Supply-Chain-System / Selbst auffüllendes Liefer- und Lagersystem nach dem Min.- / Max.-Prinzip und der permanenten Bestandsübersicht beim Kunden, über das Internet, bezüglich *„einfache Nachschubautomatik mit minimierten Prozessen"*, ergibt sich ein Deal für Lieferant und Kunde, u. a. mit geringeren Transport- und
Lieferkosten.

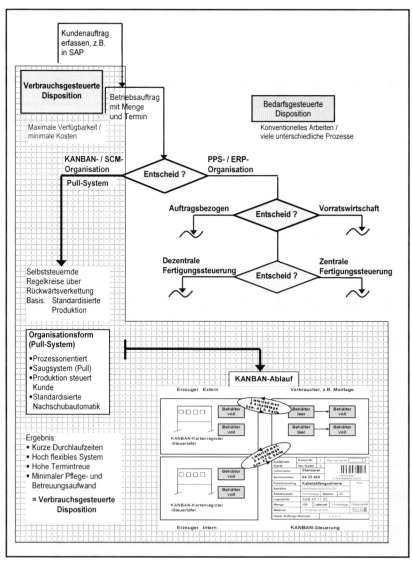

98

Was will das Unternehmen?

Analyseblatt zur Entscheidungsfindung der passenden Organisationsform:

Welche Teile- / Materialnachschubart, bzw. welches Steuerungssystem ist für das Unternehmen, bezogen auf eine bestimmte Artikel- / Produktgruppe, die / das geeignete?

Kriterium, wie wichtig ist	Bedeutung / Zielsetzung		
	gering	*wichtig*	*sehr wichtig*
Ein hoher Lieferservicegrad	1	3	5
Eine hohe Liefertermintreue	1	3	5
Eine kurze Lieferzeit	1	3	5
Eine kurze Durchlaufzeit	1	3	5
Ein niederer Sicherheitsbestand	1	3	5
Ein niederer Lagerbestand	1	3	5
Ein geringer Werkstattbestand	1	3	5
Eine hohe Liquidität	1	3	5
Eine hohe Flexibilität	1	3	5
Niedere Kosten in der Beschaffungslogistik	1	3	5
Niedere Kosten in der Produktionslogistik	1	3	5
Minimierte Rüstkosten durch Verketten vor Ort	1	3	5
Eine hohe Bestandssicherheit	1	3	5
Geringe Abwertungs- / Verschrottungskosten	1	3	5

Wenn mehrheitlich „sehr wichtig – 5" angekreuzt wird, dann sollten KANBAN- / SCM-Nachschubregeln genutzt werden.

KANBAN / SCM-Systeme, mehr Flexibilität, niedere Bestände, kürzere Lieferzeiten, vom Push- zum Pull-System

> ➤ **Wenn die Logistik funktioniert – funktioniert ALLES**
> ➤ **Mit SCM KANBAN Prozesse systematisch verbessern, Lieferzeiten verkürzen, Fehlteile, Fehlleistungskosten minimieren**
> ➤ **Läger / Bestände / Abläufe / Datenqualität optimieren**

6.1 KANBAN-System

Grundsätzliche Organisationsprinzipien für einen reibungslosen KANBAN-Ablauf nach Just in time - Gesichtspunkten

Steigender Aufwand in der Produktions- / Beschaffungslogistik, trotz ERP- / PPS-Einsatz

Produktionsbetriebe stehen vor großen Herausforderungen. Bisher erfolgreiche IT-Regelwerke funktionieren nicht mehr zufriedenstellend und müssen in Frage gestellt werden.

Denn wenn Ihre Kunden auch die Bestände senken, bestellen sie bei Ihnen später und unregelmäßiger. Die Bedarfsschwankungen und kurzfristigen Änderungen in Menge und Termin werden größer, bringen die im System geplanten Annahmen und Prozesse völlig durcheinander, machen schnelle, teilweise manuelle Eingriffe notwendig. In der Folge entsteht bei der bedarfsgesteuerten Disposition eine mehr oder weniger große Diskrepanz zwischen SOLL- und IST-Situation, was tatsächlich beschafft / gefertigt werden muss. Permanente Umplanungen sind notwendig, Termine können nicht, oder nur unter erheblichen Mehrkosten eingehalten werden. Die Bestände und Rückstände steigen. Was morgens geplant / eingeteilt wurde, ist nachmittags bereits hinfällig / überholt. Auch der enorme Zeitaufwand für Stammdatenpflege macht den Anwendern das Leben schwer.

Somit erhebt sich die Frage: Was ist besser, ein PPS- / ERP-gestütztes Push-System, oder das von Toyota entwickelte Pull-System, das wie das ALDI-Prinzip funktioniert? Leere Behältnisse werden von der vorausgehenden Arbeitsstufe (Lieferant genannt) automatisch, selbst regulierend aufgefüllt, also nur das nachproduziert, was auch tatsächlich gebraucht wird.

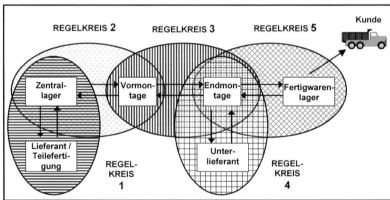

SCHEMADARSTELLUNG: PULL-PRINZIP KANBAN-BEWEGUNG

Ein Zahlenbeispiel soll diese Problematik verdeutlichen

Durch die ständig steigende Anzahl Betriebsaufträge, die täglich in die Fertigung eingesteuert werden, verbunden mit der ebenfalls stetig steigenden Anzahl Änderungen in Menge und Termin, ist auch bei einer noch so optimalen ERP-Organisation / Leitstandgestützten Fertigung nicht mehr sichergestellt, dass das Richtige zum richtigen Zeitpunkt „punktgenau" in der Montage / dem Versand ankommt.

Anzahl täglich einzusteuernde Betriebsaufträge		Anzahl Arbeitsgänge	Durchlaufzeit in Tagen	Anzahl zu steuernde Arbeitsgänge
früher	10	10	10	1.000
heute	100	10	10	10.000

Dies führt bei einer Fertigung nach dem tayloristischen Prinzip und einer Organisation nach dem Push-Prinzip zu einer im Detail terminlich nicht mehr beherrschbaren Produktion; siehe auch Abschnitt 4.2.2.3, Bestellpunktverfahren.

Unterschied – Traditionelle Arbeits- und Organisationsstrukturen = Bring-System / Schiebeprinzip

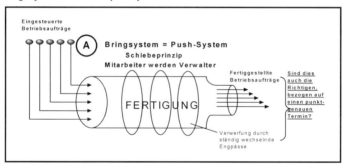

Zu Toyota-System =Produkt- und teamorientiert zum Kunden / Saug-System

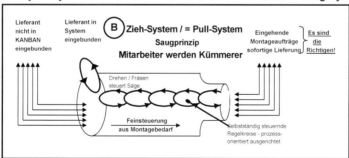

Bei einem Pull-System werden zwar grundsätzlich vorhandene Engpässe nicht beseitigt, aber es wird sichergestellt, dass zumindest das Richtige zum richtigen Zeitpunkt in der Montage / im Versand ankommt und es erfolgt ein schneller Durchlauf mit geringen Umlaufbeständen und hoher Flexibilität.

Mehrstufig eingerichtete Stücklistenstrukturen (Baugruppen-System) mit unterschiedlicher Dispo-Verantwortung nach Personen, Material- und Teilearten (ERP- / PPS-Systematik), eine Schwachstelle

Nachfolgend ist die Dispositions- und Terminverantwortung ERP- / PPS-gestützt, auf Basis konventioneller Stücklistenorganisation beispielhaft dargestellt:

Wer macht was, wer ist für welche Teile / Materialien verantwortlich, siehe verschiedene Kennzeichnungen:

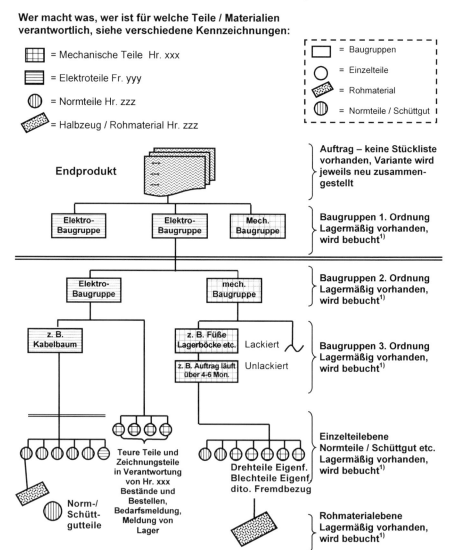

= Mechanische Teile Hr. xxx

= Elektroteile Fr. yyy

= Normteile Hr. zzz

= Halbzeug / Rohmaterial Hr. zzz

= Baugruppen

= Einzelteile

= Rohmaterial

= Normteile / Schüttgut

Endprodukt

Auftrag – keine Stückliste vorhanden, Variante wird jeweils neu zusammengestellt

Elektro-Baugruppe | Elektro-Baugruppe | Mech. Baugruppe

Baugruppen 1. Ordnung Lagermäßig vorhanden, wird bebucht[1]

Elektro-Baugruppe | mech. Baugruppe

Baugruppen 2. Ordnung Lagermäßig vorhanden, wird bebucht[1]

z. B. Kabelbaum | z. B. Füße Lagerböcke etc.   Lackiert

z. B. Auftrag läuft über 4-6 Mon.   Unlackiert

Baugruppen 3. Ordnung Lagermäßig vorhanden, wird bebucht[1]

Teure Teile und Zeichnungsteile in Verantwortung von Hr. xxx Bestände und Bestellen, Bedarfsmeldung, Meldung von Lager

Norm-/ Schütt- gutteile

Drehteile Eigenf. Blechteile Eigenf. dito. Fremdbezug

Einzelteilebene Normteile / Schüttgut etc. Lagermäßig vorhanden, wird bebucht[1]

Rohmaterialebene Lagermäßig vorhanden, wird bebucht[1]

[1] und jeweils Arbeitspapiere erstellt bis Fertigung

Dieser viel zu fein gegliederte Stücklistenaufbau und die nach dem Verrichtungsprinzip gegliederte Zuordnung von Tätigkeiten / Verantwortlichkeiten auf verschiedene Personen, bedeutet:

⇨ Die Durchlaufzeit für Disposition und Beschaffen ist viel zu lange

⇨ Der Lagerist nimmt alle Teile 4 x 2 (Zugang / Abgang) = 8 x über alle Ebenen, in jeweils anderen Veredelungsstufen in die Hände. Die Buchungen vervielfachen sich.

⇨ Die Bestände werden um das drei- bis vierfache mehr als notwendig nach oben getrieben, insbesondere wenn die Nachschubautomatik mittels Bestellpunktverfahren vorgenommen wird.

⇨ Nach Bereitstellen und Durchführen eines Arbeitsganges wird wieder gelagert.

⇨ Die Teile / Baugruppen werden X-fach transportiert, ein- / ausgelagert, was der Qualität nicht gerade dienlich ist.

⇨ Wiederholteile die in mehreren Baugruppen vorkommen, sind in zwei bis drei Ebenen eingebaut und auch lose, einzeln vorhanden – treibt die Bestände in die Höhe.

⇨ Es entstehen lauter Einzeloptima und kein Gesamtoptima. Gesamtoptima soll bedeuten, es ist alles für z. B. 100 Varianten vorhanden (nicht mehr / nicht weniger, außer Schüttgut und sonstigen Billigteilen). Das Denken in Wellen kann nicht eingerichtet werden.

⇨ Letztendlich fühlt sich niemand für das ganze Produkt / für den Auftrag voll verantwortlich. Jeder kann alles auf einen anderen schieben, wenn z. B. etwas fehlt, wenn ein Auftrag nicht rechtzeitig fertig wird.

⇨ Es wird viel zu viel Papier, in Form von Betriebsaufträgen erzeugt, was insgesamt die nicht wertschöpfende Arbeit in den Dienstleistungsabteilungen nach oben treibt.

Hinzu kommt der permanent steigende **Zeitaufwand**, der sich aus dem **Nachpflegen der Auftragsänderungen** in Menge und Termin, von Seiten der Kunden, im ERP- / PPS-System ergibt. Alle Einplanungsvorgänge davor, waren somit Blindleistungen, bzw. es wird eventuell das *„Falsche"* zum *„falschen Zeitpunkt"* produziert.

Und sofern mittels Bestellpunktverfahren gearbeitet wird, erzeugt das System je Dispo- / Lagerstufe bei Unterschreiten des Bestellpunktes einen Fertigungsauftrag. Erzeugt in der Fertigung eine hausgemachte Konjunktur, hohe Bestände im Lager.

6.2   Analyse der Produktstruktur auf KANBAN-Fähigkeit und welche Teile müssen an den Arbeitsplätzen nach KANBAN-Regeln vorrätig sein, damit das System funktioniert

Hilfreich für die Visualisierung dieser zeit- und buchungssaufwendigen Arbeitsweise eines falsch verstandenen ERP-Anwendungskonzeptes, ist eine Produktstrukturanalyse mit der Erfassung der auftragsneutralen Teile und Varianten als Mengengerüst je Baugruppenstruktur.

So kann einfach und übersichtlich dargestellt werden: Aus wie viel **Einzelteilen und Baugruppen** werden die verschiedenen Endprodukte hergestellt und wie arbeitsaufwendig laufen die Dispositions- und Fertigungsabläufe ERP-gesteuert ab.

Bild 6.1:   *Analyse der Produktstruktur Artikelgruppe Typ XX*

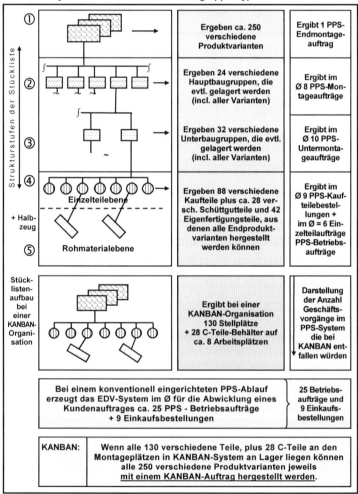

6.3 Was ist KANBAN?

Das Wort *KANBAN*

japanisch: Pendelkarte / Anzeigekarte auf der alle teilespezifischen Informationen, wie z. B. Teilenummer / Bezeichnung, Lieferant, Lagerort, Kunde, Bestimmungsort, Lagerplatz, Menge, Lieferzeit in Tagen, Behälterart / -größe etc. vermerkt sind.

Was ist KANBAN? / Vorteile von KANBAN in der Just in time - Gesellschaft

KANBAN ist ein in Japan, von Toyota entwickeltes dezentrales Produktionssteuerungssystem, das auf dem Pull-Prinzip basiert. Das bedeutet, eine Produktion wird nur durch Verbrauch in der Vorstufe ausgelöst. Ausgangspunkt für einen Lieferauftrag ist somit der Kunde – die Produktion erfolgt kundenorientiert. Dies geschieht über Selbststeuerung der produzierenden Bereiche, Kunden-Lieferantenprinzip, und visuelle Anzeigen mittels Steuertafeln und so genannten KANBAN-Karten, Behälter voll → Behälter leer.

Durch elektronische Unterstützung, z. B. Barcode oder RFID-System, kann KANBAN selbst über große Entfernungen realisiert werden. Die Datenübertragung lässt sich durch Nutzung von Wireless-LAN und Internet mit einfachen Mitteln realisieren, mit folgenden Vorteilen für die Kunden-Lieferantenbeziehung (intern – extern):

- ► Reduzierung der Abwicklungsvarianten und Kosten:
  - ♦ Prozesskosten (über die gesamte Lieferkette)
  - ♦ Kapitalkosten (Bestände und Umlaufvermögen)
  - ♦ Fehlleistungskosten (Qualität, Liefertreue)

- ► Verbesserung der Teile- / Lieferantenbeziehung in der Leistung, bezüglich
  - ♦ Materialverfügbarkeit bei minimalen Beständen
  - ♦ Verbesserte Liefertreue und Flexibilität
  - ♦ Verbesserung des Informationsflusses

KANBAN-Philosophie

KANBAN ist ein selbst steuerndes System, d. h. eine KANBAN-Steuerung benötigt im Normalfall keine besondere IT-Unterstützung oder Überwachung, beispielsweise für das Anstoßen einer Teilefertigung in Losgrößen oder für das Ordern von Nachschub für die Teilefertigung oder für die Montage. Dies geschieht durch die Mitarbeiter selbst.

1. Es existiert ein Informationskreis zwischen einer Fertigungsgruppe und seinem vorgelagerten Pufferlager. Das Informationshilfsmittel ist die KANBAN-Karte

2. Das KANBAN-System arbeitet nach dem Ziehprinzip, d. h. der Anstoß für einen Arbeitsgang oder Auftrag, wird durch einen leeren Behälter ausgelöst

3. Bei der Einführung des KANBAN-Systems befinden sich in allen Lägern für jedes Teil mindestens zwei gefüllte KANBAN-Behälter. Jedes Teil ist einem bestimmten Behälter zugeordnet.

4. Jeder KANBAN-Behälter ist mit einer KANBAN-Karte versehen. Auf dieser KANBAN-Karte befinden sich alle wichtigen Informationen, wie KANBAN-Menge, Fertig-, Teile-Nr., Behälterart, Lagerort und Empfängerlager.

5. Wird nun ein Behälter z. B. in einem Fertigwarenlager leer, so kommt dieser Behälter in das Montagelager und muss von der Montage 1 - 5 Tage später, mit montierten Artikeln aufgefüllt, an das Fertigwarenlager zurückgeliefert werden.

6. Durch diesen Montagevorgang werden ein oder mehrere Einzelteilbehälter in der Montage leer, die vom Zentrallager aufgefüllt und an die Montage geliefert werden. Werden im Zentrallager Behälter leer, müssen diese Teile vom Lager in der Teilevorfertigung, oder beim Lieferant in der vorgegebenen Menge nachbestellt werden. Die Lieferungen müssen spätestens 1 - 5 Tage nach Bestellung pünktlich eintreffen.

7. Da von jedem Teil mindestens zwei gefüllte KANBAN-Behälter vorhanden sind, und sofort, wenn einer dieser Behälter geleert wurde, der Anstoß zum Füllen des Behälters, mittels KANBAN, gegeben wird, ist der Warenkreislauf und damit die Lieferbereitschaft gesichert.

8. Die Steuerung mittels KANBAN erfolgt jeweils nur für einen KANBAN-Kreislauf. Existieren mehrere Kreisläufe, so sind diese in ihrer Steuerungs- und Produktionsfunktion unabhängig voneinander. Auch die Behälterzahl / Teilemengen können verschieden sein.

9. Auch die Bereitstellarbeit im Lager wird wesentlich reduziert, da nur nach festen Mengen, sortenrein bereitgestellt wird. Auch die Produktivität[1] in der Fertigung steigt, da immer das richtige Teil im sofortigen Zugriff ist.

Somit kreist zwischen vor- und nachgeschalteten Fertigungsgruppen eine Reihe von KANBAN-Karten mit den entsprechenden Behältnissen und es entsteht eine reibungslose Nachschubautomatik die sich selbst steuert. Die Anzahl der KANBAN-Kreise hängt davon ab, inwieweit die Produktion eines Artikels aufgesplittet werden muss. Größe und Anzahl der Teile, lt. KANBAN-Menge, ist ausschlaggebend.

Versand / Fertigteilelager bestellt bei Endmontage, Endmontage bestellt bei Vormontage, Vormontage bestellt bei Zentrallager bzw. Lieferant, usw.

➢ Außer einer höheren Produktivität und Flexibilität, die durch Wegfall von so genannten *„nicht wertschöpfenden Tätigkeiten"* entsteht, verkürzt sich die Durchlaufzeit wesentlich. Auch das Auftreten von Fehlteilen / fehlende Baugruppen läuft gegen null, bei gleichzeitiger Senkung der Bestände.

➢ KANBAN glättet und nivelliert die Produktion, minimiert Wege

➢ Gleichzeitig erschließt KANBAN das Ideenpotential der Mitarbeiter. Durch Identifikation und Motivation wird Verantwortung und Leistung gefördert.

➢ KANBAN stellt den Produktionsprozess in den Vordergrund und ist für folgende Anwendungsbereiche geeignet:

Serien- und Variantenfertiger, insbesondere auch Kleinserien- / Variantenfertiger, sowie für Zulieferer die fertigungssynchron anliefern müssen, in allen Branchen.

---

[1] Grund: Für die dort herzustellenden Artikel wird ein Teilelager eingerichtet. Der Weg für den Entnahme-Pick sollte nicht weiter sein als ca. 5 Meter, besser weniger

Wichtige Varianten dieses KANBAN-Grundsystems sind:

a) Für Zukaufware wird anstatt eines so genannten Fertigungs- oder Transport-KANBANS, ein Lieferanten-KANBAN benutzt. Dieses KANBAN gilt gleichzeitig als Bestellschein, wobei es noch die gewünschte Lieferzeit und den entsprechenden Lieferanten beinhaltet.

b) Werden außer den genannten zwei Behältern (Mindest-KANBAN-Menge) weitere Behälter eingesetzt, so muss der Bestellpunkt durch einen zusätzlichen Hinweis auf den KANBAN-Karten dargestellt werden. Dies erreicht man am besten, indem die KANBAN-Karten den Hinweis beinhalten „Es gibt 6 Karten – Start bei der dritten Karte (dritter Behälter leer)". Dies also den Mindestbestand darstellt, und somit in der vorgelagerten Stufe den Produktionsprozess auslösen soll.

Wird nur das normal übliche KANBAN-System als Zweibehälter-Rotation benutzt, so ist die Behältermenge so ausgerechnet, dass Wiederbeschaffungszeit plus Sicherheitsbestand dann die entsprechende KANBAN-Menge ergibt. (Hinweis: WBZ max. 5 Tage, besser weniger Tage.)

Der große Erfolg des KANBAN-Systems liegt darin, dass Bestände radikal gesenkt werden und eine automatische Nachschubautomatik in Gang gesetzt wird, wodurch der Warenkreislauf und die Lieferbereitschaft gesichert sind.

Allerdings erfordert der erfolgreiche Einsatz von KANBAN gleichzeitig eine Umorganisation in der Fertigung, durch z. B. Einrichten von Fertigungszellen oder prozessorientierte Linienfertigungen. U. a. auch aus reinen Platzgründen erforderlich. Die Teile sollten im Idealfall nicht weiter als 5 m vom Arbeitsplatz entfernt liegen.

Einbinden Lieferanten in das KANBAN-System / Lieferanten-KANBAN
Sofern Lieferanten in das KANBAN-System eingebunden sind, existiert eine Langfristplanung als Trendinfo zu Lieferant. Die Abrufe werden vom Lager der Montagemitarbeiter mittels KANBAN-Karte, Telefax oder E-Mail getätigt, wenn ein Behälter / Fach leer ist. Die Karte wird bis zur Lieferung in einer Tafel „Bestellt" abgestellt, nach Eingang des Behältnisses wieder zugeordnet und Eingang gebucht.

Einsatz von Barcode-Systemen / Strichcode-Systemen bei KANBAN
Ideal ist der Einsatz von Barcode- / Strichcode-Systemen bei KANBAN. Beim Abbuchen mittels Lesegerät, z. B. Behälter leer vom Kunde, wird automatisch bei Lieferant ein KANBAN-Auftrag erzeugt, was auch eine KANBAN-Organisation über große Entfernungen zulässt, Internet-Anbindung.

RFID-Lösungen machen das System noch einfacher und sicherer
Eine neue RFID-Lösung[1], die auch KANBAN-Szenarien unterstützt, hat Siemens entwickelt. Die RFID-Lösung von Siemens basiert auf modernen Schreib-Lesegeräten im UHF-Bereich. Diese erlauben auch große Distanzen zwischen den Datenträgern und den Geräten. Nachdem die Transponder an den Wareneingangstoren gelesen wurden, gelangen die Daten über eine Integrationsplattform in das ERP- / PPS-Warenwirtschaftssystem. Die gescannte Ware kann so über die gesamte logistische Kette verfolgt werden und es erfolgt auch automatisch eine Statusänderung der KANBAN-Behälter von „voll" auf „leer", oder umgekehrt.

---

[1] RFID = Radio Frequenz Identifikationslösung, auch Transponder-Systeme genannt

KANBAN kann in verschiedenen Ausprägungen eingerichtet / geführt werden:

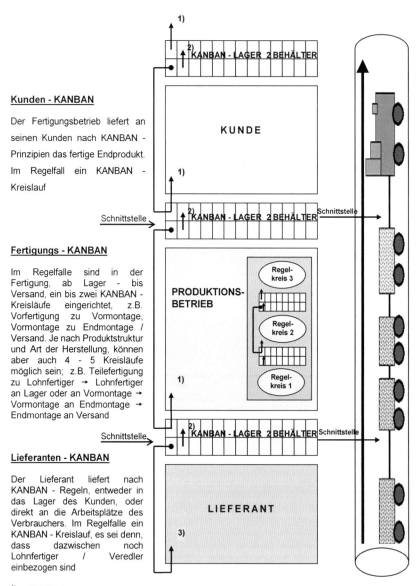

Kunden - KANBAN

Der Fertigungsbetrieb liefert an seinen Kunden nach KANBAN - Prinzipien das fertige Endprodukt. Im Regelfall ein KANBAN - Kreislauf

Fertigungs - KANBAN

Im Regelfalle sind in der Fertigung, ab Lager - bis Versand, ein bis zwei KANBAN - Kreisläufe eingerichtet, z.B. Vorfertigung zu Vormontage, Vormontage zu Endmontage / Versand. Je nach Produktstruktur und Art der Herstellung, können aber auch 4 - 5 Kreisläufe möglich sein; z.B. Teilefertigung zu Lohnfertiger → Lohnfertiger an Lager oder an Vormontage → Vormontage an Endmontage → Endmontage an Versand

Lieferanten - KANBAN

Der Lieferant liefert nach KANBAN - Regeln, entweder in das Lager des Kunden, oder direkt an die Arbeitsplätze des Verbrauchers. Im Regelfalle ein KANBAN - Kreislauf, es sei denn, dass dazwischen noch Lohnfertiger / Veredler einbezogen sind

[1] Behälter leer

[2] Reservebehälter wird nachgeschoben und gleichzeitig mittels KANBAN die Nachschubautomatik ausgelöst

[3] KANBAN-Lager oder normales Dispo-Lager

6.4 Welche Teile / Artikel können über KANBAN gesteuert werden?

Hinweise für eine erfolgreiche KANBAN-Organisation

KANBAN hat Vorfahrt:
Die Wiederbeschaffungszeiten und Mengenvorgaben lt. KANBAN-Karte müssen 100 % eingehalten werden, sonst kann Abriss entstehen. KANBAN-Aufträge haben in der Fertigung immer höchste Priorität / Intercity-System

Behandlung von Riesenaufträgen:
Einzelne Kundenaufträge, die größer sind als die festgelegten KANBAN-Mengen, so genannte *Riesenaufträge*, müssen immer über Fertigungsaufträge mit Lieferzeiten, separat / zusätzlich produziert werden. Sie saugen ansonsten das System leer und es entsteht ein Abriss in der Nachschubversorgung, was nicht sein darf – Unternehmen wird für andere Kunden lieferunfähig.

IT-Merkmal bei der Auftragserfassung
Zur Visualisierung, ob ein Kundenauftrag größer / kleiner als die festgelegte KANBAN-Menge ist, wird bei der Auftragserfassung die festgelegte KANBAN-Menge eingeblendet.

Welche Teile / Artikel können über KANBAN gesteuert werden
Faustformel: Damit ein einzelnes Teil, eine Baugruppe, oder ein Endprodukt nach KANBAN gesteuert und produziert werden kann, **sollte es pro Jahr mindestens 10 x angefasst werden** (besser mehr) und der Bedarf sollte in etwa gleichmäßig sein, selbstverständlich auch mit steigendem / fallenden Bedarf, und die Lieferzeit / **die Nachschubautomatik darf nicht länger als max. 5 Arbeitstage dauern** (besser weniger AT). Bei Eigenfertigungsteilen die länger als 5 AT Durchlaufzeit haben, muss dann über Schichtbetrieb, mehr Personaleinsatz oder Einrichten weiterer KANBAN-Kreise auf max. 5 AT gekommen werden. Außerdem sollte nicht mehr als **eine Index-Änderung pro Jahr** anfallen.

KANBAN bei schwankendem Bedarf
Bei sehr schwankenden Bedarfen und Saisonbedingungen wird mit verlorenen KANBANS gearbeitet, die zur Aufstockung des Bestandes mit einer anderen Farbe ausgegeben und nach Verbrauch vernichtet werden.

Verantwortung für KANBAN erzeugen
Bewährt hat sich für einen stabilen KANBAN-Ablauf die Einführung des so genannten Patendenkens. Es sollte z. B. jeweils ein KANBAN-Pate gefunden werden für:

- die KANBAN-Kartenverwaltung / -erzeugung
- die Ordnung an den einzelnen KANBAN-Stell- / Lagerplätzen
- Führen und Pflege der Auslastungs- / Steuertafeln
- Führen und Pflege der Produktivitäts-, Qualitäts- oder sonstiger KVP - Kennzahlen

KANBAN und Kapazitätswirtschaft
Sofern bei Auslösung des Nachschubs mittels KANBAN-Karte die dadurch entstehende Kapazitätsbelegung im ERP-System mit abgebildet werden soll, ist es sinnvoll, je nach KANBAN-Artikel / (-Karte), eine Dauerauftragsnummer im System anzulegen, auf die BDE-gestützt, entsprechend gebucht wird

Bild 6.2: *Darstellung KANBAN-Modell „Fertigungs- / Lieferanten-KANBAN"*

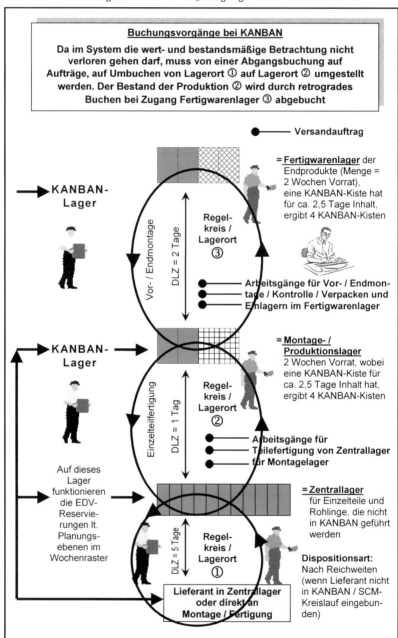

Buchungsvorgänge bei KANBAN

Da im System die wert- und bestandsmäßige Betrachtung nicht verloren gehen darf, muss von einer Abgangsbuchung auf Aufträge, auf Umbuchen von Lagerort ① auf Lagerort ② umgestellt werden. Der Bestand der Produktion ② wird durch retrogrades Buchen bei Zugang Fertigwarenlager ③ abgebucht

● — Versandauftrag

KANBAN-Lager

Vor- / Endmontage DLZ = 2 Tage

Regel-kreis / Lagerort ③

= **Fertigwarenlager** der Endprodukte (Menge = 2 Wochen Vorrat), eine KANBAN-Kiste hat für ca. 2,5 Tage Inhalt, ergibt 4 KANBAN-Kisten

● ● ● — Arbeitsgänge für Vor- / Endmontage / Kontrolle / Verpacken und Einlagern im Fertigwarenlager

KANBAN-Lager

Einzelteilfertigung DLZ = 1 Tag

Regel-kreis / Lagerort ②

= **Montage- / Produktionslager** 2 Wochen Vorrat, wobei eine KANBAN-Kiste für ca. 2,5 Tage Inhalt hat, ergibt 4 KANBAN-Kisten

● ● ● — Arbeitsgänge für Teilefertigung von Zentrallager für Montagelager

Auf dieses Lager funktionieren die EDV-Reservierungen lt. Planungsebenen im Wochenraster

DLZ = 5 Tage

Regel-kreis / Lagerort ①

Lieferant in Zentrallager oder direkt an Montage / Fertigung

= **Zentrallager** für Einzelteile und Rohlinge, die nicht in KANBAN geführt werden

Dispositionsart: Nach Reichweiten (wenn Lieferant nicht in KANBAN / SCM-Kreislauf eingebunden)

110

6.5 Stücklistenaufbau bei einer KANBAN-Organisation

Damit die KANBAN-Steuerung / das Verbuchen der Zu- und Abgänge innerhalb der beschriebenen Regelkreise über die gesamte Logistikkette ohne Betriebsaufträge auf Teileeben funktioniert, müssen für die Buchungs- und Dispo-Vorgänge in allen Stücklisten die Baugruppen aufgelöst, die Stücklisten also flach gemacht und die Arbeitspläne entsprechend angepasst werden, siehe nachfolgende Schemadarstellung.

Die Baugruppenstruktur selbst bleibt für z. B. Konstruktionszwecke enthalten, es wird also im System nur der Haken ☑ „lagerfähig" entfernt.

Bild 6.3: *Schemadarstellung Stücklistenaufbau konventionell*

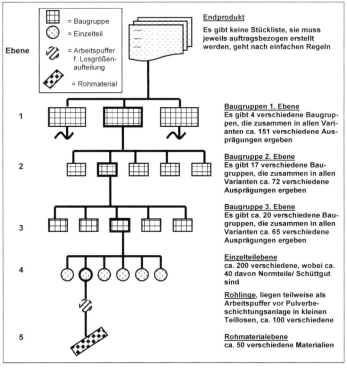

Bild 6.4: *Schemadarstellung Stücklistenaufbau KANBAN-Organisation*

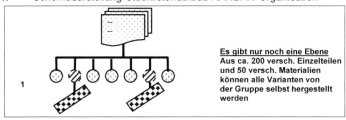

111

6.6   Prozesskettenvergleich: KANBAN zu PPS- / ERP-Abläufe

Alle IT-gestützten Steuerungssysteme erfordern einen hohen Aufwand in Führung und Pflege der Systeme, der durch häufiges Ändern der Aufträge, seitens der Kunden, in Menge und Termin permanent steigt. Bei niederen Beständen kommt noch das Risiko von Fehlmengen / Fehlbeständen hinzu, was für die geforderte Liefertreue ein verhängnisvoller Zielkonflikt ist.

KANBAN- / SCM-Systeme senken Kosten durch Abbau von Geschäftsvorgängen, wie z. B. Buchungs-, Bestellvorgänge, Erstellen von Betriebsaufträgen bei gleichzeitiger Erhöhung der Flexibilität.

Schemadarstellung: **PPS- / ERP-Abläufe für Produktionsaufträge konventionell zu KANBAN**

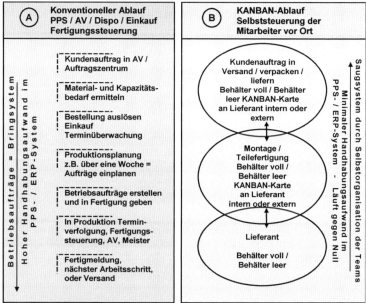

STAMMDATEN

- Stücklisten mehrstufig
  nach Baugruppen
- Arbeitspläne detailliert
- Kapazitätsparameter detailliert
- Wiederbestellpunkte

WERKZEUGE

- Bestellvorschlagsübersicht
- Betriebsaufträge
- Arbeitspapiere
- Fertigmeldebeleg
- QS - Belege
- Leitstände

STAMMDATEN

- Stücklisten flach - 1 Ebene
  (keine Reservierungen)
  (automatisiertes buchen)
- Arbeitspläne grob
- Kapazitätsparameter grob

WERKZEUGE

- KANBAN - Lager in der Produktion
- KANBAN - Vereinbarung
  mit Lieferant
- KANBAN - Karten + Frequenzen
- Auslastungsübersicht / -Steuertafeln
  vor Ort

6.7 KANBAN-Spielregeln

Für die Mitarbeiter in den Fertigungsteams

1.) Teile werden nur in festen Mengen / Standardbehältern gelagert / transportiert.

2.) Jedem KANBAN-Behälter ist eine KANBAN-Karte zugeordnet.

3.) Ist ein KANBAN-Behälter geleert, so ist die Nachlieferung mit Hilfe der zugeordneten KANBAN-Karte umgehend bei den betreffenden Lieferanten anzustoßen.

4.) Jede KANBAN-Karte auf der Steuer- / Auslastungstafel gilt als Auftrag in der vorgegebenen Menge zum vorgegebenen Termin. Die KANBAN-Karte übernimmt die Funktion des Fertigungsauftrages.
Ohne KANBAN-Karte keine Fertigung, kein Arbeitsprozess, kein Transport.

5.) Die Anzahl der KANBAN-Karten darf nicht eigenmächtig verändert werden, es dürfen auch keine Änderungen der Daten auf der KANBAN-Karte vorgenommen werden. Für die Pflege der Karten wird ein Karten-Pate bestimmt.

6.) Nur vollständige KANBAN-Behälter mit fehlerfreien Teilen dürfen weitergegeben werden. Zu jedem Behälter gehört eine KANBAN-Karte, Teile dürfen nur in den vorgeschriebenen Behältern aufbewahrt, geliefert werden.
Nullfehler-Organisation / Mitarbeiter-Selbstkontrolle

7.) KANBAN-Behälter dürfen nur an den zugewiesenen Plätzen abgestellt werden, Festplatzsystem
KANBAN-Termine müssen 100 % eingehalten werden
KANBAN-Aufträge haben immer höchste Priorität (Intercity-System)

8.) Die KANBAN-Auslastungstafeln müssen einwandfrei geführt werden, bei Engpässen Meldung an Vorgesetzte

9.) Den jeweiligen Fertigungsbeginn bestimmen die Mitarbeiter selbst, gemäß festgelegter Lieferzeit auf der KANBAN-Karte. Früher darf, später nie geliefert werden.

6.7.1 Organisationshilfsmittel für KANBAN

1. Ablaufbeschreibung KANBAN-Spielregeln

2. Dispositionstafel zur Steuerung der KANBAN-Aufträge und Produktivitätsdarstellung = KANBAN-Steuertafel

3. Lager mit Festplatzorganisation (in Produktion und Zentrallager)

4. Feste Mengen- und Behälterorganisation

5. KANBAN-Karte, blau / rot / weiß etc., je nach Verwendungszweck

6. KANBAN-Karten – Verwaltungsprogramm auf PC / im IT-System

7. Langfristplanung rollierend mit Info der Bedarfsänderungen an Lieferant / KANBAN-Liefervertrag

6.8 Fertigungssegmentierung und Bilden von KANBAN-Regelkreisen, Voraussetzung für eine erfolgreiche KANBAN-Organisation

Die Fertigung sollte bei Einführung von KANBAN je Regelkreis möglichst nach Waren- / Artikelgruppen prozessorientiert ausgerichtet werden. Der Hauptgrund ist u. a., dass nur so die Aufstellung der KANBAN-Regale für einen übersichtlichen Nachschub nach dem Zwei-Behälter-System „Platz- und Flächenmäßig" geschaffen werden kann. Bei schwankendem Bedarf also nicht andere Arbeit an die Arbeitsplätze gegeben wird, sondern die Mitarbeiter wechseln die Arbeitsplätze.

Schemadarstellung der Regelkreise:

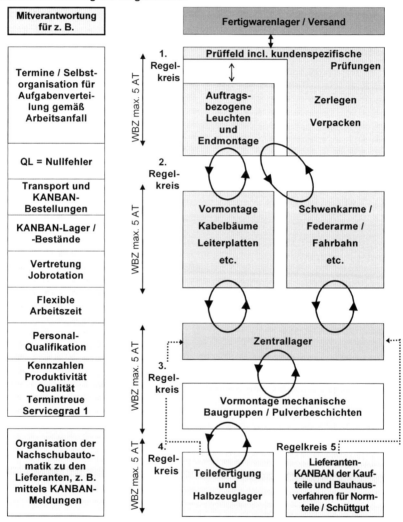

Sofern die KANBAN-Aufträge aus Gründen „Darstellen des Kapazitätsverzehrs im PPS- / ERP-System" erfasst werden sollen, bietet sich der Einsatz einer Dauerauftragsnummer je KANBAN-Karte, sowie die Erweiterung des Kartenkreislaufes über die Arbeitsvorbereitung / das Logistikzentraum (LZ) an[1]. Dort werden die KANBAN-Aufträge entsprechend erfasst, Zeichnungen, QS-Belege beigelegt und zur Startabteilung in die Fertigung gebracht.

Bild 6.5: *Schemadarstellung KANBAN-Kreisläufe über AV / LZ (einstufige Fertigung)*
Kapazitätsverzehr wird im PPS-System erfasst

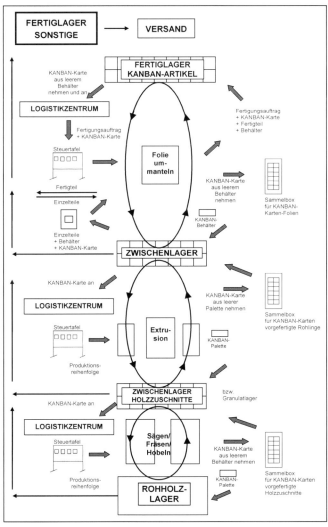

---

[1] entfällt bei IT-gestütztem KANBAN mittels Barcode, da alles über das ERP- / PPS-System läuft

Schnell und flexibel reagieren durch Linienfertigung und KANBAN-Abläufe

Bild 6.6: *Schemadarstellung einer Montagelinie und deren KANBAN-Regelkreise (mehrstufige Fertigung)*

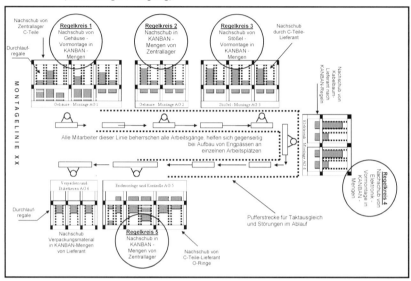

Schwere Geräte, deren Handling und Montage erfolgt mithilfe
eines Krans und Materialwagen im Takt

Die Montage-Produktivität wird bis zu 10 % gesteigert, da alle Teile „sortenrein" und durch kurze Wege schnell erreichbar sind.

6.9   Buchungsvorgänge bei KANBAN

Da im System insgesamt die wert- und bestandsmäßige Betrachtung nicht verloren gehen darf, muss das IT-System für diese Organisationsform von einer Abgangsbuchung auf Aufträge umgestellt werden, auf Umbuchen von Lagerort auf Lagerort, was am einfachsten anhand eines Schemabildes dargestellt werden soll (für alle Teile):

Bei allen KANBAN-Teilen wird nur der körperliche Bestand geführt (Zugang ←→ Abgang), reservieren entfällt.

Darstellung der KANBAN-Bewegungen und der Buchungen von Fertigwarenlager ←→ Montage ←→ Zentrallager ←→ Lieferant eingebunden J / N

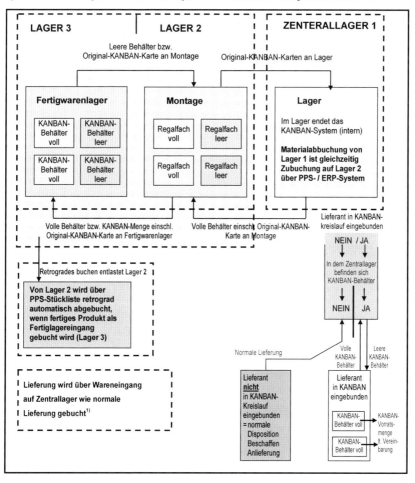

---

1)   Wenn Artikel, wie bei einem Bauhaus-System, noch Lieferant gehört, also erst nach
      Verbrauch bezahlt wird, wird kein Zugang gebucht

6.10 Bestimmung von KANBAN-Mengen und Festlegen der Anzahl Behälter

Bestimmung von KANBAN-Mengen

Für die Festlegung von KANBAN-Mengen (eine KANBAN-Menge entspricht dem Inhalt einer Kiste), haben sich in der Praxis folgende zwei Formeln bewährt:

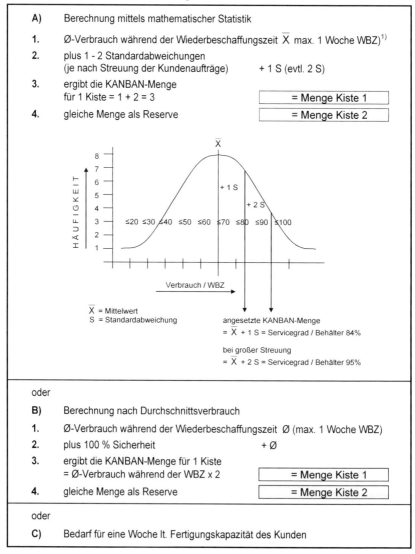

A) Berechnung mittels mathematischer Statistik

1. Ø-Verbrauch während der Wiederbeschaffungszeit $\overline{X}$ max. 1 Woche WBZ)[1]

2. plus 1 - 2 Standardabweichungen
(je nach Streuung der Kundenaufträge)   + 1 S (evtl. 2 S)

3. ergibt die KANBAN-Menge
für 1 Kiste = 1 + 2 = 3 | = Menge Kiste 1 |

4. gleiche Menge als Reserve | = Menge Kiste 2 |

$\overline{X}$ = Mittelwert
S = Standardabweichung

angesetzte KANBAN-Menge
= $\overline{X}$ + 1 S = Servicegrad / Behälter 84%

bei großer Streuung
= $\overline{X}$ + 2 S = Servicegrad / Behälter 95%

oder

B) Berechnung nach Durchschnittsverbrauch

1. Ø-Verbrauch während der Wiederbeschaffungszeit Ø (max. 1 Woche WBZ)

2. plus 100 % Sicherheit   + Ø

3. ergibt die KANBAN-Menge für 1 Kiste
= Ø-Verbrauch während der WBZ x 2 | = Menge Kiste 1 |

4. gleiche Menge als Reserve | = Menge Kiste 2 |

oder

C) Bedarf für eine Woche lt. Fertigungskapazität des Kunden

---

[1] Oder besser: Weniger Tage, dann KANBAN-Menge kleiner, dafür steigende Nachschubfrequenz

Bestimmung Anzahl Behältnisse / KANBAN-Karten

Damit die Funktionsweise eines KANBAN-Systems grundsätzlich erhalten bleibt, sollten in der Praxis

a) maximal   4 Behältergrößen (Schäferkisten)

b) maximal   2 Palettenarten

c) maximal   2 Gitterbox-Größen

d) wenige   Sondergrößen

Wird mittels einer so genannten „Behälterinventur" festgelegt. Danach erfolgt die exakte Bezeichnung / Nummerngebung des Behältnisse

eingesetzt werden.

Für die Bestimmung der notwendigen Anzahl Behältnisse für einen KANBAN-Artikel und somit auch Anzahl KANBAN-Karten, ergibt sich somit folgende Schrittfolge:

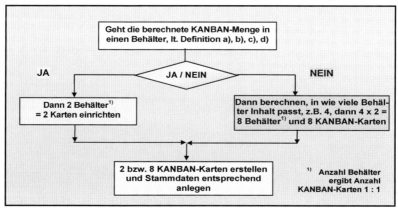

Hinweis für Mehrkartensystem:

KANBAN geht grundsätzlich von einem 2-Behälter-System aus, folglich sind auch zwei KANBAN-Karten notwendig.

Ergibt sich aus der Behälterberechnung wegen Teiledimension, Menge oder Gewicht, dass eine größere Anzahl Behälter, z. B. 6, notwendig sind, dann werden auch 6 KANBAN-Karten notwendig (für jeden Behälter[1] eine Karte) = Mehrbehälter-System.

Damit die KANBAN-Steuerung korrekt funktioniert, müssen die Infos bei einem Mehrbehälter-System auf den Karten entsprechend erweitert werden, z. B. es gibt 6 Behälter = 6 Karten, dann erhält jede Karte folgende Zusatzinformation:

Anzahl Karten	6	Start bei Karte	3

Grund:

Die Fertigung, der Lieferant muss erst liefern, wenn die dritte Karte eintrifft, der dritte Behälter leer ist, da nach der 2-Behälter-Basisregel, wenn der dritte Behälter leer ist, eigentlich erst der erste Behälter leer ist, Rest ist Reservemenge.

[1] Ein Behälter kann auch ein Gebinde o. ä. sein

119

6.11 Darstellung von KANBAN-Karten

Bild 6.7: *Muster einer KANBAN-Karte für ein Einzelteil*

Vorderseite:

oder RFID- / Transponder-System ↗

KANBAN-Karte	Karten-Nr.:	1	Start bei Karte	3

	Anz.-Karten:	6

(Strichcode)
2156548984654324532

Lieferstelle:	Blechraum / Säge
Sachnummer:	**64 25 465**
Kurzbezeichng.:	**Kabelabfangschiene**
Behälter:	Blechkiste 500x250x200
Transportmittel:	Hubwagen
Ablieferplatz:	Vormontage	Station:	20
Lagerplatz:	SAB 47 11 02
Menge:	**100**	Lieferzeit:	3 Arbeitstage
Material:	C-Profil 98 03 533

Bild

Dauer-Auftrags-Nummer:	Arbeitsfolgen:	Zeit:
923456.A	1. Sägen (Länge 170 mm) 2. Entgraten 3. Bohren / Lochen 4. Versenken 5. Schleifen	4,5 Std.

Rückseite[1]: (Entfällt bei Nutzen von Strichcode- / RFID-Systemen)

Abgabe-datum	Menge	Perso-nal-nummer	Emp-fangs-datum	Abgabe-datum	Menge	Personal-nummer	Emp-fangs-datum

[1] Eventuell erweitert um ein Feld „Dauer-Auftrags-Nummer", sofern die zu fertigenden KANBAN-Mengen kapazitätsmäßig im ERP- / PPS-System erfasst werden sollen. Bei Bedarfsmeldung mittels Strichcode erzeugt das System automatisch intern einen Fertigungsauftrag, die abgebildete Rückseite entfällt

Bild 6.8: *Muster einer KANBAN-Karte für eine Komponente / Baugruppe* mit Barcode oder Transponder versehen

KANBAN-Karte		Bezeichnung	8613-00100-001		
			Gehaeusedeckel kplt. verkabelt für		
Auftragszeit		Kartennummer	1 von		
		Materialliste	Artikel		Menge
Empfänger		Sicherungsklemme-SG verkabelt	L 8613-00157-000	1	
		*Kabel grün/gelb 200 mm SG	8613-00116-000	1	
Menge		Sicherungsklemme-SG verkabelt	N 8613-00156-000	1	
		Gehäusedeckel gezogen	8622-00087-001	1	

Lieferzeit			8612-00141-000			
Behälter	**KANBAN-Karte**		Bezeichnung	FILTEREINHEIT ML501/N		
			Kartennummer	2 von 8		
Lieferant	**Auftragszeit**	15,16 Std.	Arbeitsfolgen	Starten bei	4 bzw. 8	
Lagerplatz			Materialliste	Lager-platz	Artikel	Menge
Bemerkung:	Lieferstelle	1	Filter	XXXX	8612-00141-000	1
			Spannring	XXXX	8622-00376-000	2
	Menge	36	Spannrohr kpl.	XXXX	8612-00146-000	1
			Einbaubuchse	XXXX	8623-00155-000	2
			Distanzr. ML5E / 5 / 1	XXXX	8622-00468-000	4
	Lieferzeit	4 AT	Haltering f. Filter	XXXX	8622-00464-000	1
			Blendensegm. 1 ML5	XXXX	8622-00465-00	2
	Behälter	HK 01	Blendensegm. 2 ML5	XXXX	8622-00466-00	2
			Blendensegm. 3 ML5	XXXX	8622-00467-00	2
	Ablieferstelle	4	Filter 157	XXXX	8622-00363-000	1
			Kabelbaum	XXXX	8613-00086-000	1
			Kabalb. Filter	XXXX	8613-00081-000	1
	Lagerplatz	16-02				
	Dauer-Auftrags-Nummer		Spannrohre einkleben – Filter kpl. montieren			
	XXXXXXX		Fertigungszeit in Std. = 15,16 Std.			

ODER BESSER, fehlerloses Arbeiten, Prozesssicherheit ist gegeben:

Pick by Light verwenden

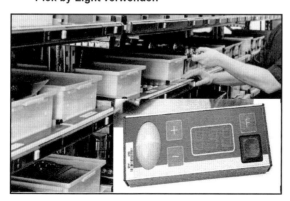

Die Reihenfolge der Entnahmen werden hier über verschiedenfarbige Lampen an den Regalen angezeigt

6.12 Pflege der KANBAN-Einstellungen

Um die Frequenzen, die gefertigten Mengen, sowie die Anzahl erstellter / in Umlauf befindlicher KANBANS kontrollieren zu können, wird von jedem Teil, das über KANBAN geführt wird, eine so genannte KANBAN-Stammdatenkarte eingerichtet. Auf ihr (im IT-System) werden alle wichtigen Daten erfasst, die erkennen lassen, ob:

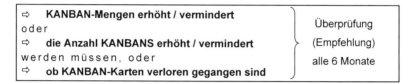

⇨ **KANBAN-Mengen erhöht / vermindert**

o d e r

⇨ **die Anzahl KANBANS erhöht / vermindert**

w e r d e n   m ü s s e n ,   o d e r

⇨ **ob KANBAN-Karten verloren gegangen sind**

Überprüfung

(Empfehlung)

alle 6 Monate

Außerdem wird hier festgelegt, wer für die Erzeugung von KANBANS bzw. Pflege der Stammdaten verantwortlich zeichnet (= KANBAN-Pate, Disponent oder Lagerleiter).

Bild 6.9: *Darstellung von Verbrauchsmodellen deren Trend über die Anzahl Frequenzen / Verbräuche auf der Rückseite der KANBAN-Karten bzw. auf der jeweiligen Stamm-KANBAN-Karte sichtbar wird*

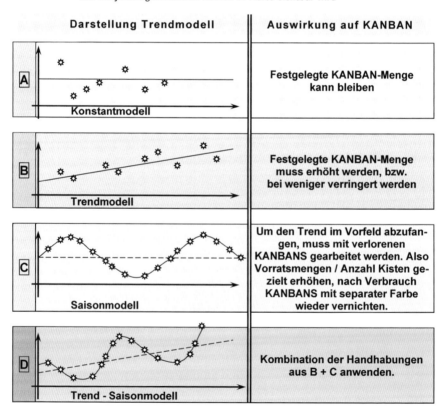

6.13 Führen von Steuerungs- / Auslastungsübersichten bei KANBAN-Organisation als Basis für eine effektive Feinsteuerung nach dem Saug-Prinzip

Da bei einer KANBAN-Organisation die Einhaltung der Lieferzeit, die im Regelfall in Tagen auf dem KANBAN angegeben ist, unbedingt zu 100 % eingehalten werden muss, ist es erforderlich, dass entweder mittels

> ➢ Bildschirmübersicht
>
> oder
>
> ➢ KANBAN-Gruppentafel

die Auslastung der Fertigungsgruppen vor Ort visualisiert wird.

Mittels eigener Zeitdispositionen (Voraussetzung flexible Arbeitszeit ist eingeführt), müssen eventuelle Über- / Unterauslastungen aufgefangen werden (Führen von Zeitkonten).

Die Führung dieser Übersichten / Steuerungstafeln läuft nach folgenden Regeln ab:

Es gibt zwei verschiedene Steuerungstafeln / Auslastungsübersichten

● Gruppentafel A, wenn keine KANBANS zu größeren Losen gesammelt werden (2-Karten-System)

● Gruppentafel B, wenn mehrere KANBANS zu einem größeren Fertigungslos gesammelt werden sollen (Mehrkarten-System)

Siehe nachfolgende Schemadarstellung

Wobei die Auslastung durch Addition der Fertigungszeiten die auf den einzelnen KANBAN-Karten abgebildet sind, errechnet wird.

Bewährt haben sich zwei- bis dreimalige Rundgänge/Woche mit Feststellung der noch abzuarbeitenden Stunden je Steuertafel, bis sich das System als Selbstläufer integriert hat (Reife-Face notwendig).

Praxis-Tipp:

Insbesondere bei dem Mehrkarten-System zeigen die Steuertafeln den Mitarbeitern die Möglichkeit der Rüstverkettung (Bilden von Rüstfamilien) auf.

Das Regelwerk lautet: Früher darf gefertigt werden – später nie!

Dies bedeutet, obwohl kleinere Lose aufgelegt werden, steigt die Rüstzeit in Stunden gesehen nicht, im Gegenteil, *„der Rüstanteil in Stunden"* wird gesenkt.

KANBAN-Steuertafel für Zwei- und Mehrkarten-KANBAN-System

Da bei einer KANBAN-Organisation die Einhaltung der Lieferzeit, die im Regelfall in Tagen auf dem KANBAN angegeben ist, unbedingt zu 100 % eingehalten werden muss, ist es erforderlich, dass entweder mittels

> ➤ Bildschirmübersicht

oder

> ➤ KANBAN-Steuertafel in verschiedenen Ausprägungen

die Lieferungen / eventuelle Lieferrückstände visualisiert werden.

Beispiel: ***KANBAN-Steuertafel, Staffelsicht V-Prisma***

Oder Auslastungs-
übersicht in
Anzahl Karten
und Stunden
„Kapazitätsverzehr"
über Bildschirm

KANBAN-BOARD

Arbeitsvorrat in Stunden			
15,8 h	16,5 h	23,0 h	10,0 h
Lieferz.	Lieferz.	Lieferz.	Lieferz.
4 AT	2 AT	3 AT	4 AT
			12
			11
10			10
9			9
8		8	8
7		7	7
6	6	6	6
4	5	5	5
	4	4	4
3	3	3	3
2	2	2	2
1	1	1	1
040848	6425465	260860	170815

Muster: ***e-KANBAN-Karte mit RFID-Transponder***

IoT SmartShelf

eKANBAN RFID

Beispiel: ***KANBAN-Steuertafel, Griffsichten***

Bildmaterial: *Fa. Weigang-*
Vertriebs-GmbH
96106 Ebern

6.14 IT-gestütztes KANBAN

IT-gestützte KANBAN-Systeme können entweder

- als separate Systeme mit Schnittstellen zum eigenen ERP- / PPS-System von spezialisierten Anbietern zugekauft werden,

- als Barcode-Systeme innerhalb des eigenen ERP- / PPS-Systems eingerichtet werden,

- im eigenen ERP- / PPS-System: „KANBAN-Aufträgen werden über Dauerauftragsnummer erstellt" (Laufweg Behälter leer → Karte an Logistikcenter, KANBAN-BA erstellen, KANBAN-Karte an Lieferanten), kein Ausdruck von Arbeitspapieren, Kapazitätsverzehr im System

- sind bereits als Baustein im ERP- / PPS-System vorhanden, die geöffnet werden müssen (Beispiel SAP oder Microsoft-Dynamik, bzw. Weitere)

- können anhand der beschriebenen Regeln auf Excel-Basis oder im ERP-System selbst eingerichtet werden

Ein IT-gestütztes KANBAN-System unterstützt die KANBAN-Regelkreise, macht sie transparenter, insbesondere in der Kapazitätswirtschaft, und integriert das KANBAN-System in ein ganzheitliches Logistik-Netzwerk über alle Strukturen und Regelkreise die dem Pull-Prinzip unterliegen.

Auch kann so die Möglichkeit geschaffen werden, die PPS- / ERP-Abläufe IT-gestützt mit denjenigen zu verbinden, die einer Push-Strategie unterliegen, wie z. B. einzelne Teile / Materialien aus der Fertigung, die nicht in das System eingebunden werden sollen.

Vorteile eines IT-gestützten KANBAN-Systems

Die Vorteile eines IT-gestützten KANBAN-Systems sind im Wesentlichen:

- ➢ Über Min.- / Max.-Bestandsführung im körperlichen Bestandskreis kann KANBAN IT-gestützt vollautomatisch eingerichtet werden. Voraussetzung – Bestände stimmen

- ➢ Einfacher Ablauf mittels Barcode / RFID-Transponder, es können keine Karten verloren gehen

- ➢ Über das ERP-System besteht eine Verbindung zu den Fertigungsaufträgen die nicht über KANBAN ablaufen

- ➢ Da alle Abläufe IT-gestützt ablaufen, stimmen die Kapazitätsübersichten, alle Aufträge haben eine BA-Nummer, die Chargenverwaltung / die Rückverfolgung wird vereinfacht

- ➢ Es kann gemäß den ermittelten Grundeinstellungen, sowie der vorgegebenen Spielregeln, in einfachster Weise in das SCM-System, „Selbstständig wieder auffüllende Lagersysteme" (Lieferant hat
ONLINE Einblick in unser Lager und liefert nach Min.- / Max.-Plattform – Bestandsübersicht im Internet nach), überführt werden.

- ➢ Sofern eine Warenrückverfolgung gefordert wird, ist ein IT-gestütztes KANBAN-System mit Barcode-Unterstützung zwingend

6.15 Einbinden Lieferanten in das KANBAN-System / Lieferanten-KANBAN

Sofern Lieferanten in das KANBAN-System eingebunden sind, existiert eine Langfristplanung als Trendinfo zu Lieferant. Die Abrufe werden vom Lager der Montagemitarbeiter mittels KANBAN-Karte, Telefax oder E-Mail getätigt, wenn ein Behälter / ein Fach leer ist. Die Karte wird bis zur Lieferung in einer Tafel „Bestellt" abgestellt, nach Eingang des Behältnisses wieder zugeordnet und Eingang gebucht.

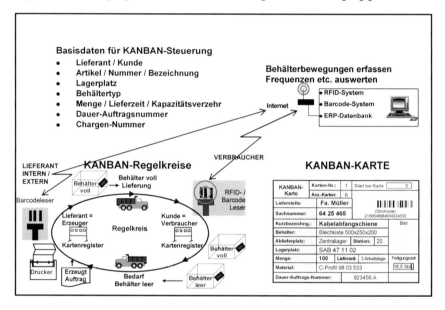

Weitere positive Auswirkung auf Lager und Produktion:

> Da bei einem KANBAN-System nicht mehr
> AUFTRAGSBEZOGEN, sondern SORTENREIN,
> nach festgelegten BAHÄTERMENGEN bereitgestellt wird,
> reduzieren sich die Bereitstellvorgänge im Lager
> um ca. 50 %, die Produktivität in der Montage
> steigt um bis zu 10 %.

6.15.1 Vertragliche Regelungen Lieferanten-KANBAN

Muster einer KANBAN-Rahmenvereinbarung (Mindestinhalt)[1]
mit Firma [ ]
für KANBAN-Teile [ ]

über	Artikel - Nr.: [ ]	Bezeichnung: [ ]

Zeitraum: Diese Rahmenvereinbarung gilt für die Zeit vom 02.01.xx bis 31.12.xx

Jahresbedarf: 120.000 Stück

Abrufmengen: 4.000 Stück = 1 KANBAN-Menge

} Diese drei Abschnitte gelten zur Preisverhandlung Vertrag läuft immer weiter, muss separat gekündigt werden

Anlieferung: In den lt. KANBAN-Karte vorgegebenen Behältnissen (Transportbehältnis – Einlagerbehältnis)

Abruftermine: Wir rufen unseren jeweiligen Bedarf mit KANBAN-Karte per Fax ab. Wir erwarten von Ihnen den Wareneingang innerhalb von 3 Arbeitstagen, bzw. lt. KANBAN-Karten-Angabe

Bevorratung im Unternehmen: Mindestbestand 12.000 Stück, ab Woche/Jahr 12/xx

Gesicherte Abnahmemenge: 24.000 Stück

Im Falle von Zeichnungsänderungen oder Kundenstornierungen verpflichten wir uns, die gesicherte Menge abzunehmen.

Wochenleistung: 3.000 Stück im Ø

Durchlaufzeit Um Abrufspitzen abzudecken, sind Sie in der Lage innerhalb von einer Woche den Mindestbestand auf den Höchstbestand

= KANBAN-Menge x Anzahl KANBANS = | 24.000 Stück |

aufzufüllen.

Bestandsinfo: Sie informieren uns regelmäßig alle 2 Wochen über die Bestandssituation, ☐
bzw. wir können mittels ERP-Programm in diesen Teilebestand einsehen, ☐
oder mittels Video-Kamera und Internetanschluss ☐

Qualität: Die einwandfreie / Null-Fehler-Anlieferung weisen Sie uns durch den entsprechenden QS-Kontrollbeleg für dieses Teil, sowie den ausgefüllten Wareneingangs- / Quittierbeleg für unsere Warenwirtschaftsbuchungen nach.
Belege pro KANBAN-Anlieferung.

Ansprechpartner: | Fr. Werner |

Ort / Datum

Lieferfirma	**Abnehmerfirma**

[1] plus die üblichen Spezifikationen, wie Preis, Zahlungskonditionen, etc.

Sofern die logistischen und produktionstechnischen Möglichkeiten für den KANBAN-Einsatz geschaffen werden können, ist es möglich:

- **die Umlaufbestände um über 50 %**
- **die Lagerbestände bis zu 50 %**
- **die Durchlaufzeiten um über 70 %**

je nach Ausgangssituation, zu senken und unabhängig davon, ob KANBAN IT-gestützt, oder als reines Kartensystem eingerichtet ist.

(A) ES IST IMMER DAS RICHTIGE VORHANDEN

Die Termintreue / die Verfügbarkeit schnellt auf 98 % bis 99 % hoch.

Sie liefern alles in kürzester Lieferzeit, Ausnahme Riesenaufträge[1]. Hier muss die PPS- / ERP- / bedarfsorientierte Nachschubautomatik einspringen.

Praxis-Tipp

Es wird nie ein reines KANBAN- / Pull-System geben.

Reine Sonderartikel, bzw. Artikel die nur 3 - 4 x im Jahr,

oder weniger, benötigt werden, oder Riesenaufträge[1],

müssen immer über das PPS- / ERP-Push-System

dispositiv bearbeitet werden.

---

und was besonders wichtig ist:

(B) Der unsägliche Trend *„MEHR UMSATZ – MEHR LAGER-BESTAND"* wird durch die Umkehrung vom Push- zum Pull-Prinzip dauerhaft durchbrochen.

UND

(C) Durch die Anzahl Behälter ist eine Bestandsobergrenze festgelegt. Bestände laufen nicht durch Überproduktion davon.

UND

(D) Kosten werden gesenkt durch Abbau von Geschäftsvorgängen, wie z. B. Buchungs- und Bestellvorgänge, Erstellen von Betriebsaufträgen, keine Fertigungssteuerung notwendig. Zentrallager: Anzahl Zugriffe / Picks werden wesentlich reduziert.

---

[1] größer als eine KANBAN-Menge

6.16 Entwicklung der Bestände und der Termintreue / des Servicegrades seit Einführung von KANBAN

Bildmaterial, wie nach Umsetzung eines KANBAN-Projektes die flexiblen Arbeitsplätze, KANBAN-Regale mit 2-Behäler-System realisiert wurden.

Darstellung der Entwicklung der Lagerbestände in Abhängigkeit vom Umsatz, sowie der Liefertreue, seit Einführung von KANBAN

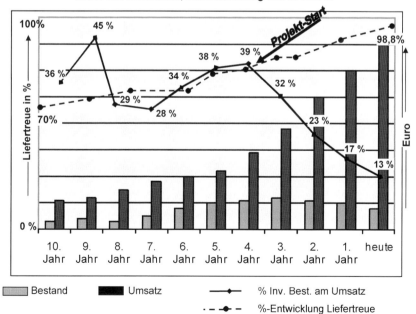

7. Stammdaten zielorientiert einrichten und pflegen / Datenqualität verbessern / Voraussetzung zur Dispositions- und Bestandsminimierung

Nachfolgend soll anhand von Dispositionsstammdaten eine beispielhafte Vorgabe zur Pflege dieser Daten dargestellt werden.

Sie beinhaltet jeweils eine kurze Beschreibung der einzelnen Stammdatenfelder, deren Zweck / die Funktion, sowie den Pflegezyklus.

Diese Arbeitsvorschrift kann im System als separate Datei, oder jeweils im Hintergrund der einzelnen Stammdatenfelder (z. B. als Kommentar), abgelegt sein.

Sie soll die Disziplin sowohl für die Fachabteilung, als auch für den einzelnen Stammdaten-Verantwortlichen stärken, gleichzeitig den nicht immer sofort erkennbaren Zweck / das Nutzungspotential für das Unternehmen und die Auswirkungen auf die Qualität der eigenen Arbeit hervorheben.

Auch werden mit dieser Arbeitsvorschrift automatisch Organisationsstrukturen im Unternehmen (in der IT-Welt) verankert: *„Wer ist für was (außer der reinen operativen Arbeit) zuständig?"*.

Siehe nachfolgendes Musterbeispiel *„Arbeitsvorschrift Stammdatenpflege"*.

Eine andere Möglichkeit ist, diese Vorschriften / Hinweise direkt als Kommentar in den entsprechenden Feldern zu hinterlegen.

Beispiel:

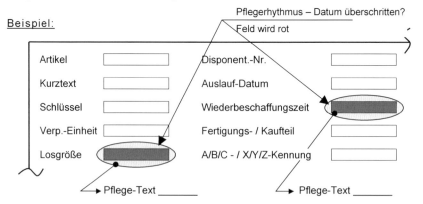

Der Disponent lernt die hinterlegten Regeln auswendig oder er muss in bestimmten Abständen sich durchklicken und gegebenenfalls aktiv werden.

Beispielhafte Darstellung von Stammdaten / Systemeinstellungen, Beschreibung des Nutzenpotentials, Pflegezyklusvorgabe (siehe nachfolgend)

130

Art der Stammdaten: **DISPOSITION - KAPAZITÄTSWIRTSCHAFT - FERTIGUNGSSTEUERUNG**

Stammdaten-Pate: **Nr.: 2** | Zuständige Abtlg.: **6420**

Stammdatenfeld	Beschreibung / Zweck	Bemerkung / Nutzenpotential	Pflege-zyklus	Ände-rungs-stand	Datum letzte Ände-rung
Endprodukt **1** Baugruppenebene 1 **1** Baugruppenebene 2 **1** Einzelteil **1** Rohling **1** Halbzeug **1**	Stellt die jeweilige Struktur des Produktes / die Funktionsebene dar. Ergibt sich durch die im System hinterlegte Stückliste (Ebene 1–5 / Lieferant)	Die Addition der Durchlaufzeit je Stufe ergibt die Gesamtdurchlaufzeit für das gesamte Produkt und bei Vorratswirtschaft den Gesamtbestand über alle Stufen. <u>Ziel:</u> Alle Baugruppen auf nicht lagerfähig N einstellen. Senkt die Bestände, erhöht die Flexibilität, verkürzt die DLZ. Bestandssicherheit auf der untersten Ebene sicherstellen	1 x grund-sätzlich bei Neuanlage, bzw. bei Stücklis-tenände-rung, bzw. bei Reor-ganisation	11 / XX	19.12. / XX
Disponentennummer **2**	Diese sollte für ein Produkt / eine Warengruppe durchgängig über alle Stufen derselben Dispo-Nummer zugeordnet sein. (Bei Wiederholteilen kann davon abgesehen werden. Verantwortlicher Disponent ist dann der, der diese Artikelnummer am meisten benötigt. Dem wird zugeordnet.)	Verantwortung für das gesamte Produkt bezüglich Lieferteile / Bestandshöhe / Fehlteile / Drehzahl/ Liefertreue über alle Ebenen, vom Endprodukt bis runter zum Halbzeug / Rohling	1 x grund-sätzlich bei Neuanlage, bzw. bei Personal-wechsel	9 / XX	20.08. / FF
Kaufteil **3**	Kaufteil bedeutet, dass ein oder mehrere Lieferanten mit ihren Stammdaten hinterlegt sein müssen.	In der Nachschubautomatik erzeugt - Kaufteil einen Bestellvorschlag für Fremdbeschaffung (Einkauf) - Fertigungsteil einen Fertigungsauftrag	1 x grund-sätzlich, bzw. bei Änderung	8 / XX	20.08. / FF
Fertigungsteil **4**	Fertigungsteil bedeutet, es muss ein Arbeitsplan hinterlegt sein.				
Teileart **5** A / B / C / K	- Fertigungsteile erhalten alle **B** oder **C** nach Wert + WBZ lt. Tabelle - Kaufteile einteilen nach Tabelle - sowie **K** für KANABAN-Teile / Konsi-Teile **Wert EK-Preis/Stück** / **Wiederbeschaffungszeit in Tagen** (≤5, ≤10, ≤20, ≤40, ≥40) / Bemerkung größer 20 € → A A A A A — Alles was über zwischen 19,99 € und 2 € → B B A A A — Rahmen-/ Abrufaufträge, immer A-Teil-legen kleiner 1,99 € → C C C A A — Teil hinter-legen Diese Kennung zeigt die Wertigkeit und somit die Dispo-Art an: A-Teile: Kleine Mengen, kein allzu großer Servicegrad / Si-Bestand B-Teile: Mittlere Menge, Si-Bestand, Servicegrad kann erhöht werden C-Teile: Es können große Mengen beschafft werden, Si-Bestand und Servicegrad kann weiter hoch gesetzt werden K: Nachschub wird über KANBAN, bzw. C-Teile-Management geregelt, keine Dispo-Arbeit, läuft automatisch ab	In Verbindung mit der weiteren Kennung X / Y / Z hat diese Kennung Einfluss auf die Art der Nachschubautomatik / Dispositionsart A = Möglichst Abrufaufträge B = Disponieren nach Reichweite C = Disponieren nach Losgrößenformeln mit Begrenzer max. 6 Monate K = Automatisierte Nachschubautomatik durch Lieferant oder Lager (selbstauffüllendes System) Festgelegte Reichweite für A-Artikel Ø 4 Wochen B-Artikel Ø 6 Wochen C-Artikel Ø 12 Wochen K-Artikel siehe Formel	1 x pro Jahr, bzw. sofort bei z.B. Um-stellung von A auf K o.ä., bzw. sofort bei wesentli-cher Verän-derung der WBZ	2 / YY	03.02. / YY
Lagerort / Lagerplatz **6** (Zwangsfeld)	Für jeden Artikel, wo in den Stammdaten Vorratsteil **J** hinterlegt ist, muss ein Lagerort eingegeben werden. Legt Lagerleiter fest, pflegt auch die gesamten LVS-Stammdaten	Für jeden Vorratsartikel muss ein Lagerplatz zur Verfügung stehen = Ordnungsprinzip! Hat u.a. das Ziel, bei Ein- / Auslagern Laufwege zu minimieren / First in - First out etc. zu organisieren	1 x jährlich bezüglich Lagerorganisa-tion Schnelldre-her / Langsam-dreher bzw. permanent bei Chargenverwal-tung	5 / YY	16.05. / YY

Stammdatenfeld	Beschreibung / Zweck	Bemerkung / Nutzenpotential	Pflege-zyklus	Änderungs-stand	Datum letzte Änderung

Dispositions- [7] verfahren

Für jeden Artikel muss eine Kennung hinterlegt sein, die sich nach nebenstehenden Regeln und nach Art der Bedarfsstreuung richtet

Gilt nicht für Artikel die über selbstauffüllende Läger gesteuert werden, wie z.B. KANBAN- / Konsignationslager oder SCM-Artikel, wo der Lieferant für uns disponiert

Beschreibung / Zweck:

1 = X Wiederholteil mit Mindestbestand
2 = Y Sonderteil mit Wiederholcharakter für nur einen Kunden, mit Mindestbestand = 0. Die Fertigung erfolgt nach Reichweitenfestlegung lt. Absprache Dispo - Vertrieb - Kunde
3 = Z Reines Sonderteil, mit reiner auftragsbezogener Fertigung, ohne Bevorratung, ohne Losgrößenberechnung. Überlieferungen sofort verschrotten, nicht an Lager legen
4 = ZZ Ersatzteil, Bestandshöhe nach Funktionsrisiko / Höhe von Stillstandskosten, muss im Einzelfall mit GF / Logistikleitung und Risiko-Punkte-System festgelegt werden

	1/X	2/Y	3/Z	4/ZZ	Bemerkg
A					Jeder Artikel
B					muss einem Feld
C					zugeordnet
K					sein

Bemerkung / Nutzenpotential:

Die Festlegung, bzw. deren Pflege, kann verbal erfolgen oder mittels mathematischer Statistik

$$\frac{\text{Standardabweichung} = 1\,S}{\text{Mittelwert } \overline{X}} = \boxed{}$$

Schwankungsbreite	Ergibt Teileart [1]	Bemerkung	Höhe des Lieferbereit-schafts grades
≤ 0,33	X	Im Regelfalle Einser-Teile	
≤ 0,66	Y	Im Regelfalle Zweier-Teile	
≤ 1,00	Z	Im Regelfalle Dreier-Teile	Höher
Artikel kommen nur sporadisch vor, weiterer Bedarf ist nicht absehbar	ZZ	Immer Dreier-Teile	0 - auftrags-bezogene Beschaffung

[1] Alles unter Beachtung saisonaler Schwankungen und Trends. Dann gleiche Zeitfenster zur Berechnung heranziehen.

Pflege-zyklus: Alle 6 Monate bzw. sofort bei wesentlicher Änderung

Änderungsstand: 8 / XX

Datum letzte Änderung: 20.10. / XX

Vorratsteil [8] lagerfähig

Beschreibung / Zweck:

Bei Eingabe [N] = Nein, wird die Nachschubautomatik auftragsbezogen / bedarfsgesteuert geregelt

Bei Eingabe [J] muss diese Artikelnummer mit den dann erforderlichen, weiteren Kennungen, Feld 5 - 12, belegt werden

Bemerkung / Nutzenpotential:

Bedeutet: Mindestbestand 0

Bestellmenge = lt. Bedarf

Es kann auf Vorrat beschafft werden, aber festgelegten Reichweitenkorridor beachten (je nach Teileart).
Bei Wiederholteil kann ein Sicherheitsbestand hinterlegt werden.
Bei Sonderteil mit Wiederholcharakter Nein 0

Pflege-zyklus: 1 x grundsätzlich, bzw. sofort wenn sich die Teileart ändert

Änderungsstand: 8 / XX

Datum letzte Änderung: 20.08. / FF

Dispo-Art [9]

Beschreibung / Zweck:

Bei allen Teilen, die nicht über KANBAN oder Konsignationsläger gesteuert werden.
Vorschlag:

	1/X	2/Y	3/Z	4/ZZ
A	bedarfsbe steuert	bedarfsbe steuert	bedarfsbe steuert	bedarfsbe steuert
B	verbrauchs-gesteuert	bedarfsbe steuert	bedarfsbe steuert	bedarfsbe steuert
C	verbrauchs-gesteuert	verbrauchs-gesteuert	bedarfsbe steuert	bedarfsbe steuert

Bemerkung / Nutzenpotential:

Regelt die Nachschubautomatik im Detail.
Bei „Bedarfsgesteuert" gibt es einen verfügbaren und körperlichen Bestand. Bei „Verbrauchsgesteuert" gibt es nur einen körperlichen Bestand mit Zugangs- / Abgangsbuchungen.
Jede Teileart lt. Feldzuordnung hat eine maximale Reichweite

Pflege-zyklus: 1 x grundsätzlich, bzw. sofort wenn die Dispo-Art für eine Teilenummer geändert werden soll

Änderungsstand: 8 / XX

Datum letzte Änderung: 20.08. / FF

Sicherheitsbestand [10]

Beschreibung / Zweck:

Bei allen Teilen wo Vorratshaltung [J] eingestellt ist, kann je nach festgelegtem Dispositionsverfahren und Teileart ein Sicherheitsbestand hinterlegt werden

Service-gradhöhe	1/X	2/Y	3/Z	4/ZZ
A	96%	90%	0	je nach
B	97%	93%	0	Stillstands-u Funktionsrisiko
C	99%	96%	0	(Pkt.-Tabelle)

Bemerkung / Nutzenpotential:

Hinweis: Sicherheitsbestände treiben die Bestände nach oben und je höher der Servicegrad des festgelegten Si-Bestands, kann dies das „Vielfache" des Durchschnittsbestandes $\overline{X}$ ausmachen. Bei Disponieren nach Reichweiten sollte, bis auf Einzelfälle, auf einen Si-Bestand verzichtet werden

Pflege-zyklus: 1 x grundsätzlich, bzw. permanente Pflege alle 3 - 6 Monate

Änderungsstand: 8 / XX

Datum letzte Änderung: 20.08. / FF

Meldebestand [11] (Bestellpunkt)

Beschreibung / Zweck:

Bei allen Artikeln, wo Vorratswirtschaft [J] und bedarfsgesteuerte Disposition hinterlegt ist, errechnet das System auf Basis Durchschnittsverbräuche innerhalb der WBZ und Si-Bestand, den so genannten Meldebestand.
Eine Unterschreitung dieser Meldebestandszahl im verfügbaren Bestand erzeugt vom System einen Bestellvorschlag, der umgehend bearbeitet werden muss

Bemerkung / Nutzenpotential:

Der Meldebestand muss permanent gepflegt werden.
a) alle 6 - 8 Wochen durchgängig, u.a. durch Überprüfung, ob die hinterlegte Wiederbeschaffungszeit noch aktuell ist
b) sofort, wenn durch z.B. eine Auftragsbestätigung von Seiten des Lieferanten eine neue Lieferzeit bekanntgegeben wird.
Nicht gepflegte Meldebestände erzeugen große Fehlleistungen in Form von Fehlteilen, überhöhten Beständen, Zusatzkosten etc.

Pflege-zyklus: 1 x grundsätzlich, bzw. permanent, spätestens alle 6 - 8 Wochen

Änderungsstand: 11 / YY

Datum letzte Änderung: 21.11. / ZZ

Mindestbestand [11a] meist in Verbindung mit einem Maximalbestand

Beschreibung / Zweck:

Bei allen Teilen, wo Vorratswirtschaft [J] und verbrauchsgesteuerte Disposition hinterlegt ist, muss ein Mindestbestand hinterlegt werden. Diese Zahl reagiert auf die Bestandszahlen im körperlichen Bestand.
Eine Unterschreitung löst, wie der Meldebestand, einen Bestellvorschlag aus.
Sofern ein Höchstbestand geführt wird (max. Reichweite), darf Bestellmenge + körperlicher Bestand im Zeitraster diese Zahl nicht überschreiten

Bemerkung / Nutzenpotential:

Für die Pflege des Mindestbestandes gilt 1:1 das Gleiche, wie beim Meldebestand Pkt. [11]. Die Ermittlung wird nach der Formel

Ø-Verbrauch in der WBZ + 1 S
(bei großer Streuung + 2 S)

berechnet.
Der Max.-Bestand wird je nach Höhe der WBZ / des Teilewertes in € in Form einer maximalen Reichweite festgelegt

Pflege-zyklus: 1 x grundsätzlich, bzw. permanent, spätestens alle 6 - 8 Wochen

Änderungsstand: 11 / YY

Datum letzte Änderung: 21.11. / ZZ

Stammdatenfeld	Beschreibung / Zweck	Bemerkung / Nutzenpotential	Pflege-zyklus	Änderungs-stand	Datum letzte Änderung
Dispo-System **12**	Bei allen Artikeln, wo Vorratswirtschaft ☐J☐ und bedarfsgesteuerte Dispo eingestellt ist, muss System für A- + B-Teile auf Disponieren nach Reichweiten eingestellt sein. Für C-Teile (sofern nicht über z.B. KANBAN gesteuert), kann auch Bestellpunkt- (Meldebestand-)-System eingerichtet werden. <u>Wichtig:</u> Das System muss so eingestellt sein, dass innerhalb der aktuellen Wiederbeschaffungszeit im verfügbaren Bestand nicht ins Minus reserviert werden kann. Es muss eine Warnmeldung aufscheinen, wenn ins Minus gerechnet wird (KLÄRUNG NOTWENDIG). Ansonsten werden bereits verkaufte (terminlich zugesagte Artikel) für andere Aufträge weggestohlen	Bei Disponieren nach Reichweiten, gibt es keinen separaten Regelkreis „körperlicher Bestand". System rastet die Bestände nach dem terminlichen Zeitraster ab. Bei Fertigware und Ersatzteilen mit kürzester Soll-Lieferzeit (Artikel lagerfähig), muss System auf Vergangenheitswerte $\overline{X}$ + 1 S oder 2 S eingestellt sein (je nach Streuung). Bei allen anderen Artikeln auf Reichweitenberechnung in die Zukunft, ohne Si-Bestand. (In Einzelfällen kann ein geringer Si-Bestand hinterlegt werden, z.B. für eine Woche.)	1 x grundsätzlich, bzw. bei Umstellung der Dispo-Art	11 / YY	21.11. / ZZ
Wiederbeschaffungs-zeit für Kaufteile **13**	Muss vom Einkauf alle 6 - 8 Wochen für A- und B-Teile gepflegt werden. Für C-Teile alle 4 - 6 Monate. Die WBZ fließt 1:1 in die Berechnung der Meldebestände / Mindestbestände ein und hat somit hohe Bedeutung. Daher möglichst über Einzelvertrag-Regelung 1 x jährlich mit Lieferant festlegen	Nicht gepflegte WBZ haben gravierende negative Auswirkungen, erzeugen Fehlleistungen, zu hohe Bestände / Fehlteile, Mehrkosten etc.	je nach Teileart alle 6 - 8 Wochen, bzw. 4 - 6 Monate	11 / YY	21.11. / ZZ
Wiederbeschaffungszeit für Fertigungsteile **14** (Übergangsmatrix zur Ermittlung der Wiederbeschaffungszeiten für Fertigungsteile im ERP-System)	*(siehe Tabellen unten)*	Das ERP-System ermittelt auf Basis hinterlegter Arbeitspläne / Kapazitäten, sowie einer Übergangsmatrix die Durchlaufzeiten für die Startterminierung automatisch. Formel: (te x m) + tr + Liegezeit über alle Arbeitsgänge. Ergibt die DLZ in Tagen. <u>Hinweis:</u> Je größer die hinterlegten Liegezeiten, je früher der Starttermin, je mehr Aufträge gleichzeitig in der Fertigung. Je früher muss Material beschafft, die Zeichnung fertig sein. Ziel muss also sein: Kleine Liegezeiten in den Stammdaten hinterlegen - Idealerweise 0 - Warteschlangenprobleme / Bestände / das Umlaufkapital / die Flexibilität aller wird wesentlich optimiert, da später eingesteuert, sich weniger Aufträge gleichzeitig in der Fertigung befinden. Abkühl- oder Trockenzeiten sind Prozesszeiten, keine Liegezeiten	Übergangs-matrix permanent auf kleinere Liegezeiten ausrichten, alle 3 Monate alte Werte um ca. 10 - 20 % minimieren. Solange bis Schmerz-grenze in der Produktion erreicht	11 / YY	21.11. / ZZ

Nach Tabelle, wenn System nicht automatisch rechnet

Vorschlag (A)		An-zahl Ar-beits-gänge	Grundsätz-lich für Bereitstel-lung und einlagern	Fertigungs-zeit ≤ 1 AT	Fertigungs-zeit ≥ 1 AT über alle Arbeits-gänge	Zuschlag für Harten / Galv. außer Haus	Zuschlag wenn über Eng-pass-anlage
	1	1 AT	1 AT	+ 1 AT			
	2	1 AT	2 AT	+ 1 AT			
	3	1 AT	3 AT	+ 2 AT			
Bei Neuteilen für Programmierung etc: + 3 AT	4	1 AT	4 AT	+ 2 AT	+ 3 AT	+ 2 AT	
	5	1 AT	5 AT	+ 3 AT			
	6	1 AT	6 AT	+ 3 AT			
	7	1 AT	7 AT	+ 4 AT			
	8	1 AT	7 AT	+ 4 AT			
	9	1 AT	8 AT	+ 5 AT			
	10	1 AT	8 AT	+ 5 AT			

Wenn System die DLZ automatisch errechnet, z.B. für Losgröße 1 - 15 Stück

Vorschlag (B)	von Ko-Stelle auf Ko-Stelle	A	B	C	D Engpass	Plus Bereit-stellung	Plus Einla-gern
Bei Neuteile für Programmierung etc. + 3 AT	A	-	0,5AT	0,5AT	+ 2 AT	0,5AT	0,5AT
	B	0,5AT	-	0,5AT	+ 2 AT	0,5AT	0,5AT
	C	0,5AT	0,5AT	-	+ 2 AT	0,5AT	0,5AT
	usw	Plus Zuschlag für Harten / Galvanik, außer Haus siehe oben					

Bei Ziel: Reduzierung der Durchlaufzeiten z.B. ab Losgröße ≥ 15 Stück

Vorschlag (C)					Bereit-stellen	Einla-gern
Bei Neuteile für Programmierung etc. + 3 AT	Alle Liegezeiten in der Übergangsmatrix auf Null setzten und nur je 0,5 AT für Einlagern - Auslagern / Bereitstellen einsetzen Plus Zuschlag für Harten / Galvanik außer Haus, siehe oben (Es kann überlappt gefertigt werden)				0,5 AT	0,5 AT

Oder die Liegezeiten müssen in die Maschinen- / Arbeitsplatz-Stammdaten eingepflegt werden, z. B.:

Anlage	Liegezeit vor	Liegezeit nach
431	1,0 AT	1,5 AT

133

Stammdatenfeld	Beschreibung / Zweck	Bemerkung / Nutzenpotential	Pflege-zyklus	Änderungsstand	Datum letzte Änderung
Bestellmenge **15** für Kaufteile + Rohmaterialien / Vorratsteile	Muss Einkauf festlegen (Reichweitenvorgabe beachten) - möglichst Konsi- / SCM- / KANBAN - Lager einrichten - oder Abrufaufträge mit punktgenauen Abrufen einrichten (Lieferant disponiert für uns) - Bestellmenge darf, je nach Teileart, eine Reichweite von 1 - 6 Monaten nicht überschreiten. Bei Ausnahmen anderes weiter zurücksetzen Beispiel für Bestellmengenvorgabe Kleinstmengen + C-Teile — eine Reichweite von 6 Monaten nicht überschreiten Mittleren Mengen + B-Teile — hier 3 Monate nicht überschreiten Großen Stückzahlen + A-Teile — hier 1 Monat nicht überschreiten	Eine Reichweitenvorgabe für die Bestellmenge (= körperlicher Bestand xx + Bestellmenge yy) darf eine Reichweite von X Wochen / Monate nicht überschreiten. Ist die Voraussetzung für das Erreichen einer hohen Umschlagshäufigkeit (Drehzahl). Mindestlosgrößen oder das Errechnen von wirtschaftlichen Losgrößen[1] nach Formeln, ist nicht zielführen. Erzeugen im Regelfall große Lose, eine geringe Umschlagshäufigkeit und bei Fertigungsteilen wird die Fertigung verstopft (schlechte Flexibilität) [1] für C-Teile eventuell in Einzelfällen anwendbar	Bestell-mengen / Losgrößen permanent minimieren. Taktzahl Abrufe erhöhen, Umschlagshäufigkeit jedes Jahr um die Zahl 1 erhöhen (Rüstkosten / Preise beachten)	11 / YY	21.11. / ZZ
Bestellmenge **16** für Fertigungsteile + Vorratsteile	Losgröße: im 1. Schritt: Feste Bestellmenge bei Kleinstmengen — Losgröße 1:1 wie heute, aber Begrenzer, max. 6 Monate bei mittleren Mengen je nach Rüstzeit — Losgröße wie heute, aber begrenzt auf max. 3 Monate bei großen Mengen je nach Rüstzeit — Losgröße wie heute, aber begrenzt auf max. 2 Monate 2. Schritt große und mittlere Mengen Schritt für Schritt minimieren auf z.B. 1. Monat			11 / YY	21.11. / ZZ
Bestellmenge bei **17** nicht Vorratsteilen	Rein „auftragsbezogen" (hier muss ins „Minus" reserviert werden)	Bei Überschuss Teile dem Kunden schenken oder sofort verschrotten, nicht an Lager legen. Steuerliches Auswirkungen beachten	Nur bei Änderung der Teileart	11 / YY	21.11. / YY
Verkettungsnummer **18**	Bei allen Teilen die über Engpassmaschinen laufen, eine Verkettungsnummer eingeben (muss AV mit Meister festlegen)	Ziele: Sowohl beim Disponieren, als auch bei Erstellung des Produktionsplanes dem Betriebs Teilrüsten ermöglichen	Alle 4 - 6 Monate	11 / YY	21.11. / ZZ
Buchungsschlüssel **19**	Buchungsart-Schlüssel eingeben - Retrograd (möglichst bei Abarbeitung 1. Arbeitsgang) - Einzelbuchung - über Auftrag = ges. Stückliste	Zeitnahes Buchen ist wichtig. Möglichst über retrogrades Buchen und Umbuchen von Lager L1 auf L2 usw., Bestandsführung einrichten. Bestände in Lager 1 = Zentrallager stimmen dann genau. Für die Nachschubautomatik wichtig	1 x grundsätzlich bei Neuanlage, bzw. bei Systemumstellung	11 / YY	21.11. / ZZ
Kapazitätsgruppen-schlüssel, **20** technologieorientiert	Technologieorientiert ausgerichtet 	Eine mit der Fertigung abgesprochene, relativ grobe Kapazitätswirtschaft, die auch die Kalkulationsgesichtspunkte (z.B. Maschinenstundensatzrechnung) berücksichtigt, ist anzustreben. Eine zu feine Gliederung erzeugt in der Praxis zu viel Planungsaufwand und stimmt letztlich doch nicht im Detail, da z.B. keine Verfügbarkeit von Werkzeugen / Vorrichtungen abgefragt wird. Auch sind Aufträge eingeplant, wo keine Materialverfügbarkeit vorhanden ist. Wird pünktlich geliefert? Wie stimmt die Zeitwirtschaft? Was ist bei wechselnden Engpässen „Mensch → Maschine"?	1 x grundsätzlich + bei Schichtanpassungen, bei Erweiterung, bzw. Personalumbesetzungen / Verkauf von Anlagen	9 / XX	20.08. / FF

Stammdatenfeld	Beschreibung / Zweck	Bemerkung / Nutzenpotential	Pflege-zyklus	Änderungs-stand	Datum letzte Änderung
Engpassplanung flussorientierter Kapazitäts-gruppenschlüssel `21`	Kapazitätsgruppen nach Warengruppen / Fertigungslinien prozessorientiert eingerichtet	Eine prozessorientiert einge-richtete Kapazitätswirtschaft vereinfacht alles:			

Kapazitätsgruppe prozessorientiert nach Warengruppen und Teilearten

Nr.	Bezeichnung	Kapazität in Anzahl Personen	Kapazität in Anzahl Maschinen / Anlagen	Möglicher Engpass im Team
1125	WZB / Draht- und Flachform-federn, Federspielgeräte	12 Pers.	20 Masch.	Personal
1126	Schraubenfedern Industrie < 12 mm Ø (incl. KFF), Förder-spiralen	14 Pers.	20 Masch.	Personal
1127	Schraubenfedern Industrie > 12 mm Ø kaltgeformt	10 Pers.	16 Masch.	Personal
1199	Warmverformung (n. d. Form-gebung vergütet)	8 Pers.	10 Anlagen	Anlagen
2125	Schraubenfedern Fahrwerk	15 Pers.	25 Plätze	Personal

		a) die Arbeitsplanerstellung kann vereinfacht werden		9 / XX	20.08. / FF
		b) Die Kapazitätsplanung rich-tet sich nur noch nach dem Engpass			
		c) Umterminieren wird verein-facht etc.			
Festlegen der verfügbaren Kapazitäten (A) `22`	Nach technischen Gesichtspunkten für Pkt. `20`	ist daher zu empfehlen. Wichtig ist, egal wie verfahren wird, dass die im System hin-terlegten, verfügbaren Kapazi-täten permanent je Woche / Tag gepflegt werden, wenn z.B. von 1-Schicht auf 2-Schicht umgestellt wird.		9 / XX	20.08. / FF

CNC-Drehautomat XY	Nr. 107	Weitere Einteilung nach Betriebskalender / Feiertage / Urlaub etc.; sowie Schichtmodelle
Anzahl Anlagen	3	
Anzahl Schichten	2	System aber so einstellen, dass Kapazitätsgrenze angezeigt, aber mindestens jeweils um eine Schicht überbucht werden kann
Anzahl Std. / Schicht	8	
Kapazitätsminderungsfaktor	0.7	
= verfügbare Kapazität	34 Std	

| **Festlegen der Personalverfügbarkeit je Kapazitätsgruppe** `23` | Nach Personalkapazität oder Engpassanlage(n) für Pkt. `21` | Oder die Kapazitätsgrenzen werden geöffnet. Ziel: Sichtbar machen der Flexibilisierungsmaßnahmen vor Ort die Aufträge termintreu abarbeiten | | 9 / XX | 20.08. / FF |

Systemabgleich technische Kapazität zu verfügbarer Personalkapazität / Zeiteinheit

Maschinengruppe	Techn. Kapazität	Personal-Kapazität
1.01 - 1.08	340 Std	max. 280 Std

etc.

Pflegezyklus-Spalte: 1 x grundsätzlich permanent bei Schichtveränderung / Personal- / Anlagenveränderung und 1 x jährlich wegen Betriebskalender

Jeweils aufgeteilt nach Warengruppenverantwortlichen = Disponent

Name	Zugeordnete Warengruppe (über alle Stücklisten-ebenen)	Wiederbeschaffungszeit	Meldebestand	Bestellmenge	Mindestbestand / Meldebestand	Si-Bestand / Servicegrad	Dispo-Verfahren	A/B/C - X/Y/Z-Kennung	Verkettungsnummer	Kauf- / Fertigungsteil	Reichweitenvorgabe	Kennzahlen Drehzahl / Termintreue / Anzahl Fehlteile / Mo.
		Zugeordnete Verantwortung										
• **Herr XY** • Budgetobergrenze für Einkaufsteile max. 30 % vom Umsatz des Vormonates	Kleinbehälter Typ XX	X	X	X	X	X	X	X	X	X	X	X
	Armaturen Typ XY bis NW 60	X	X	X	X	X	X	X	X	X	X	X
• zu betreuende Artikel-Nr. 2600	Zubehör Typ XX	X	X	X	X	X	X	X	X	X	X	X
• zu betreuende Liefe-ranten: 40	usw.	X	X	X	X	X	X	X	X	X	X	X
• Ø zu bearbeitende Bestellvorschläge pro Tag ca. 150	⬇	X	X	X	X	X	X	X	X	X	X	X
		X	X	X	X	X	X	X	X	X	X	X
• Drehzahlvorgabe 8 x		X	X	X	X	X	X	X	X	X	X	X
• **Frau XY** • Budgetobergrenze für Einkaufsteile max. 40 % vom Umsatz des Vormonates	Großbehälter Typ ZZ	X	X	X	X	X	X	X	X	X	X	X
	Armaturen Typ RT ab NW 85	X	X	X	X	X	X	X	X	X	X	X
• zu betreuende Artikel-Nr. 2100	Zubehör Typ ZZ	X	X	X	X	X	X	X	X	X	X	X
• zu betreuende Liefe-ranten: 50	usw.	X	X	X	X	X	X	X	X	X	X	X
• Ø zu bearbeitende Bestellvorschläge pro Tag ca. 165	⬇	X	X	X	X	X	X	X	X	X	X	X
		X	X	X	X	X	X	X	X	X	X	X
• Drehzahlvorgabe 6 x		X	X	X	X	X	X	X	X	X	X	X

Geführt mittels folgenden Kennzahlen:

Drehzahl = Verbrauch der letzten 12 Monate : Bestand am Stichtag = ☐

$$\text{Termintreue} = \frac{\text{Termintreue Aufträge geliefert je Zeiteinheit lt. Auftragsbestätigung}}{\text{Insgesamt gelieferte Aufträge je Zeiteinheit}} \times 100 = \_\_\_\_ \%$$

$$\text{Servicegrad} = \frac{\text{Termintreue Aufträge geliefert je Zeiteinheit lt. Kundenwunschtermin}}{\text{Insgesamt gelieferte Aufträge je Zeiteinheit}} \times 100 = \_\_\_\_$$

Anzahl
Fehlteile
je Stichtag

7.1 Zusammenfassung der Teile-Stammdaten nach Teileart A- / B- / C- und X- / Y- / Z- / ZZ-Regelungen zu einer Dispo-Vorgabe / Richtlinie

Aus den beschriebenen Kriterien ergibt sich somit für alle an Disposition, Beschaffung und Lagerhaltung folgende Dispo-Richtlinie nach Teileart, die eine Sicherstellung der Materialverfügbarkeit auf niederster Bestandshöhe, bei gleichzeitiger hoher Flexibilität und Lieferfähigkeit zum Kunde gewährleistet. (Pflege der Stammdaten, siehe Anlage)

Bild 7.1: *Festlegung der Dispositionsregeln / Stammdaten und Zusatz Dispo-Kennzeichen*

Wertigkeit	Wiederholteil / -material ① (X)		② (Y)	③ (Z)	④ (ZZ)
	Abrufaufträge möglich	Abrufaufträge <u>nicht</u> möglich	Sonderteil für 1 Kunde oder nur für 1 Artikel	Reines Sonderteil	Ersatz- teil
	Plangesteuerte Dispo / echte Aufträge dagegenf.		Gemäß Liefereinteilung	Rein auftrags- bezogen	Verbrauchs- gesteuert
A	Menge lt. Abstimmung mit Vertrieb Monat ⟶ [1] [2] [3] [4] wöchentliche Abstimmung mit echtem Bedarf (atmen) <u>Mindestbestand:</u> max. 5 AT	Feste Bestellmenge (maximal für Reichweite z.B. 1 Monat) <u>Mindestbestand:</u> Mit Servicegrad 96 %	In Abstim- mung mit Vertrieb festzulegen Reichweite maximal 1 - 2 Monate	Reine Auf- tragsmenge + ____ % für Aus- schussanteil	Lt. vorgegebener Drehzahl und zugesagter Lieferzeit in Stunden oder Tage abhängig (was ist gewollt)
B	**Bedarfsgesteuerte Disposition**				
	Bedarf für maximal 2 Monate Reichweite $\frac{Bestellm.+Best.}{\varnothing\text{-Verbr./Mo.}}$ = —— <u>Mindestbestand:</u> Max. 10 AT	Feste Bestellmenge (maximal für Reichweite z.B. 2 Monate) <u>Mindestbestand:</u> Mit Servicegrad 98 %			
C	**Verbrauchsgesteuerte Disposition**				Mindest- bestand mit Ser- vicegrad je nach Funkti- onserfül- lung 95 - 99,9 %
	Nach wirtschaftl. Losgröße: $\sqrt{\dfrac{200 \times m \times EK}{P \times HK}}$ <u>Mindestbestand:</u> max. 100 % des Verbrau- ches während der WBZ	Feste Bestellmenge (maximal für Reichweite z.B. 5-6 Monate) <u>Mindestbestand:</u> Mit Servicegrad 99,9 %	<u>Mindest- bestand:</u> 0	<u>Mindest- bestand:</u> 0	
D	**KANBAN-TEILE** [KANBAN-Menge]		KANBAN nur sinnvoll, wenn Teil ohne Index-Änderung länger als ein Jahr in Verwendung und öfter als 6 bis 8 mal pro Jahr benötigt wird	KANBAN <u>nicht</u> anwendbar	KANBAN eventuell anwendbar
E	**Supply-Chain- / C-Teile-Management** **Automatische Nachschubautomatik** Es gibt keine Bestellmenge, da Lieferant automatisch (wöchentlich / täglich) gemäß echtem Verbrauch (von sich aus) auffüllt / nachliefert				

Woraus sich folgende Zielvorgaben in der Nachschubautomatik ergeben:

Artikelklassifizierung		Schwankungsbreite der Verbräuche		
		Gering	Mittel	Groß
		X-Teile	Y-Teile	Z-Teile (S)
Servicegrad		Hoch	Mittel	Gering
Geringe Mengen / Hoher Anliefer-Takt	**A**-Teile Hohe Preise / Lange WBZ	**U**-Teile Großvolumige Teile	Konsi-Lager[1] KANBAN- / SCM-Abrufaufträge	Konsi-Lager[1] Abrufaufträge Einzelbestellungen	Auftragsbezogen
	B-Teile Mittlere Preise / Mittlere WBZ	**V**-Teile mittelgroße Teile	KANBAN / SCM-Dispo nach Reichweiten	Dispo nach Reichweiten Einzelbestellungen	Auftragsbezogen
Größere Mengen / Geringer Anliefer-Takt	**C**-Teile Niedere Preise Kurze WBZ	**W**-Teile kleinvolumige Teile	C-Teile-Management, bzw. Dispo nach Meldebestand, hoher Si-Bestand	C-Teile-Management, bzw. Dispo nach Meldebestand, hoher Si-Bestand	Auftragsbezogen, bzw. KIT-Lösung

[1] bei großen Verbrauchsmengen JIT oder in Fertigungsfrequenz anliefern

Schwankungsbreite $(S : \overline{X} = \text{Varianz})$	Ergibt Teileart	Bemerkung	Höhe des Si-Bestandes
≤ 0,33	X	Regelmäßiger Bedarf	Höher ▲
≤ 0,66	Y	Schwankender Bedarf	
≤ 1,00	Z	Sporadischer Bedarf	▼ Niederer
Sonderteil, weiterer Bedarf nicht absehbar	S	Einmalig	Null auftragsbezogene Beschaffung
Alles unter Beachtung saisonaler Schwankungen und Trends. Dann gleiche Zeitfenster zur Berechnung heranziehen.			

Praxis-Tipp

Viele Dispositions- und Beschaffungswerkzeuge sind seit vielen Jahren bekannt, werden aber nicht konsequent genutzt.

Der Erfolg liegt also in der konsequenten Umsetzung obiger Zielsetzungen.

Es muss also in der Zukunft möglichst viele Konsi- / KANBAN-Teile geben, bzw. Abrufaufträge mit punktgenauen Abrufen oder SCM-Lieferungen.

8.   Beschaffungslogistik – Einkauf

8.1   Aufgaben, Ziele des Einkaufs in einer bestandsminimierten Material- und Lagerwirtschaft

Wenn Ihre Kunden auch die Bestände senken, dann bestellen Sie bei Ihnen später, kleinere Mengen und unregelmäßiger. Die Bedarfsschwankungen werden größer. Auch Planmengen Ihrer Kunden sind immer weniger glaubhaft. Größere Abweichungen ± zwischen Planmenge und *„was wird tatsächlich abgenommen"*, bzw. was muss das Unternehmen kurzfristig produzieren / liefern, werden die Regel.

Die Beschaffungslogistik, der Einkauf hat somit die Aufgabe, eine wirksame Harmonisierung der Beschaffung lieferantenseitig zu den internen Bedarfsempfängen, kosten- und terminorientiert, zu realisieren. Um diese Herausforderung *„maximale Verfügbarkeit bei minimalen Kosten"* zu bewältigen, wird der Einkauf aufgeteilt in einen

> ➤   operativen Einkauf, das eigentliche Disponieren und Beschaffen (siehe Abschnitt „Der Disponent wird Beschaffer")

und

> ➤   strategischen Einkauf (neue Lieferanten, Beschaffungs- / Lieferstrategien, Preisverhandlungen, Neuteile beschaffen etc.)

Die Qualität der Beschaffungslogistik entscheidet wesentlich über Bestands-, Lager-, Prozess-, Fehlleistungskosten und Lieferfähigkeit.

Bild 8.1:   *Prozentuale Verteilung der*   UND   *Gewinnbringende, strategische*
Tätigkeiten im Einkauf,   *Einkaufsarbeit und zeitraubende,*
heute bzw. zukünftig   *operative Routinearbeiten*

HEUTE	ZUKÜNFTIG	Gewinnbringende, strategische Einkaufsarbeit	Zeitraubende, operative Routinetätigkeiten
	Routine-arbeiten 20 % - 30 %	● Lieferanten bewerten	Bestellwesen / Beschaffen
		● Hauptlieferanten auswählen	Auftragsbestätigungen verwalten
Routine-arbeiten 70 % - 80 %		● Einkaufsverhandlungen führen	Rechnungsprüfung / kontieren
		● Neuteile beschaffen	
		● globale Einkaufs-möglichkeiten prüfen	Schreibarbeiten Stammdatenpflege
	Strategische Arbeiten 70 % - 80 %		Terminreklamationen bearbeiten
		● Abbau von Ge-schäftsvorgängen in Einkauf, Beschaffen, Wareneingang, Lager, also unbürokratisches Verhalten / Liefern erreichen	QL - Reklamationen bearbeiten
Strategische Arbeiten 20 % - 30 %			

Somit besteht die Hauptaufgabe der Beschaffungslogistik in:

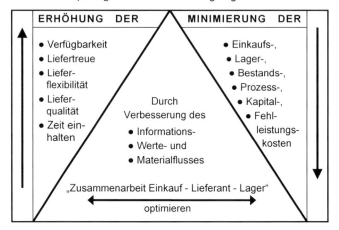

Was sich in folgenden Einkaufszielen / Arbeitsvorgaben niederschlägt:

- Beschaffungsmarktforschung
- Versorgungssicherheit sicherstellen / Risikomanagement
- die Anzahl Lieferanten jährlich zu reduzieren / Liefertreue erhöhen
- die Anzahl Einzelbestellungen zu reduzieren / Anzahl Abrufe erhöhen
- die Anzahl Lieferanten, die für uns Vorräte halten / die selbst abladen, jährlich zu erhöhen
- das KANBAN-System jährlich auszuweiten / Bestandsreduzierung
- Lieferanten, bei denen wir nur C- oder D-Kunde sind, völlig auszuscheiden (optimale QL und Termintreue ist ausschlaggebend)
- einen jährlichen Einkaufserfolg von X € zu erzielen (Einkaufserfolg zu theoretischem Warenkorb)
- Gemeinkosten / Logistikkosten / -prozesse permanent zu reduzieren
- Komponenten / Liefersets = fiktive Baugruppen einzukaufen (Systemlösungen)
- Kosten pro Bestellung / pro Lieferant zu reduzieren
- Kosten pro Wareneingang zu reduzieren
- Senken der durchschnittlichen Lieferzeit
- Senken der durchschnittlichen Anzahl Reklamationen / Rücklieferungen

Und, was häufig nicht bedacht wird:

- **Der Einkauf ist nicht nur für den Preis und die entstehenden Lagerkosten verantwortlich, sondern auch für alle weiter entstehenden Kosten, bis die Ware im Lager eingelagert, zugebucht, bezahlt[1] und bis die Ware am Arbeitsplatz bereitgestellt ist.**

[1] z. B. Sammelrechnungen nach Kostenrechnungsgesichtspunkten gegliedert

Was in folgenden Einkaufs- / Beschaffungsgrundsätzen mündet:

1.) Die Kosten für die Beschaffung / Handling / Prüfaufwand / Lagerkosten müssen permanent gesenkt werden, z. B. mittels Liefer- und Verpackungsvorschriften, Komponenten / Liefersets / KANBAN- / SCM-Systemen etc.

2.) Bestellungen unter einem Auftragswert von € 250,-- sind zu vermeiden

3.) Die Entwicklung des Einkaufs- / Liefervolumens (Obligo) wird ständig überwacht, darf z. B. pro Woche <u>30 %</u>[1] vom Umsatz des Vormonats nicht überschreiten. Teurere Artikel / Komponenten in Absprache mit Fertigungssteuerung verschieben, wenn erst später benötigt, weil ...

4.) Preiserhöhungen, Liefereinschränkungen, z. B. bezüglich Verpackungsvorschriften, sind mit allen Mitteln zu verhindern / Darstellung des jährlichen Einkaufserfolges

5.) Permanente Lieferantenbewertung und Bestimmung *„Wer ist Hauptlieferant"*

6.) Für jeden Hauptlieferanten muss für Risikoteile mindestens ein zweiter Unterlieferant vorhanden sein, der gezielt Aufträge erhält

7.) Ständig nach weiteren leistungsstarken Lieferanten suchen, insbesondere bei Monopolisten

8.) Bei Lieferreklamationen, Ware für A-Kunde oder hohen Deckungsbeiträgen, bzw. kurzen Reichweiten mit höchster Priorität behandeln

9.) Mittels Lieferantenanforderungsprofil Erkenntnisse / Konsequenzen ziehen, z. B. bei 5 AT Lieferverzug entspricht dies einer Preisminderung von - 10 % o. ä.

10.) Einrichten eines Supply-Chain-Managementsystems in der Warenwirtschaft, durch die Bereitstellung von ONLINE-Bestandsplattformen durch die Lieferanten

U N D

11.) Durch permanentes *LIEFERANTENMANAGEMENT* eine permanente Verbesserung von Qualität, Service in Produktion, Technik und Belieferung zu erreichen

---

[1] %-Zahl hängt von %-Anteil Wareneinkauf zu Umsatz ab

Nutzen des E-Business

Partnerschaftliche Zusammenarbeit mit den Lieferanten

Bestände können gesenkt, die Lieferzeiten verkürzt werden durch partnerschaftliche Zusammenarbeit mit unseren Lieferanten.

1. Abschluss von Rahmenverträgen, Abstimmung der Rationalisierung und Qualitätsverbesserung und ein flexibles Abrufsystem ermöglichen geringe Materialbestände und kürzere Lieferzeiten.

2. In welchem Rahmen kann der Lieferant die Lagerhaltung für uns übernehmen? U. a. Konsignationslager (Ware liegt beim Kunden, wird erst bei Entnahme bezahlt, bzw. Erstausrüstung gehört Lieferant, nur Nachschub wird bezahlt)

3. In welchem Rahmen bindet sich der Lieferant in die KANBAN-Kreisläufe ein, bzw. liefert im Rahmen eines Regalserviceverfahrens? (QL-Kontrolle entfällt, Nullfehler-Qualität gefordert)

4. Um dies zu gewährleisten, sollten folgende Fragen beantwortet werden:

   ⇨ Wählen wir unsere Lieferanten richtig aus?

   ⇨ Beziehen wir die Lieferanten genug in die Verantwortung ein?

   ⇨ Bekommt der Lieferant alle Informationen, die er benötigt (Technik, Mengen, Termine, Bedarfsvorschau)?

   ⇨ Fordern wir den Lieferanten genügend in Bezug auf Lieferzeiten, Liefertreue, Qualität?

In Verbindung mit den zuvor genannten Thesen können die betrieblichen Bestände von Bezugsteilen / Materialien auf ein Minimum gesenkt werden.

In der Verwirklichung dieser Fragen / Ziele liegt somit eine der Hauptaufgaben des Einkaufes bzw. der Disposition in Bezug auf Bestandssenkung.

UND

5. Nutzen wir die Möglichkeiten unserer installierten ERP- / PPS-Systeme / der neuen IT-Techniken in Form absolut kundenorientiert ausgerichteter Logistik-Netzwerke über die gesamte Wertschöpfungskette, von Lieferant über Fertigung bis zum Kunde, genügend aus?

   Denn E-Business ist mehr, als nur über das Internet einzukaufen. Mit diesem Gedankengut können Geschäftsabläufe effizienter gestaltet, Produktionsprozesse optimiert und Bestände wesentlich reduziert werden.

   Stichworte:

   → Lieferant ↔ Kunde können sich gegenseitig ins Lager, in die Bestände sehen, Internet-Plattform

   → Eine prozessarme Nachschubautomatik von Lager zu Lager ist eingerichtet, in Form von KANBAN-Regelkreisen

   → der Lieferant disponiert für uns / Supply-Chain-Vereinbarung

6. Die Zusammenarbeit auf der Basis eines Lieferanten-Anforderungsprofils hilft ebenfalls.

8.2 Qualität einkaufen / Lieferanten-Anforderungsprofil

Zusätzlich sollte mit jedem Lieferanten ein so genanntes Lieferanten-Anforderungsprofil erstellt werden, in dem die Erwartungen und Ziele der Partnerschaft festgehalten sind.

Grund: Kurze Lieferzeiten können, in Verbindung mit niederen Beständen, nur erreicht werden, wenn es gelingt, unsere Lieferanten in die gesamte Logistik und Produktionskette mittels Bauhaus- und KANBAN-Systeme einzugliedern (Lieferanten halten für uns Vorräte) und wir haben über IT Zugriff auf die Bestands-, Bedarfs- und Auftragsfortschrittsdaten der Lieferanten, bzw. der Lieferant auf unsere Bedarfsübersichten.

Beispielhafte Aufzählung:

Was erwarten wir von unseren Lieferanten bezüglich Preis, Menge, Qualität, Termin, Liefertreue und Art der Anlieferung

➢ Nullfehler-Lieferungen in Menge / QL / Kennzeichnung / Verpackung, damit Freipässe erteilt werden können

➢ schnelle Auftragsabwicklung / pünktliche Lieferung

➢ wettbewerbsfähige Preise und Konditionen

➢ Bereitschaft zur Vorratshaltung / KANBAN / SCM-Belieferung

➢ gute Beratung / umfangreiche Serviceleistungen

➢ unbürokratisches Verhalten auch bei Störungen im Lieferfluss / Helfer in der Not

➢ verständliche und zuverlässige Informationen

➢ pünktliche und vollständige Angebote

➢ kaufmännisch korrektes Verhalten

➢ Offenlegung der Kalkulationen / der Kalkulationssätze

➢ Lieferantenverbund

Mit den Hinweisen bezüglich:

Ihre Leistungen werden regelmäßig von uns bewertet. Die Ergebnisse werden Ihnen zugänglich gemacht. Ebenso die Preise von Wettbewerbern, damit Sie die Möglichkeiten haben, Ihre Preise zu überprüfen.

Wir möchten eine zukunfts-, markt- und partnerschaftlich ausgerichtete Zusammenarbeit mit unseren Lieferanten pflegen, die sich an dem Ziel **Zufriedenheit unserer Kunden** ausrichtet. In diesem Sinne sind wir für jede Anregung, sowie für Verbesserungsvorschläge Ihrerseits dankbar, denn unsere Kunden fordern immer kürzere Lieferzeiten, egal für welche Produkte auch immer. Diese Anforderungen können wir nur mit Ihnen zusammen erreichen.

Nutzwertanalyse als Hilfsmittel zur letztendlichen Auswahl eines Lieferanten

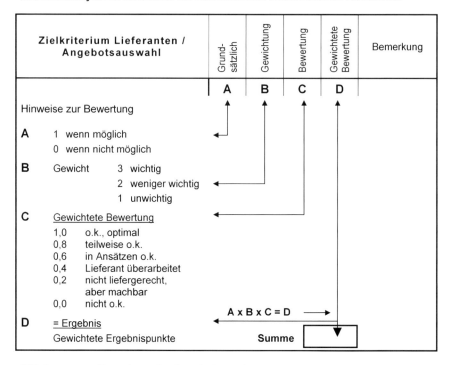

Zielkriterium Lieferanten / Angebotsauswahl	Grundsätzlich	Gewichtung	Bewertung	Gewichtete Bewertung	Bemerkung
	A	**B**	**C**	**D**	

Hinweise zur Bewertung

A 1 wenn möglich
0 wenn nicht möglich

B Gewicht 3 wichtig
2 weniger wichtig
1 unwichtig

C Gewichtete Bewertung
1,0 o.k., optimal
0,8 teilweise o.k.
0,6 in Ansätzen o.k.
0,4 Lieferant überarbeitet
0,2 nicht liefergerecht, aber machbar
0,0 nicht o.k.

$A \times B \times C = D$

D = Ergebnis
Gewichtete Ergebnispunkte   **Summe**

Hilfsfragen zur Bewertung der Angebote nach
 • Technischem Teil   • Techn. Know-how
 • Kommerziellem Teil   • Versorgungssicherheit

	Lieferant / Angebot		
	1	2	3
Sicherstellung Qualität / Reaktionszeit bei n.i.O-Lieferung			
Lieferzeit in Tagen / Flexibilität			
Preise / Konditionen, Preisreduktionsmöglichkeit p.a.			
Sicherstellung Lieferung / Liefertreue, wir sind A-B-C-D-Kunde			
Bereitschaft zur Vorratshaltung, KANBAN / SCM-System			
Zusammenarbeit / Kommunikation / Produktentwicklung			
Branchen- / Logistikprozess-Erfahrung			
Ausbildungsniveau Mitarbeiter / Techn. Ausstattung / Know-how			
Verkehrsanbindung / Zoll			
Umweltqualifizierung			
Finanzkraft / Bonität			
Gesamt-Punkte			

Das Angebot / der Lieferant mit dem höchsten Nutzwert gemäß gewichteter Ergebnispunkte wird gewählt.

Rahmenvereinbarung – Mengenkontrakt

RAHMENVEREINBARUNG - MENGENKONTRAKT (MUSTER)

MIT FIRMA

- Lieferantennummer (bei uns) _____
- Sachbearbeiter _____
- Ansprechpartner _____
- Telefon-Nr. / Fax-Nr. _____ / _____
- Mail-Adresse _____
- Zugriffscode _____

EINZELKONTRAKT ÜBER

- Artikelnummer _____
- Bezeichnung _____
- Zeichnungsnummer _____

GÜLTIGKEITSZEITRAUM

- Laufzeitbeginn _____ (Datum)
- Laufzeitende _____ (Datum)

MENGENKONTRAKT INSGESAMT

- ca. Bedarf pro Laufzeit _____ Stück
- Abrufmenge _____ Stück
- Liefermengentoleranz / Lieferung _____ min.
- Bevorratung bei Lieferant _____ max.
- Bevorratung bei Lieferant _____ Stück
- Bestandsinfo bei _____ Stück
- Vormaterialbereitstellung _____ kg an Lager

PREIS / ZAHLUNGSBEDINGUNGEN

- Preis pro Einheit _____ €
- Zahlungsbedingungen innerhalb x Wochen _____ - 2 %
- Zahlungsbedingungen innerhalb y Wochen _____ netto ohne Abzug
- Kosten bei verspäteter Lieferung bis 5 Tage _____ - 5 % Abzug
- Kosten bei verspäteter Lieferung bis 10 Tage _____ - 10% Abzug
- Kosten bei verspäteter Lieferung über 10 Tage _____ - 20% Abzug
- Frachtkosten _____ frei Haus

LIEFERTERMINE

- Lieferzeit in Arbeitstagen _____ (Eingang bei uns)
- Lieferabruf (Pull-Signal) in AT _____ (Vor Lieferung)
- Sicherstellung der Lieferfähigkeit _____ in %

LIEFERSPEZIFIKATIONEN

- Kennzeichnung Ware / Verpackung _____
- Verpackungsvorschriften _____ mit Bild
- Reinigungsvorschrift _____ Behälter
- Rostschutzvorschrift _____
- Liefer- / Abladestelle _____ Werk / Tor

QUALITÄTSSICHERUNG - LIEFERANT

- Qualitätssicherung (Art) _____
- Toleranzen lt. Zeichnungen / Vorschrift _____
- Dokumentation der Prüfergebnisse _____
- Vormaterialabnahmebedingungen _____
- WE-Eingangskontrolle z.B.: Der Käufer beschränkt sich bei der Eingangsprüfung nur auf Identitäts- und Mengenkontrolle
- Qualitätsbeauftragter / Ansprechpartner _____

PRODUKTHAFTUNG

_____

QUALITÄTSMÄNGEL-REGELUNG

- Nachlieferung bei Qualitätsmängel in AT _____ Eingang bei uns
- Kosten bei Anzeigen von Qualitätsmängel _____ € pro Vorgang
- Nacharbeit, Bearbeitungsaufwand
  Std.-Satz _____ € x Std. lt. Stundennachweis
- Nacharbeit wird vom Lieferanten durchgeführt innerhalb _____ X _____ Stunden
- Mehrkosten / Stillstandskosten der Fertigung lt. BDE-Nachweis € / Min. _____

ABGRENZUNG

- Nebenabreden _____
- Gerichtsstand _____

8.2.2 Permanente Lieferantenbewertung = Z D F → Zahlen, Daten, Fakten

Eine permanente Lieferantenbewertung ist erforderlich, mit dem Ziel, eine korrekte Einschätzung eines Lieferanten in den Kriterien, z. B.

➢ Qualität / Preis / Lieferzeit

➢ Termintreue / Zusammenarbeit

➢ Bereitschaft zur Vorratshaltung

➢ Umweltzertifikat?

zu erhalten, damit entsprechende Maßnahmen zur Verbesserung eingeleitet und für die Zukunft Optimierungen getroffen werden können.

Firma:............................... Tel-Nr.:...................... FAX-Nr.:......................

Geschäftsverbindung seit:.......................... Ansprechpartner:..........................

Management:..........................

	KRITERIEN	Gewich-tung	Eigenbew. Lieferant	Punkte	Bewer-tung Abneh-mer	Punk-te	Ansätze für Gespräch mit Lieferant	
Q u a l i t ä t	QL-System in Fa.einger.	5						
	Produktqualität	17						
	Q-Absicherung Vormat.	1						
	Q-Sicherstellung in Produktion	5						
	Q-Prüfg.Endkontrolle	1						
	Q-Dokumentation	1						
	Zwischensumme QL	**30**						
Prei-se/ Kon-ditio-nen	Preisstabilität	10						
	Wertanalyse-Vorschläge	4						
	Zahlungskonditionen	1						
	Zwischensumme Preise - Konditionen	**15**						
Bereit-schaft zur Vor-ratshal-tung	KANBAN-/SCM-Prinzip	6						
	Einlagerung mit Sicherheitsbestand	3						
	Lagerung bei Spedition	5						
	Zwischensumme	**14**						
Liefe-run-gen / Ter-min-treue	Einhaltung Liefertermin	10						
	Einhaltung Menge	5						
	Kennzeichn. Ware und Papiere	3						
	Verpackung / Versand	2						
	Flexibilität/Helfer in Not	5						
	Zwischensumme Lief.	**25**						
Zu-sam-men-arbeit insge-samt	Anfragebearbeitung	3						
	Produktentwicklung/ Beratung	3						
	Abwicklg. Reklamationen	2						
	Lieferantenverbund	1						
	Allg. Kommunikation	1						
	Zwischensumme ZA	**10**						
Um-welt-zerti-fik.	UM - Zertifiziert	3						
	UM - Dokumentiert	2						
	UM - gibt es nicht	1						
	Zwischensumme UM	**6**						
	Gesamtsumme	**100**						

8.3 Darstellung der verschiedenen Dispositions- und Beschaffungsmodelle, bezüglich Prozesse, Flexibilität und Lieferfähigkeit

Dispo- und Beschaffungsmodelle		Informations- und Arbeitsaufwand in den Teilprozessen der Nachschubautomatik			Auswirkung auf Prozesse / Arbeitsaufwand / Flexibilität und Lieferfähigkeit
		Disponieren und Beschaffen	Wareneingang	Lager / Materialbereitstellung	
Bedarfsgesteuerte Disposition / hohe Bestände	Vorrat, Einzelbestellung	– Bestandsführung – Disposition / Mengenbestimmung – Bestellung auslösen – Auftragsbestätigung – Terminüberwachung	– Übernahme – Prüfen WE-Papiere – Mengen- / Sicht / sachliche Prüfung – WE-Buchung – Auspacken – QS-System, evtl. – Rücklieferung	– Umpacken – Einlagerung – Auslagerung – Transport zum Verbrauchsort / Bereitstellen – Vorhalt Lagerfläche	**Hoher Arbeitsaufwand / Prozesse** — **Geringer Lieferflexibilität / Termintreue**
	Abrufaufträge	– Abrufaufträge erstellen – Bestandsführung – Abruf punktgenau – Abrufpflege, rollierend	– Übernahme – Prüfen WE-Papiere – Mengen- / Sicht / sachliche Prüfung – WE-Buchung – Auspacken – QS-System, evtl. – Rücklieferung	– Umpacken? – Einlagern – Auslagern – Transport zum Verbrauchsort / Bereitstellen – Vorhalt Lagerfläche	
	Auftragsbezogen	– Bedarfsermittlung / Disposition – Terminierung – Bestellung – Auftragsbestätigung – Terminüberwachung – Bestandsführung?	– Übernahme – Prüfen WE-Papiere – Mengen- / Sicht / sachliche Prüfung – WE-Buchung – Auspacken – QS-System, evtl. – Rücklieferung	– Einlagern – Auslagern – Transport zum Verbrauchsort / Bereitstellen	
Verbrauchsgesteuerte Disposition / niedere Bestände	KANBAN-System	– Rahmenvereinbarung – Abruf per KANBAN-Karte, bzw. Strichcodeimpuls	– Entfällt, oder fallweise Stichprobe, je nach Teil	– Vorhalten Lagerfläche / Umpacken? – Entnahme- / KANBAN- / Verpackungseinheit – Transport zum Produktions- / KANBAN-Lager	**Geringer Arbeitsaufwand / Prozesse** — **Hohe Lieferflexibilität / Termintreue**
	Bauhaussystem f. Katalogware	– Rahmenvereinbarung – Voll automatisierte Anlieferung durch Lieferant	– Entfällt komplett, Lieferant auditiert	– Vorhalt Lagerfläche in der Produktion	
	SCM-System für Zeichnungsteile	– Rahmenvereinbarung – Internetplattform – Lieferant disponiert für uns	– Entfällt komplett, Lieferant auditiert / liefert selbständig nach	– minimale Lagerfläche in der Produktion	

8.4 Mit Kennzahlen die Erfolge sichtbar machen

Das Ergebnis der Aktivitäten lässt sich in Form von Kennzahlen darstellen

Kennzahl / Messgröße	Zielgröße HEUTE	Ziel für die ZUKUNFT
Kosten der Logistik-Kostenstellen in € absolut	€	↘
Prozesskosten der Beschaffungs- und Lager- / Bereitstellvorgänge / -abläufe	€ / Vorgang	↘
Bestandskosten in € absolut und in Prozent zum umgeschlagenen Warenwert	€ / %	↘
Bestandsreichweite in Arbeitstagen (Drehzahl)	Tage	↘
Liefertreue / Servicegrad	%	↗
Anzahl Fehlteile Ø / Woche	Artikelnummern	↘
Anzahl Lieferanten	Anzahl	↘
Davon SCM- / KANBAN- / Konsi-Lieferanten	Anzahl	↗
Anzahl Bestellungen Ø / Woche	Anzahl	↘
Davon Abrufaufträge Ø / Woche	Anzahl	↗
Einkaufserfolg / Preis pro Stück	∑	↘
Einkaufsvolumen in € im Verhältnis zu Umsatz des Vormonats	%	↘
Ø Kosten eines Bestellvorganges	€ / Vorgang	↘
Ø Kosten eines Wareneingangs	€ / Vorgang	↘
Ø Losgröße einer Anlieferung	Stückzahl / Artikelnummer	↘
Ø Lagerkosten einer Artikelnummer	€ / Artikel	↘
Anzahl Reklamationen Ø / Woche	Anzahl	↘
Ø Kosten einer Rücklieferung / Reklamation	€ / Vorgang	↘
Ø Anzahl Neuteile / Woche lagerfähig	Anzahl	↘

Verbesserung der Transparenz in Kosten, Leistung und Qualität, mittels aussagefähiger Kennzahlen.

8.5 Fragenkatalog zur „make or buy" - Entscheidungsfindung

		Spricht für Eigen-fertigung	Spricht für Fremd-fertigung
1	Es handelt sich um ein strategisch wichtiges Produkt / Know-how-Teil / Kerntechnik	X	
2	Es handelt sich um eine Schlüsseltechnologie	X	
3	Eine entwicklungsfähige Technologie vorliegt, bei der sich voraussichtlich eine technologische Führerschaft erreichen lässt	X	
4	Der Technologiestandard und die Innovationsfähigkeit weiter ist als des externen Lieferanten	X	
5	Die Gefahr des Know-how-Verlustes besteht	X	
6	Genügend Kapazitäten für die Realisierung der Eigenfertig. vorhanden sind	X	
7	Die langfristige Markt- und Strukturentwicklung große Kontinuität verspricht	X	
8	Die Prozessqualität besser ist als bei potenziellen Lieferanten	X	
9	Der Dispositions- und Steuerungsaufwand geringer ist als bei Fremdfertig.	X	
10	Eine Trennung von Entwicklung und Fertigung problematisch ist	X	
11	Eine bessere Koordination aller fertigungswirtschaftlichen Teilvorgänge möglich ist	X	
12	Bedarfsgerechte Losgrößenmengen von der eigenen Firma bereitgestellt werden	X	
13	Man selbst flexibler auf quantitative und qualitative Bedarfsänderungen reagieren kann als der Lieferant	X	
14	Bei Fremdbezug zu lange Durchlaufzeiten entstehen	X	
15	Ein größerer Freiheitsgrad bei der Terminplanung besteht	X	
16	Für die Eigenfertigung Abfälle od. andere Nebenprodukte verwendet werden	X	
17	Entsorgungskosten entfallen		X
18	Die Gefahr besteht, dass fremde Zulieferer zu unmittelbaren Konkurrenten werden	X	
19	Durch einen höheren Eigenfertigungsanteil das eigene Image und damit der Absatz gesteigert wird	X	
20	Konstruktions- und Dokumentationskosten gespart werden		X
21	Der Lieferant die Bestandsführung übernimmt		X
22	Der Lieferant ein KANBAN-Prinzip / SCM-System mit uns garantiert		X
23	Unsere Grenzkosten höher sind, als der Einstandspreis beim Lieferant		X
24	Es einen zuverlässigen Lieferanten in Bezug auf Liefertreue und Qualität gibt		X
25	Eine Qualitätsverbesserung durch Fremdbezug möglich ist		X
26	Die Arbeitsunterlagen ohne Bedenken aus dem Unternehmen gegeben werden können (Know-how-Sicherung)		X
27	Der Lieferant genügend Flexibilität bezüglich Änderungen besitzt (Helfer in der Not)		X
28	Der Lieferant ausreichende F + E und Beratungskapazität besitzt		X
29	Die innerbetriebliche Logistikkette eine Unterbrechung in der Fertigungslinie zulässt		X
30	Der Planungs- und Steuerungsaufwand nicht erhöht wird		X
31	Im Unternehmen genügend Lagerkapazität vorhanden ist, falls große Mengen abgenommen werden müssen		X
32	Der Dispositions- und Steuerungsaufwand geringer ist als bei Eigenfertigung (z. B. Komponentenlieferung / SCM-System)		X
33	Transportkosten eingespart werden können / Lagerung bei Spedition		X
34	Der Lieferant leistungsfähigere Anlagen einsetzt		X
35	Die eigene Durchlaufzeit zu lang wäre		X
36	Standardteil mit interessanten Perspektiven bezüglich Lohnniveau, Währungssituation		X
37	Wir sind beim Lieferant C-Kunde	X	
38	Wir sind beim Lieferant A-Kunde		X
39	Der Lieferant einem Lieferantenverbund angehört		X

Quelle: *TÜV - Rheinland*

Lagerorganisation – Zentrallager – Produktions- / KANBAN-Lager

Um eine stimmende Bestandsführung sicherzustellen, muss ein Zentrallager ge-schlossen sein. Idealerweise mittels Zugangskontrolle elektronisch abgesichert. Da-rauf geachtet wird, dass „zeitnah" gebucht wird. Idealerweise mittels Barcode-System.

Produktions- / KANBAN-Lager sind offene Systeme. Die Bestandsverantwortung, Ordnung, Sauberkeit, gehört in die Verantwortung der Fertigung. Das Lagerpersonal hat nur die Aufgabe, die Nachschuborganisation sicherzustellen.

Um die Ordnung in den KANBAN-Lägern vor Ort sicherzustellen, hat sich das Paten-denken bewährt. Für eine bestimmte Anzahl Regale ist ein KANBAN-Pate verant-wortlich.

Schemadarstellung einer Werkstatt / Lager und Bereitstellkonzeption mit KANBAN-Lägern in der Produktion

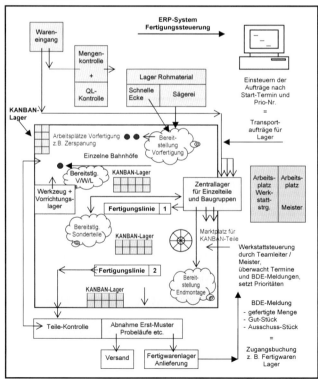

Es ist davon auszugehen, dass in Zukunft, durch das Umdenken von einer tayloristi-schen Arbeitsweise (reines Spezialistentum), zu einer prozessorientierten Arbeitsweise (Generalist), die Arbeitsinhalte, die Bedeutung des Lager weiter wächst. Arbeitsinhalte aus dem Bereich der Disposition immer mehr in das Lager, näher an den Lagerort, ver-legt werden. Auch die steigende Anzahl Dispo-Vorgänge, durch steigende Anzahl Auf-träge mit immer kleineren Stückzahlen, bei permanent steigender Variantenanzahl, wird diesen Prozess beschleunigen.

Dies wird die Bedeutung des Lagers bezüglich einer funktionierenden Nachschubauto-matik mit stimmenden Beständen weiter erhöhen.

Kein Ein- und Auslagern von auftragsbezogen bestellter Ware. Eine schnelle Ecke Flä-che (entsprechend gekennzeichnet), schafft Platz in den Regalen, spart Zugriffe und Wege.

Anliefern von kleineren Mengen (schnellerer Takt), nach dem 80-20-Prinzip, erleichtert eine systematische Lagerfach- und Behälteroptimierung.

Auch die Anlieferung von zusammengestellten Sets, auf z. B. einer Palette, setzt sich immer mehr durch. Ein Set ist eine Art fiktive Baugruppe von zusammengehörigen Tei-len, die der Unterlieferant nach Firmenwunsch so in einem Gebinde zusammenstellt, dass die vielen Einzelaufnahmen im Lager entfallen können. Der Hauptlieferant be-kommt somit von anderen Unterlieferanten die Anlieferungen, dass er, so wie ge-wünscht, die Set-Zusammenstellung zu einem Anliefergebinde durchführen kann.

Festplatz-Lagerplatz-System, zumindest in Teilbereichen, kann sinnvoll sein. Oberteil liegt neben Unterteil, also Teile liegen in Nähe, was parallel benötigt wird.

ALDI-Prinzip, Wegeoptimierung und Häufigkeit nach Griffhöhe, Teileart. Einfach zu öff-nende Verpackung, Gewichtsgrenzen bei Verpackungseinheiten. Große und schwere Ware auf die unteren Plätze der Regale etc., hilft ebenfalls weiter.

Der Einsatz modernster Techniken, wie z. B. Barcode- / Transponder-RFID-Systeme[1] verbessert den Datenfluss / die Datenqualität wesentlich:

- es wird zeitnah gebucht
- es vermeidet fehlerhafte Eingaben
- eine sofortige Verfügbarkeit der Daten wird ermöglicht
- die Transparenz im Betriebsablauf wird verbessert
- die Lagerführung wird schneller, genauer, vollständiger, flexibler und produktiver

Eine Transportorganisation mittels Datenfunk / WLAN-System ermöglicht einen flexiblen Taxieinsatz der z. B. Staplerfahrer.

[1] RFID = Radio Frequenz-Identifikationssystem, auch Transponder genannt

Um die Durchlaufzeit im Wareneingang zu verkürzen, wird der Wareneingang meist dem Lager unterstellt, ebenso disziplinarisch das QS-Personal im Wareneingang. Und es wird immer mehr auf die zweistufige Buchung im Wareneingang verzichtet, Ware wird sofort nach Anlieferung als „verfügbar" verbucht. Dies erzeugt Zwänge bezüglich kurzer Durchlaufzeit im Wareneingang.

Bild 9.1:   *I-Punkt-Organisation / Schnittstelle Wareneingang → Lager*

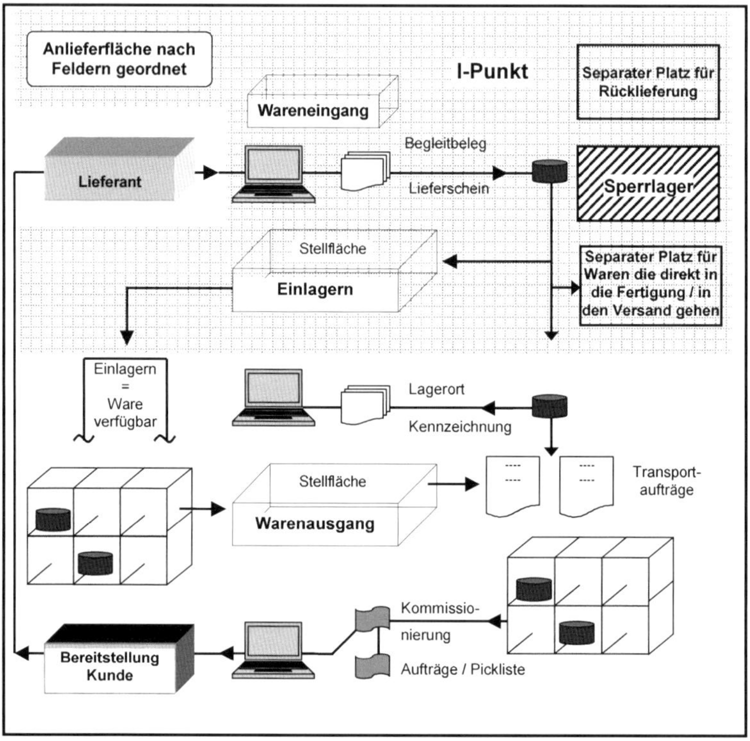

Niedere Bestände erfordern einen schnellen Warendurchfluss im Wareneingang, deshalb:

- **muss der Wareneingang jeden Abend leer (besenrein) sein**[1]

U N D

- **das Sperrlager muss jeden Freitag völlig abgearbeitet sein.**
  Stellflächen sind leer (besser 2 x pro Woche, Mittwoch und Freitag)

Diese einfache Regelung ist problemlos zu überwachen, führt zu kurzen Durchlaufzeiten. Ein weiterer Vorteil ist, dass die Mitarbeiter zeitversetzt eingesetzt werden, also die Anlieferzeitfenster um ein bis zwei Stunden weiter geöffnet werden können.

[1] Ausnahme Container-Anlieferung ist gegeben, aber die ist im Regelfalle den Vorgesetzten bekannt

9.1 Hohe Datenqualität im Lager reduziert Bestände

Ordnung, Sauberkeit, bessere Datenqualität durch Einführung des Patendenkens im Lager

Ordnung und Sauberkeit steigern die Effizienz, verringern das Fehlerrisiko, sind eine Grundvoraussetzung für eine ordnungsgemäße Lagerhaltung und bezieht sich auf:

- ➲ Arbeitsräume (aufräumen, fegen etc.)
- ➲ Transportwege (freie Wege, nichts steht störend herum)
- ➲ Lagereinrichtung (schmutz- und staubfreie Regale / Regalfächer)
- ➲ Ware selbst (frei von Schmutz, Straub, Dreck)
- ➲ Transportmittel (Waagen, vorgeschriebene Wartung / Audits etc.)

Um dies sicherzustellen, hat sich das Patendenken bewährt.

- ➢ Ein Mitarbeiter im Lager ist Pate für eine bestimmte Anzahl Regale / Regalfächer oder Teilenummern bezüglich Datenqualität, geht Fehlbeständen nach
- ➢ Ein Mitarbeiter ist Pate für Sauberkeit der Wege, der Arbeitsräume
- ➢ Ein Mitarbeiter ist Pate für Transportmittel, Stapler, Hubwagen etc. (Sicherheit) und für die technischen Einrichtungen, wie z. B. Waagen

Checklisten und wiederkehrende Audits sichern das System ab.

Um Umpacken, aufwendiges Bereitstellen, also „nicht wertschöpfende Arbeit" im Lager zu minimieren, hat sich u. a. eine KANBAN-Organisation, die Anlieferung der Ware in sogenannten Kleinlastträger (KLT) bewährt.

Die ausgelieferte Menge pro Behälter entspricht der festgelegten KANBAN-Menge. Ansonsten sollte im Wareneingang ein Umpackplatz eingerichtet werden.

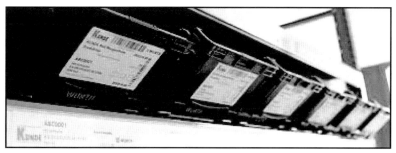

Bildmaterial: Fa. Adolf Würth GmbH & Co. KG
74653 Künzelsau-Gaisbach

Für KANBAN hat sich ein Festplatzsystem bewährt.

Natürlich hat der Einkauf wesentlichen Anteil auf die so genannten „indirekten Kosten" im Wareneingang / Lager. Da die Anliefer-Taktzahl bei Reduzierung der Losgrößen steigt, müssen diese minimiert werden, was bedeutet:

Der Einkauf ist für alle Kosten von Schnittstelle „Lieferant" bis Schnittstelle „Verbraucher", z. B. Produktion verantwortlich.

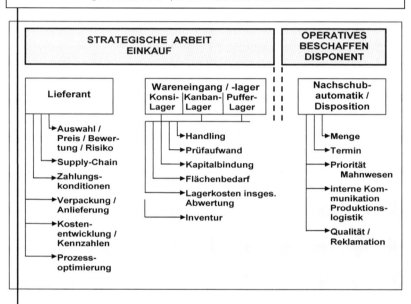

ZIEL:

Abbau von nicht wertschöpfenden Tätigkeiten im Wareneingang und Lager, bzw. bis die Ware am Arbeitsplatz ist.

- Umpacken, damit eingelagert werden kann
- hoher Zuordnungsaufwand im Wareneingang, Teile zu Lieferschein (alles ungeordnet in einer Gitterbox)
- Rückfragen im Einkauf, Lieferung unklar, Lieferschein unvollständig
- kann die komplette Wareneingangsarbeit auf null gebracht werden
- Teile um 180° gedreht in Behälter abgelegt, Produktionsmitarbeiter muss 2 x in die Hand nehmen
- zu viel verschiedene Verpackungsmaterialien, Problem Materialtrennung
- Gewicht / Sendung zu groß, hoher Handlings- / Transportaufwand
- Einlagermenge = Auslagermenge = kein Zählen
- Qualitätsproblem, hohe Anzahl Rücklieferungen etc.

Und dem „Verstehen-Lernen", was versteckte Verschwendung ist:

ALLES WAS FÜR EINE TÄTIGKEIT MEHR ALS EINMAL IN DIE HAND GENOMMEN WIRD, IST VERSCHWENDUNG!

→ Mach`s gleich richtig (Qualität)      → Mach`s gleich fertig (komplett)

e-nventory®

Ihr Schlüssel zur zukunftsorientierten Lager- und Materialflussbewirtschaftung ohne Inventur, mit 100 % stimmenden Beständen

Stellen Sie sich vor!

➢   Automatisches, wiegetechnisches Erfassen Ihres Lagers
➢   Minimieren Ihres Lagers und des damit gebundenen Kapitals
➢   Keine Fehlteile mehr / stimmende Bestände
➢   Inventur auf Mausklick

Jeder Lagerort wird mit einer langzeitstabilen Waage ausgerüstet. Mit Hilfe des Controllers kann jederzeit der aktuelle Lagerbestand auf dem Bildschirm eingesehen werden. Über die integrierte SQL-Schnittstelle erfolgt die Kopplung an die Betriebssoftware. Die Inventur kann dadurch auf „Knopfdruck" erfolgen. Der ebenfalls eingebaute Webserver ermöglicht aber auch die Lagerbewirtschaftung durch das Mutterhaus in der geografisch entfernten Niederlassung.

Optional können die Lagerorte neben den Waagen auch mit einem Identifikationssystem (RFID) ausgerüstet werden.

DIGI SENS AG - Digitale Messtechnik   Tel.: +41 26 6729876   Fax: +41 26 6729879
Freiburgstrasse 65, CH-3280 Murten   Mail: sales@digisens.ch - www.digisens.ch

9.3   Optisch / elektronische Warenerfassungssysteme

Optisch / elektronische Warenerfassungssysteme / Warenerfassungssysteme im Lager senken Kosten und verbessern wesentlich die Bestandsqualität.

Strichcode im Lager / das Vier-Augen-System vermeidet Fehler und eine SOLL-Restmengendarstellung am Scanner verbessert die Bestandsqualität wesentlich.

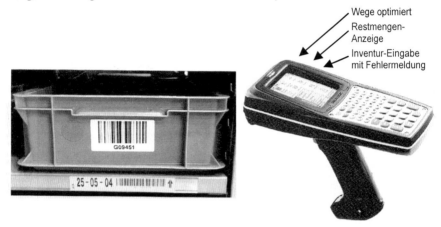

Wege optimiert
Restmengen-Anzeige
Inventur-Eingabe mit Fehlermeldung

RFID[1] – Die berührungslose Datenerfassung in der Logistik

Bei Einsatz von RFID-[1] / Transponder-Systemen wird durch automatisches Buchen dasselbe erreicht, da alle Zugänge, Abgänge gescannt werden.

In der Logistik bieten sich folgende Einsatzgebiete an:

➢ Inventur per Mausklick / Bestände sind permanent im Zugriff

➢ Automatische Paletten- / Behälterverwaltung

➢ Automatische Erfassung der Zu- und Abgänge durch Identifikation der Gegenstände, First in – First out, Chargennummer, Herstelldatum, Verfallsdatum etc.

➢ Rückverfolgbarkeit durch Abbilden aller Prozesse, vom Lieferanten über Wareneingang, Fertigung, bis Fertigwarenlager und Kunde

➢ Zeiten aller Art, z. B. Ø Zeit für einen Zugriff, Wareneingang etc., zur Verbesserung der Wirtschaftlichkeit in der Logistik

Weitere Infos über das FIR-Aachen, Bereich Informationsmanagement, www.fir.rwth-aachen.de, oder über das Fraunhofer-Institut, das auch entsprechende Seminare zu diesem Thema anbietet

---

[1] RFID = Radio Frequenz Identifikationssysteme = Programmierbarer Datenträger Dieser Mikrochip speichert Daten und gibt sie als Information über eine Art Antenne ab. Chips gibt es in den unterschiedlichsten Ausprägungen

Pick by Voice / Pick by Light – Effizienter kommissionieren

Die Zeitvorteile liegen bei ca. 20 % - 30 % gegenüber herkömmlicher Kommissionierarbeit.

Das Warenwirtschaftssystem teilt die Aufträge nach hinterlegten Regeln in Einheiten, so genannte Batches auf und ordnet diese den verschiedenen Lagermitarbeitern zu. Über WLAN-Headset werden die Kommissionieraufträge dann gemäß ermittelter Prioritäten den Mitarbeitern in Reihenfolge wegeoptimiert zugeteilt. Mehrfachkommissionieren ist möglich. Teilmengen können gebucht werden.

Bei Kommissionier- / Versandarbeiten hält das „Pick by Voice"-System fest, in welchen Versandkarton der Artikel gepackt wurde. Ist der erste Karton für eine Lieferung gefüllt, teilt der Kommissionierer über einen Sprachbefehl mit, dass der nächste Artikel in einen neuen Karton gepackt wird, was gleichzeitig die Versandetiketten steuert.

Nach Entnahme der vorgegebenen Artikelmenge quittiert der Lagermitarbeiter die Entnahme per Spracheingabe und bringt die Ware an den entsprechenden Bereitstellbahnhof / Versandplatz, nimmt den nächsten Auftrag entgegen.

Weitere Vorteile sind:
- ► Kein Ausdrucken von Picklisten. Wartezeiten am Drucker entfallen
- ► Kein Handling / Bearbeitungsaufwand von Picklisten
- ► Kein Fertigmelden (buchen am System)
- ► Kurze Anlernzeit des Lagerpersonals, weniger Fehler und die so wichtige ONLINE-Buchung ist sichergestellt

Eine Alternative hierzu ist Pick by Light

Die Reihenfolge der Entnahmen wird hier über verschiedenfarbige Lampen an den Regalen angezeigt

► **Nachteil**, das Lager muss in verschiedene Zonen eingeteilt werden

KBS Industrieelektronik GmbH KBS

157

10. Fertigungssteuerung verbessern / Durchlaufzeiten und Working Capital reduzieren

Die Durchlaufzeiten beeinflussen die Höhe der Bestände / die Flexibilität wesentlich. Erfahrungswerte zeigen, dass bei einer Durchlaufzeit von z. B. 20 AT nur ca. 10 - 15 % = 2 - 3 AT wertschöpfende Tätigkeiten im Sinne des Arbeitsfortschrittes sind.
Also:
Straffung der Produktionsprozesse durch Überarbeitung der ERP- / PPS - Einstellungen.
Flexible Fertigungszellen / Linienfertigung verringern die Zersplitterung von Arbeitsvorgängen und sichern eine termintreuere Fertigung mit kurzen Durchlaufzeiten.

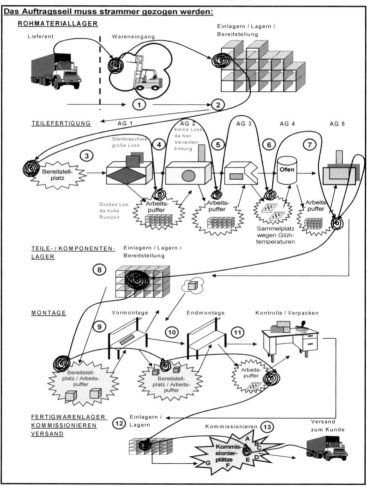

Was zu folgender Zielsetzung / Fertigungsphilosophie für einen Produktionsbetrieb führen muss:

- Minimieren aller nicht wertschöpfenden Tätigkeiten. Abbau von Blindleistungen und versteckter Verschwendung, insbesondere in den fertigungsnahen Dienstleistungsbereichen

- Abbau überholter Wirtschaftlichkeitsbetrachtungen. Es zählt nur das Gesamtoptima, nicht das Einzeloptimum

- Ein abgespeckter ERP- / PPS-Einsatz erzeugt Freiräume und vermindert Blindleistungen und nicht wertschöpfende Tätigkeiten in der Fertigung und in den angegliederten Dienstleistungsbereichen

- Optimieren des Material- und Informationsflusses – Vom Kunden bis zum Lieferant – prozessorientiert durch Abkehr vom Push- zum Pull-System

- Lieferanten sind Partner im Prozess

- Reduzieren von Schnittstellen und Transportwegen. Die Produktion muss fließen, also Segmentieren der Fertigung prozessorientiert als Linienfertigung / Röhrensystem

- Kapazitäten schaffen und nicht verwalten / Hohe Mitarbeiterflexibilität

- Nur fertigen was gebraucht wird / Reduzierung der Werkstatt- und Lagerbestände durch KANBAN

- Nicht so viele Aufträge in der Fertigung wie möglich, sondern so wenig, dass die Ware fließt, aber keine Abrisse entstehen

- Einfache Steuerungsinstrumente „Engpassplanung im Fertigungsrohr- / Segment" durch KANBAN und Linienfertigung

- Feinsteuerung vor Ort, durch mitarbeitende Produktmanager = KANBAN-Pate je KANBAN-Regelkreis / Fertigungslinie

- Materialbereitstellbahnhöfe mit Reihenfolgenkennzeichnung für die Fertigung

- Verbesserung der Transparenz durch den Einsatz von TOP-Kennzahlen, die die tatsächliche betriebliche Leistung widerspiegeln und an denen abgeleitet werden kann „Wie atmet die Fertigung?"

10.1 Bilden von Kapazitätsgruppen – Was ist besser, Technologie- oder Flussorientiert?

Voraussetzung für jede geordnete Auftrags- und Terminplanung, Kapazitätswirtschaft und Arbeitsplanorganisation ist der Aufbau einer realen Arbeitsplatz- / Kapazitätsgruppengliederung.

A) Dies kann sein: Ein Maschinen- / Arbeitsplatzgruppenschlüssel (kostenstellen- / abteilungsunabhängig), der einen sofortigen Hinweis auf Ausweichkapazitäten zulässt, sofern tayloristisch gearbeitet wird.

Bild 10.1: *Kapazitäts- / Arbeitsplatzgruppenschlüssel /*
technologieorientiert ausgerichtet
(konventionelle Betrachtungsweise / Taylorismus)

Haupt-gruppe	00	01	02	03	04	05	06	07	08	09
ARBEITSPLATZ - NUMMERNPLAN							Kostenstelle-Maschinengruppe / Arbeitsplatz / Arb.-Gang-Abkürzung			
	Einteilung nach Arbeitsplatz- / Maschinengruppen je Technologiebereich									
1 Drehasch.	Drehm. / dre	große Drehm. / dre	kleine Revolv. / re-dre	gro. Revolv. / re-dre	CNC-Stangendr. / nc-dre	große Kopierdr. / ko-dre	Automat A 25 / au-dre	Automat TB 42 / au-dre	CNC-Drehauto m. / cnc-dre	Turnom at / au-dre
2 Fräsmasch.	gr.horiz. Fräsm. / h-frae	Daton DNC / DNC-Da	gr. vert. Fräsm. / v-frae	Universalfr ä. / u-frae	Handhebel- frä. / frae	horiz.Fräsm a. gesteuert / frae	Wzg.Fräsm. / frae	CNC-Fräsm. u. Bearbeitz cnc-frae/ cnc-bea		gr.Bohr w. / frae
3 Bohrmasch.	Säulen-bohrm. / bo	Reihen-bohrm. / rei-bo			Radialbohr m. / ra-bo		Borheinheit f Messersch n. / bo	CNC-Bohrm. / cnc-do	CNC-Bear beitz. / cnc-bea	
4 Schleifmasc h.	Rundschleif m. / schlei	Rundschleifm.,X Y" „Fortuna" / schlei		Spitzen-losschleif. / spschl	Flach-schleifm. / flschl	Wzg.Schleif m „Haas" / schlei	Band-schleifma. / baschl	Stähle-Schleif. / schlei		
5 Sonst. Masch.	große Kreissäge / absae	Bandsäge / absae	kleine Kreissäge / absae	Räummasch / raeum	Hydrau. Presse / bieg/praeg	Honmasch. / hon	Kunststoff-Spritzmasch z / kuspri	Gußputzplat z / verpu	Scheuern / scheu	
6 Sonst. Masch.	Schlagscher e / zuschn	Kurvenschere / auschn	Abkant-masch CNC / cnc-abkan	Exzent.-presse / stan		Elektr. Schweiß / schwei	Punkt-schweiß / puschw	Autogen-schw / auschw/loet	Hydr. Abkantpr. / abkan	Rund-masch. / rund
7 Montage	Gruppen-mont. / mont	Bandmes-serma / mont	Bandmesse r-fertigung anfert	Rolltisch-montage / mont	Kleinmasc h. Fertigmont. mont	Masch.-Einlauf einlau / mont		Lackiererei / lacki	Horiz.Ban d-messerma / mont	Montage CRA / mont
8										

Für jede einzelne Gruppe muss eine verfügbare Kapazität ermittelt werden, z. B.:

CNC - Drehautomat XY	Nr. 1.07
Anzahl Anlagen	3
Anzahl Schichten	2
Anzahl Std. / Schicht	8
Kapazitätsminderungsfaktor	0,90
= verfügbare Kapazität	43,2 Std.

Wegen Anlagenstörungen, Reinigung, Nacharbeit, Mehr- / Minderleistung, Wartezeiten etc.

Rüsten ist im Regelfall kein Stillstand, sondern Fertigungszeit (tr im Arbeitsplan)

Das Ergebnis muss nun in den Betriebskalender eingestellt werden, je Woche und Tag (Feiertage, Urlaubszeiten, Schichtänderungen etc. in der Zeitachse berücksichtigen) und sollte laufend gepflegt werden.

B) Oder besser, die Kapazitätsgruppen werden PROZESSORIENTIERT, z. B. nach Produkt- / Warengruppen, oder Großaufträge / Kleinaufträge etc. gegliedert, was die Kapazitätsplanung wesentlich vereinfacht, da nur der jeweilige Engpass ausgeplant wird. Auch die Durchlaufzeit in der Fertigung wird wesentlich verkürzt, da bei dieser Organisationsform Schnittstellen und Warteschlangen vor den einzelnen Arbeitsplätzen minimiert werden.

Bild 10.2: *Kapazitätsgruppen nach Warengruppen / Fertigungslinien ausgerichtet (Fließfertigung – prozessorientiert)*

Kapazitätsgruppe prozessorientiert nach Warengruppen und Teilearten		Kapazität in Anzahl Personen	Kapazität in Anzahl Maschinen / Arbeitsplätze	Möglicher Kapazitätsengpass
Nr.	Bezeichnung			
100 = PM 1	Federnfertigung groß	18	22	Personen
120 = PM 2	Federnfertigung klein	16	20	Personen
130 = PM 3	Innenstern-Fertigung groß	12	15	WF I - Anlagen 3-schichtig
140 = PM 4	Innenstern-Fertigung klein	14	18	Personen
• • •	• • •	•	•	
• • •	• • •	•	•	
300 EZ 1	Vorfertigung Federn	Eigenbetrieb arbeitet nach KANABN-Prinzip, muss nicht ausgeplant werden		

Engpässe / Auftragsspitzen an bestimmten Arbeitsplätzen werden durch den wechselweisen Einsatz der Mitarbeiter selbst gelöst (Trennen der Maschinenzeiten von der Menschzeit / Anwendung flexibler Arbeits- und Betriebszeiten, Umsetzen von Mitarbeitern aus anderen Kostenstellen, Einsatz von Leiharbeitern, Zusatzschichten etc.)

UND WICHTIG

Großaufträge, Rennerprodukte *„Schnelldreher"*, werden nicht durch viele Klein- und Kleinstaufträge zu *„Langsamdrehern"* gemacht (auch Schneckensyndrom genannt).

Senkt die Bestände / das Working Capital, erhöht den Umsatz und die Liefertreue!

10.2 Fertigungssteuerung verbessern / Durchlaufzeiten straffen reduziert Bestände / erhöht die Flexibilität

Je mehr Aufträge gleichzeitig in der Fertigung, je länger die Durchlaufzeit.

Um die Anzahl Aufträge die sich gleichzeitig in der Fertigung befinden zu verringern und die Durchlaufzeiten weiter zu verkürzen, werden im PPS- / ERP-System die Übergangszeiten auf null gesetzt[1], also herausgenommen. Jeder Auftrag wird somit wie ein **Eilauftrag** behandelt. Und was in Verbindung mit reduzierten Losgrößen besonders wichtig ist:

Es funktioniert bestens!

Darstellung der Zusammenhänge an einem Rechenbeispiel:

Mengengerüst IST-Zustand

⇒ 80 gleichzeitig im Betrieb befindliche Aufträge

⇒ durchschnittlich 5 Arbeitsgänge / Auftrag

⇒ Durchschnittliche Fertigungszeit eines Auftrags über alle 5 Arbeitsgänge (te x m) + tr = 40 Stunden (= 8 Std. / Arbeitstag)

⇒ Arbeitszeit 1-schichtig = 8 Stunden

⇒ Anzahl Mitarbeiter in der Fertigung produktiv: 40

⇒ Verhältnis Mitarbeiter – Maschinen 1 : 1 (ein Mitarbeiter bedient eine Maschine)

	Füllgrad Fertigung					Kapazität pro Tag			ERGEBNIS
	Anzahl gleichzeitig in Fertigung befindliche Aufträge	Ø Anzahl Arbeits-gänge	Ø - Zahl gleichzeitig in Fertigung befindliche Arbeits-gänge	Ø Fertigungs-zeit pro Arbeits-gang in Stunden	Ø - Zahl gleichzeitig in Fertigung befindliche Arbeit in Stunden	Anzahl Mit-arbeiter in Fertigung	Ø Arbeits-zeit pro Mit-arbeiter	Ø verfügbare Kapazität pro Arbeitstag in Stunden	Verhältnis Fertigungszeit zu Durchlauf-zeit als Faktor [4]
	1	2	1 x 2 = 3	4	3 x 4 = 5	6	7	6 x 7 = 8	5 : 8 = 9
Ist	80	5	400	8	3200	40	8	320	ca. 10 : 1
Soll	30 [1]	5	150	4 [2]	600	40	8	320	ca. 2 : 1 [3]

Ergebnis bei SOLL-Zustand 30 Aufträge gleichzeitig in der Fertigung, mit reduzierter Losgröße

[1]   Reduzierung der gleichzeitig in der Fertigung befindlichen Aufträge auf jetzt 30 Stück
[2]   Reduzierung der Losgrößen um ca. 50 %
[3]   Auf einen Tag Fertigungszeit kommt im Durchschnitt nur noch ein AT Liegezeit
[4]   Kennzahl sagt aus wie flexibel / unflexibel die Fertigungsorganisation ist

Fertigungsaufträge so spät wie möglich einsteuern reduziert Bestände, Durchlaufzeiten und das Working Capital

Gemäß Terminvergabe nach

- Kundenwunsch
- Kapazitätsterminierung und
- Materialterminierung

und den sich daraus ergebenden Startterminen der Fertigungsaufträge, müssen nun täglich oder wöchentlich[1], für festgelegte Planungszeiträume, Produktionspläne festgelegt werden, damit innerhalb der Fertigung eine Reihenfolgeoptimierung stattfinden kann.

Ein Fertigungsauftrag wird immer komplett über alle Arbeitsgänge durchgeplant. Vorwärtsterminierung auf Basis Starttermin.

Über das PPS- / ERP-System wird aus der mittelfristigen Planung der Arbeitsvorrat gemäß dort ermittelter Starttermine festgelegt.

A) Das AZ / das Logistikzentrum / die Fertigungssteuerung erstellt den Produktionsplan für die einzelnen Fertigungsbereiche

B) Oder Meister / Teamleiter erstellen sich am Bildschirm in der Fertigung ihre Produktionspläne selbst, aus dem Arbeitsvorrat lt. ERP-Berechnungen, innerhalb eines vorgegebenen Zeitfensters (nicht zu empfehlen).

C) Die Werkstattsteuerung / die Fertigungsgruppen bringen den Arbeitsvorrat in die richtige Reihenfolge und Ordnung, gemäß Prioritäten und kurzfristigen Informationen.

Diese Optimierung bedeutet die Bildung abarbeitungsgerechter Reihenfolgen. Der einzelne Auftrag wird mit einer Prioritätennummer belegt und jeder Mitarbeiter / Meister / Teamleiter kann anhand der Prioritätennummer erkennen, ob ein Auftrag vorzuziehen ist oder nicht. Kurzfristiges Umsteuern erfolgt über Infos an Flipcharts, Multimediatafeln / Tablet-PC, oder täglichen Maschinenbelegungslisten aus den elektronischen Plantafeln.

Wichtige Aufträge laufen so ohne große Liegezeiten durch die Fertigung. Füller oder weniger wichtige Fertigungseinheiten werden automatisch hinten angestellt. Am Ende einer Planperiode müssen aber alle eingeplanten Fertigungsaufträge erfüllt sein. Ansonsten werden sie vor dem nächsten Planungslauf in eine Rückstandsliste übernommen und während der nächsten Produktionsabstimmung ggf. neu terminiert.

- Organisationsmittel für die kurzfristige Steuerung sind:
  - Plantafeln
  - Excel-Übersichten
  - IT-gestützte Leitstandsysteme / Feinplanungsprogramme

  oder bei dezentralen Fertigungssteuerungssystemen

  - Verantwortliche Produktmanager / Teamleiter in der Produktion und Multimediatafeln, bzw. Smartphones oder Tablet-PCs, auf denen die Reihenfolgen / Prioritäten dargestellt sind

---

[1] je flexibler die Firma sein muss, je öfters müssen die Produktionspläne erstellt werden

Die Einsteuerung selbst, erfolgt nach tatsächlich verfügbarer Kapazität (+ 10 %) und

a) Start-Termin und

b) Reichweitenbetrachtung bei Vorratsaufträgen, bzw.

c) Prio-Nr. gemäß Formel IST- zu SOLL-DLZ und Restfertigungszeit bei reinen Kundenfertigungsaufträgen, bzw. Einzel-Priorisierung

d) Unter Berücksichtigung der Materialverfügbarkeit J / N, sowie, *„Können Fertigungsaufträge zu Rüstfamilien verketten werden?"*

Diese Einsteuerungsregeln sind wichtig, denn heute wird im Regelfalle bei der Auftrags-annahme eine Überlast gefahren, da nicht sicher ist, ob die eingeplanten Fertigungsauf-träge auch tatsächlich zu dem ursprünglich vorgesehenen Termin gefertigt werden müs-sen. Was fließt tatsächlich über die Kundenaufträge ab? Wie groß ist die Reichweite der Vorräte? Wie häufig wird der Kundenauftrag in Menge und Termin geändert?

Schemadarstellung: Startterminermittlung

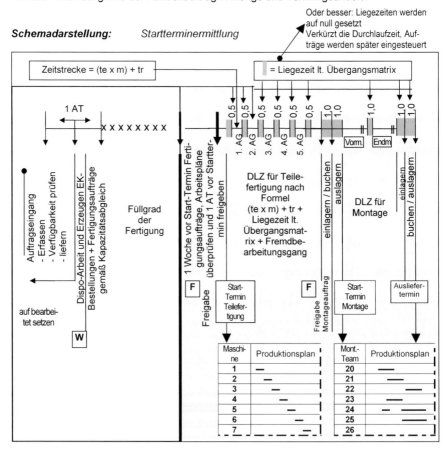

Wobei die hinterlegten Zeitreserven in den Stammdaten / die Anzahl Schnittstellen in der Produktion bezüglich Bestandshöhe, Durchlaufzeit und Flexibilität große Auswirkungen haben. Hier liegen hohe Reserven zur Reduzierung des Working Capital.

Bild 10.3: *Ergebnis der Systemeinstellungen bezüglich Durchlaufzeit und auf Start-Terminierung (konventionelle Betrachtungsweise mit hohen Übergangszeiten im System hinterlegt)*

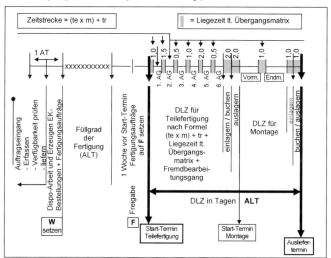

Bild 10.4: *Ergebnis der Systemeinstellungen bezüglich Start-Terminierung bei auf null setzen der Übergangszeiten und fertigen von kleinen Losen*

DLZ-Einsparung von ca. 50 % zu konservativer Einstellung

Deshalb ist es wichtig, das Verhältnis Fertigungszeit zu Durchlaufzeit immer wieder neu zu ermitteln, mit Ziel „Reduzierung der Durchlaufzeit", mittels zeitgemäßer Fertigungsphilosophie.

Das Verhältnis Fertigungszeit (es entsteht Wertschöpfung) zu Durchlaufzeit (Auftrag eingesteuert → bis → Auftrag fertig gestellt) sagt aus, wie flexibel oder unflexibel Ihre Fertigungsorganisation aufgestellt ist.

Große Lose und viele Aufträge gleichzeitig in der Fertigung verstopfen die Fertigung, erzeugen lange Durchlaufzeiten mit vielen ungeplanten Umrüstvorgängen und Sonderfahrten wegen Lieferprobleme.

| FORMEL: | $\dfrac{\text{Durchlaufzeit in Tagen}^{1)} \text{ eines Betriebsauftrages}}{\text{Summe der Fertigungszeit dieses Betriebsauftrages in Tagen}^{1)}}$ | Ergibt Flexibilitätsgrad |

Bild 10.5: *Ergebnis einer Erhebung DLZ in Abhängigkeit Anzahl Arbeitsgänge*

Verhältnis Fertigungszeit zu Durchlaufzeit	1	2	3	4	5	6	7	8	9	10	11	12	13	14	15	16	17
¹⁾ 2 : 1			III	I		III	II										
3 : 1					I	I		I									
4 : 1					I	I	I										
5 : 1		I	II	I			I		I								
6 : 1					I	I			II	I							
8 : 1						III	I	II	IIII								
10 : 1						I	II	II	II	I		I					
12 : 1											II	II	II				
14 : 1						II	I	II	I	II	I						
16 : 1									I								
18 : 1							I		I								

(Seitlich: Flexibilitätsgrad)

Ergebnis: Durchschnittliche DLZ im Erhebungszeitraum $\dfrac{9}{1}$

Auf einen Arbeitstag Fertigungszeit kommen 8 Arbeitstage Liegezeit (völlig unflexibel) und zu viel Working Capital im Umlauf

Flexibilitätsgrad 2 : 1 bedeutet, auf einen Arbeitstag Fertigungszeit kommt ein Arbeitstag Liegezeit (hoch flexibel), 3 : 1 bedeutet, auf einen Arbeitstag Fertigungszeit kommen zwei Arbeitstage Liegezeit hinzu.

---

¹⁾   oder Anzahl Schichten

Prioritätenberechnung / Fertigungsreihenfolgen festlegen

Die Fertigungssteuerung übernimmt die aus dem PPS- / ERP-System zuvor ermittelten Start-Termine, erstellt z. B. mittels Excel-Chip oder elektronischer Plantafel einen Produktionsplan und stellt diesen ins Netz. Der jeweils verantwortliche Meister / Teamleiter führt, aufbauend auf diesen Vorgaben, die kurzfristige Steuerung vor Ort abteilungsübergreifend durch.

Prioritätenregelungen

Zwei Arten der automatisierten Prioritätenregelungen haben sich durchgesetzt:

A) **Nach Dringlichkeit, gemäß Durchlaufzeit** *– bei reiner Auftragsfertigung*

$$\frac{\text{IST-Durchlaufzeit in Wochen}}{\text{SOLL-Durchlaufzeit in Wochen}} = \underline{\quad} - 1 = \underline{\quad} \text{ x } 10 = \text{Prioritäten-Nr. } \underline{\quad}$$

Beispiele:

1.)	IST-DL in Wochen (8) entspricht SOLL-DL in Wochen (8)	2.)	IST-DL in Wochen (6), also 2 Wochen später eingesteuert und SOLL-DL = 8 Wochen
$\frac{8 \text{ Wochen}}{8 \text{ Wochen}}$	= 1 - 1 = 0 x1 0 = 0 = Prioritäten-Nr. 0	$\frac{6 \text{ Wochen}}{8 \text{ Wochen}}$	= 0,75 - 1 = 0,25 x 10 = 2,5 = Prioritäten-Nr. 3

3.)	dito Position 2, aber IST-DL nur noch 4 Wochen	4.)	dito Position 2, aber IST-DL nur noch 1 Woche
$\frac{4 \text{ Wochen}}{8 \text{ Wochen}}$	= 0,5 - 1 = 0,5 x 10 = 5,0 = Prioritäten-Nr. 5	$\frac{1 \text{ Woche}}{8 \text{ Wochen}}$	= 0,125 - 1 = 0,875 x 10 = 8,75 = Prioritäten-Nr. 9

B) **Nach Reichweitenbetrachtung** *– bei Vorratsfertigung*

Festlegung der Prioritätennummer nach Reichweite, wie viel Tage reichen Vorräte noch aus? (Je weniger Tage, je höher die Prioritätennummer) = Saugsystem

9 = höchste Priorität	
1 = niedrigste Priorität	z. B. gemäß Reichweitenberechnung der noch vorrätigen Teile in Tagen (je niederer die Reichweite in Tagen, je höher die Priorität)
0 = reiner Füllauftrag	

C) **Ansonsten gilt folgende Prioritätenregelung**
(möglichst als Kennung vom System dargestellt):

> ➤ Teil / Auftrag mit höchster Kundenpriorität
> ➤ Teil / Auftrag mit kürzester Taktzeit
> ➤ Teil / Auftrag mit kürzester Restbearbeitungszeit

Nach dieser Prio-Kennzeichnung je Betriebsauftrag, sowie nach effektiver Kapazität und jetzt nach tatsächlichem Bedarf wird der Produktionsplan / die Feinplanung erstellt. Somit ist sichergestellt, dass nichts gefertigt wird, was momentan nicht gebraucht wird, bzw. was zurückgestellt werden kann, ohne dass dadurch Lieferprobleme entstehen.

10.3 Zusammenhänge – Anzahl Aufträge gleichzeitig in der Fertigung, bezüglich Durchlaufzeiten, Bestände und Flexibilität

I Viele Aufträge gleichzeitig in der Fertigung

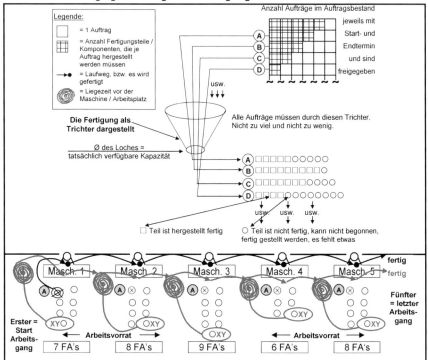

Rechendaten für Durchlaufzeitermittlung:

Alle 38 Aufträge haben 5 Arbeitsgänge	= 5 AG
Jeder Arbeitsgang hat eine Fertigungszeit von Ta = 8 Std. = 1 Arbeitstag und dies wäre für dieses Beispiel, der Einfachheit wegen, bei allen 38 x 5 = 190 Arbeitsgängen gleich	= 1 AT
Es kann nicht überlappt gearbeitet werden	0

Werkzeug für Ⓐ ist eingetroffen – ergibt Eilauftrag. Es wird immer sofort umgerüstet, andere Aufträge bleiben dafür liegen, haben lange DLZ

Ermittlung der Durchlaufzeit (DLZ) Ist-Zustand		kürzeste DLZ =	längste DLZ =	Ø DLZ = ALT	Bemerkung
Bei Ⓐ	5 AG x 1 AT bei Eilauftrag	= 5 AT	---	---	Auftrag ist bei jeder Anlage der Erste
Bei ⓍⓎ	7 + 8 + 9 + 6 + 8 = (jeweils 1 Auftrag = 5 AG + Fertigungszeit = 1 AT) = längste DLZ	---	= 38 AT	---	Auftrag ist bei jeder Anlage der Letzte der an die Reihe kommt
Ø	Berechnung der durchschnittlichen Durchlaufzeit Kürzeste DLZ = 5 AT + (33 : 2) = Ø DLZ eines Fertigungsauftrages Lange DLZ = äußerst schlechte Flexibilität			21,5 AT	auf 1 AT Bearbeitungszeit kommen im Ø noch ca. 4,3 AT Liegezeit

II **Schemabild: Es wird so spät wie möglich eingesteuert, es sind so wenig Aufträge gleichzeitig in der Fertigung wie möglich (es darf kein Abriss entstehen), bedeutet kurze Durchlaufzeiten, geringes Working Capital**

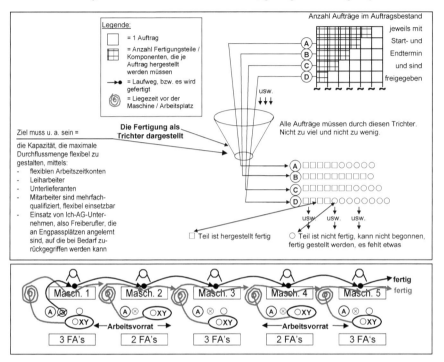

II **Berechnen der Durchlaufzeiten**

Es wird so spät wie möglich eingesteuert, es liegen maximal 2 - 3 Aufträge vor den Maschinen. Kurze Durchlaufzeiten, hohe Flexibilität wird erreicht

Ermittlung der Durchlaufzeit (DLZ)		kürzeste DLZ =	längste DLZ =	Ø DLZ = NEU	Bemerkung
Bei Ⓐ	5 AG x 1 AT bei Eilauftrag	= 5 AT	---	---	Auftrag ist bei jeder Anlage der Erste
Bei ⓍⓎ	3 + 2 + 3 + 2 + 3 = (jeweils 1 Auftrag = 5 AG + Fertigungszeit = 1 AT) = längste DLZ	---	= 13 AT	---	Auftrag ist bei jeder Anlage der Letzte der an die Reihe kommt
Ø	Berechnung der durchschnittlichen Durchlaufzeit Kürzeste DLZ = 5 AT + (8 : 2) = Ø DLZ NEU KURZE DLZ / HOHE FLEXIBILITÄT			9,0 AT	auf 1 AT Bearbeitungszeit kommt im Ø noch ca. 1 AT Liegezeit

Praxistipp	Vor den einzelnen Maschinen / Arbeitsplätzen darf maximal für 4 - 5 Stunden Arbeit liegen. Alles war darüber ist, ist von Übel.

10.4 Rückstandsfrei produzieren durch eine verbesserte Fertigungssteuerung / Nur fertigen was gebraucht wird

In welcher Form letztlich die eigentliche Fertigungssteuerung erfolgen soll, ist dem Unternehmen freigestellt und richtet sich meist nach Branche, Organisationsgrad und Unternehmensgröße.

Dies kann **DEZENTRAL** oder **ZENTRAL** sein.

Wichtig ist nur, dass die zuvor genannten Denkansätze auch umgesetzt werden, wie z. B.:

> ➢ Kleine Lose fertigen (80-20-Prinzip)

> ➢ Übergangszeiten auf null setzen

> ➢ So spät wie möglich einsteuern

> ➢ Bei Vorratsteilen Reichweite abprüfen bevor eingesteuert wird

> ➢ Abrufaufträge erst nach Rücksprache mit Kunde freigeben

> ➢ Keine Aufträge ohne Materialprüfung einsteuern

> ➢ Die Produktion nach Fertigungslinien als Röhrensystem organisieren und nur so viel einsteuern, was der jeweilige Engpass im Prozess leisten kann, „Engpassplanung"

> ➢ Prio-Regelungen für eine optimierte Reihenfolge in der Fertigung festlegen, mit Info-System für die Mitarbeiter (Multimedia-Tafeln / Belegungslisten / Bildschirme vor Ort etc.),

Durch „nur fertigen was gebraucht wird", wird auch das Richtige zum richtigen Zeitpunkt fertig, die Durchlaufzeiten und das Working Capital werden erheblich verkürzt.

Auswirkungen auf die Produktivität beachten

Damit die Mitarbeiter in der Fertigung die Arbeit nicht in die Länge ziehen (man meint, es sei keine Arbeit mehr da), muss in irgendeiner Form,

z. B. per Bildschirm

oder in Papierform

die Kapazitätsbelegung

im ERP-System

Wo 30 = 250 h
Wo 31 = 280 h
Wo 32 = 260 h
Wo 33 = 190 h
Wo 34 = 210 h

also der Arbeitsvorrat

aus der Grobplanung

abrufbar / sichtbar sein

WICHTIG:	Sonst bricht die Produktivität ein

10.5 Kapazitätsvorhalt reduziert Bestände

Was will das Unternehmen?

? Kostenführerschaft,
dann 7 Tage Produktion á 3 Schichten, mit Ergebnis
Geringe Flexibilität – Hohe Bestände

? Absolute Kundennähe,
dann müssen einzelne Maschinen, insbesondere bei hoher
Variantenvielfalt auch mal stehen, mit dem Ergebnis
Hohe Flexibilität – Niedere Bestände – Kurze Lieferzeiten

Beispiel:

Es wird eine neue, effizientere Anlage gekauft
Sie würde vier alte Anlagen ersetzen. Der Cashflow ist sichergestellt, z. B. 1,8 Jahre

Tayloristische Denkweise – Einzeloptima:

Vier alte Anlagen verschrotten / verkaufen – Arbeitsplaner muss schnellstmöglich die Arbeitspläne auf die neue Anlage umstellen, damit der Ratio-Erfolg „kalkulationsrelevant" wird, mit folgendem Ergebnis:

> ➤ Früher konnten vier verschiedene Aufträge parallel gefertigt werden. Jetzt nur noch hintereinander – es entstehen Reihenfolgeprobleme.

> ➤ Nach ca. 4 - 6 Monaten ist die neue Anlage ein Engpass und erzeugt in der termintreuen Lieferung Probleme.

Lean-Denkweise – Gesamtoptima:

Wenn Platz vorhanden, die vier oder drei alten Anlagen behalten. Möglichst für Teile die in großen Stückzahlen benötigt werden, eingerüstet stehen lassen und für diesen Zweck nutzen, bzw. wenn auf neuer Anlage Engpässe entstehen, bestimmte Artikel auf den alten Anlagen fertigen.

„Engpässe entzerren"

Entstehen durch das Fertigen auf solchen Reserveanlagen wirklich Mehrkosten? (Nachkalkulation) Oder ist dies nur Papiergeld, weil z. B. die Maschinen abgeschrieben sind, bzw. welche Mehrkosten entständen durch Sonderfahrten zum Härten / Lackieren außer Haus, Konventionalstrafen wegen zu später Lieferung? Wie gehen solche Mehrkosten in eine Nachkalkulation ein?
Richtig ist natürlich, dass in der Stillstandzeit keine Wertschöpfung erzeugt wird und Platz vorhanden sein muss.

10.6 Abbau / Beseitigung von Engpässen, ein weiterer Schritt zur Reduzierung des Working Capitals

Was bringt eine hohe Einzelleistung / ein hoher Nutzungsgrad einer Maschine, wenn die Teile anschließend nicht weiter bearbeitet werden, weil z. B. die nachfolgende Anlage ein Engpass ist?

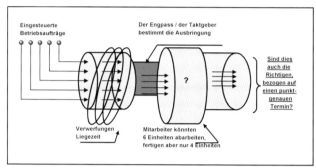

Welche(r) Arbeitsplatz / Anlage ist der Taktgeber? Nur dieser bestimmt die Ausbringung über den gesamten Prozess, die Mitarbeiter vor / nach dem Engpass richten sich bewusst / unbewusst in ihrer Leistung nach dem Taktgeber.

Daher Glättung der Fertigung durch flussorientierte Fertigungskonzepte, prozessorientiert, mit flexiblen Mitarbeitern und Pull-System, z. B. Drehen / Fräsen steuert Säge

Bild 10.6: *Die atmende Fabrik, auch RAUPENFERTIGUNG genannt*

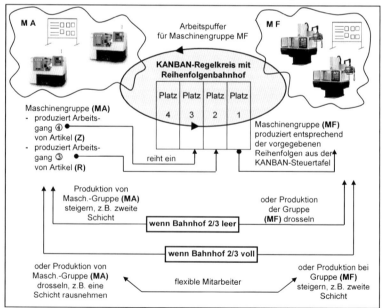

11. Verbesserter Materialfluss / Kürzere Lieferzeiten durch Fertigungssegmentierung, prozessorientiert nach dem Fließprinzip

Je tayloristischer / zersplitteter gefertigt wird, je länger werden die Durchlaufzeiten in Tagen, durch Addition der Wartezeiten vor den Maschinen / Arbeitsplätzen. Je zersplitteter gefertigt wird, je unproduktiver wird die Fertigung, durch Addition der nicht wertschöpfenden Handlingsarbeiten (aufnehmen – ablegen, heben – senken, transportieren etc.).

Deshalb: Straffung der Produktionsprozesse durch Verdichten der Arbeitsinhalte und Neugestaltung der Fertigungs- und Montageabläufe durch Linienfertigung / Personalqualifizierung und Teamarbeit und saubere Bahnhöfe.

Bild 11.1: *Fertigungs- und Liegezeiten in Prozent zur Gesamtdurchlaufzeit*

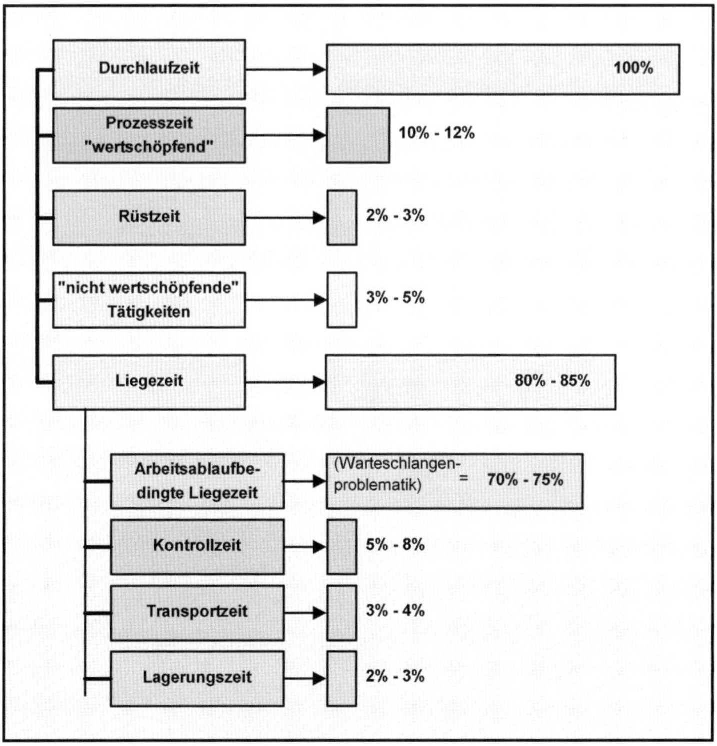

Die Reduzierung der Durchlaufzeiten ist einer der Hauptansatzpunkte zur Bestandsverminderung / Erhöhung der Flexibilität / Liquidität und Verkürzung der Lieferzeiten bei einer KANBAN-Organisation.

11.1 Fließprinzip / Linienfertigung ein Erfolgsrezept zur Verkürzung der Durchlaufzeiten / Reduzierung des Working Capital

Um das Ziel *„Kurze Durchlaufzeiten, hohe Produktivität, niedere Bestände"* zu erreichen, muss die Fertigung vom Verrichtungsprinzip in ein Fließprinzip umgestellt werden, das prinzipiell auf zwei verschiedenen Regelkreisen aufbaut.

Bild 11.2: *Regelkreis 1 – Schemadarstellung Fertigungszelle Teilefertigung mit unterschiedlichen Fertigungstechnologien ausgerüstet*

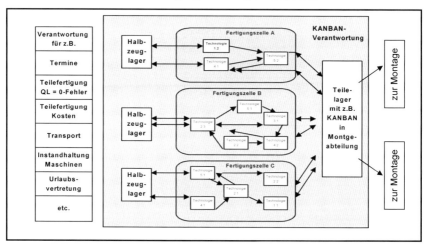

Bild 11.3: *Regelkreis 2 – Schemadarstellung Montagelinie = Linienfertigung Vor- / Endmontage verkettet*

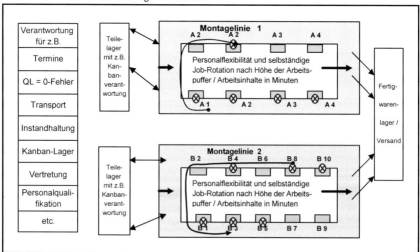

174

Innerhalb dieser Fertigungszellen / -linien wird es möglich, die Abarbeitung der Betriebsaufträge von dem Verrichtungsprinzip in ein Fließprinzip umzukehren, indem der zuständige Produktmanager / Teamleiter für den termingerechten Arbeitsablauf eines Fertigungsauftrages zuständig ist.

Dieser Lean-Ansatz beschleunigt die Durchlaufzeit in der Fertigung wesentlich (Abbau von Warteschlangen und Liegezeiten vor den Arbeitsplätzen). Außerdem wird eine Produktivitätssteigerung erreicht, da die Mitarbeiter jetzt im Rahmen des Produktionsplanes Aufträge verketten, Rüstzeiten sparen, termintreuer arbeiten können, also genau auf die Vorgänge positiv Einfluss nehmen, die bezüglich *„was ist Leistung"* und Reduzierung des Working Capital wesentlich sind. Siehe nachfolgende Schemadarstellung.

Umbau einer tayloristisch organisierten Endlossägeband-Herstellung (Kleinserie) in eine Fließfertigung, mit Ergebnis: Durchlaufzeitverkürzung 70 %, Produktivitätssteigerung 20 %.

Bild 11.4: *Ist-Zustand Tayloristischer Ablauf*

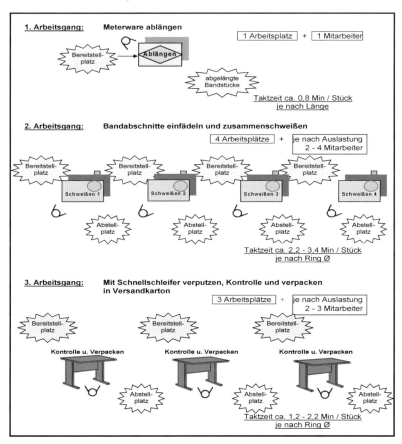

Bild 11.5: *Arbeitsplätze verketten / Linienfertigung einführen /*
Abbau nicht wertschöpfender Tätigkeiten

Einzelarbeitsplätze mittels Transfersystemen oder Schiebetische mit Werkstückträgern
in eine Linienfertigung mit Pufferstrecke umgestalten. Idealerweise in U-Form, wenn
mehr als 4 Arbeitsgänge im Prozess erforderlich sind.

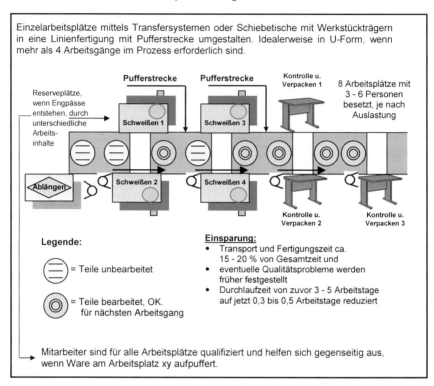

Legende:

⊜ = Teile unbearbeitet

◎ = Teile bearbeitet, OK.
für nächsten Arbeitsgang

Einsparung:
• Transport und Fertigungszeit ca.
  15 - 20 % von Gesamtzeit und
• eventuelle Qualitätsprobleme werden
  früher festgestellt
• Durchlaufzeit von zuvor 3 - 5 Arbeitstage
  auf jetzt 0,3 bis 0,5 Arbeitstage reduziert

Mitarbeiter sind für alle Arbeitsplätze qualifiziert und helfen sich gegenseitig aus,
wenn Ware am Arbeitsplatz xy aufpuffert.

6 x Heben → senken, aufnehmen → ablegen → 3 x transportieren - entfällt und es wird
gezielt ein Auftrag nach dem anderen abgearbeitet. Die Pufferstrecken fangen Taktzeit-
abweichungen der verschiedenen Varianten auf. Die Mitarbeiter sind mehrfach qualifiziert und können durch Arbeitsplatzwechsel sich gegenseitig helfen und dadurch entstehende Engpässe / Staus abbauen. Voraussetzung: Es gibt entsprechende Reserve-
beitsplätze innerhalb der Linien. Die Ware wird zum Fließen gebracht.

Auch die Qualität wird verbessert, da Produktionsfehler frühzeitig beim Folgearbeitsgang
erkannt und der Vorstufe gemeldet werden können. Und die Kapazitätsplanung wird einfacher und aussagekräftiger, da innerhalb dieser schlüssigen Fertigungsrohre nur über
den jeweiligen Engpass geplant und gesteuert wird und mit einfachen Mitteln / Simulati-
onsvorgängen kann das Produktionsprogramm gebildet werden / erkannt werden, was
z. B. ein Riesenauftrag anrichtet und Großaufträge, Rennerprodukte *„Schnelldreher"*,
werden nicht durch viele Klein- und Kleinstaufträge zu *„Langsamdrehern"* gemacht (auch
Schneckensyndrom genannt).

Senkt die Bestände, erhöht den Umsatz und die Liefertreue!

176

Linienfertigung / Fließprinzip verkürzt die Durchlaufzeit bis zu 70 % und steigert die Produktivität bis zu 20 %, vereinfacht die Kapazitätsplanung und Fertigungssteuerung wesentlich.

Engpässe / Auftragsspitzen an bestimmten Arbeitsplätzen werden durch den wechselweisen Einsatz der Mitarbeiter untereinander, durch die Gruppe selbst gelöst (Trennen der Maschinenzeit von der Menschzeit durch die Anwendung flexibler Arbeits- und Betriebszeit, sowie Umsetzen von Mitarbeitern aus anderen Kostenstellen / Fertigungsgruppen). Auf eine detaillierte Kapazitätsauslastungsübersicht je Maschinengruppe kann im PPS-System verzichtet werden. Kapazitätsengpässe werden also nicht mehr verwaltet, sondern vor Ort durch selbstständiges, verantwortungsvolles Handeln, durch die Mitarbeiter / Produktmanager / Teamleiter aufgelöst.

Bild 11.6:   *Schemabild – Produktmanager / Teamleiter steuern die Aufträge nach dem Saugprinzip durch die Fertigung*

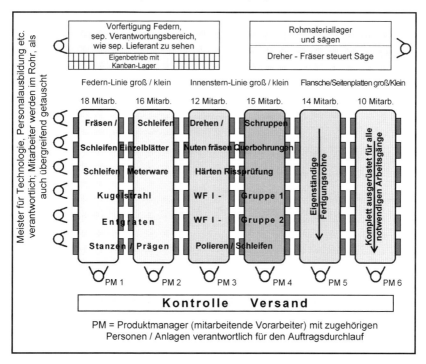

Die Übergangszeiten im PPS- / ERP-System werden auf null gesetzt. Die Durchlaufzeit ist nur noch die reine Fertigungszeit TA + 1 AT für Bereitstellung und Kontrolle.

Darstellung der Durchlaufzeiten bei

A) Verrichtungsprinzip, mit Übergangszeiten gerechnet
B) Verrichtungsprinzip, Übergangszeiten auf null gesetzt
C) Linienfertigung mit Teamarbeit, prozessorientiert ausgerichtet

Bild 11.7: *Durchlaufzeit bei Verrichtungsprinzip zu Unterschied bei Fließfertigung*

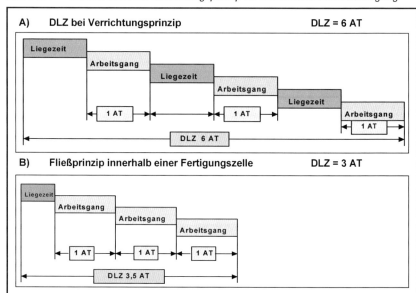

A) DLZ bei Verrichtungsprinzip   DLZ = 6 AT

B) Fließprinzip innerhalb einer Fertigungszelle   DLZ = 3 AT

Oder noch besser überlappende Arbeitsgänge unterschiedlicher Fertigungstechnologien durch Zusammenfassung von verschiedenen Arbeitsgängen innerhalb eines Fertigungsrohres durch die Gruppe / das Team selbst. (Das Team organisiert dies selbst.)

C) Fließprinzip innerhalb eines Fertigungsrohres   DLZ = 1,5 AT

Die Durchlaufzeit reduziert sich bei Teamarbeit auf den längsten Arbeitsgang.

D) **Die Einführung von Schichtbetrieb verkürzt die DLZ nochmals um 50 %**

12. Steigerung der Produktivität / Reduzierung des Working Capitals durch zeitnahes Produzieren und einer ganzheitlichen Leistungsbetrachtung

Um also die tatsächliche Leistung eines Unternehmens zu messen und die richtigen Maßnahmen zur Effizienzsteigerung daraus ableiten zu können, bedarf es eines Instrumentariums, das den Ressourceneinsatz in Bezug auf Bestände, Personal, Kapazität, Qualität, Produktivität und Termin misst und das sich im Unternehmensergebnis / der Kundenorientierung widerspiegelt. Dies geschieht am einfachsten mittels Top-Kennzahlen, die in einem Produktionscontrolling zusammengefasst werden, mit den gleichen Zielen für Geschäftsleitung und Mitarbeiter.

1. Termintreue

Verhältnis gesamt gelieferte Aufträge zu termintreu gelieferten Aufträgen (eventuell noch separiert nach Alter der Rückstände in Tagen / Wochen)

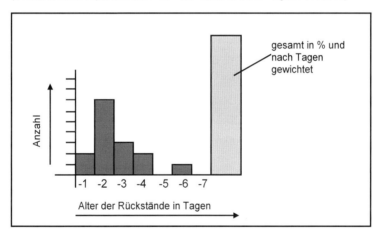

$$\text{Termintreue} = \frac{\text{Termintreue Aufträge geliefert je Zeiteinheit lt. Auftragsbestätigung}}{\text{Insgesamt gelieferte Aufträge je Zeiteinheit}} \times 100 = \underline{\qquad} \%$$

2. Servicegrad

$$\text{Servicegrad} = \frac{\text{Termintreue Aufträge geliefert je Zeiteinheit lt. Kundenwunschtermin}}{\text{Insgesamt gelieferte Aufträge je Zeiteinheit}} \times 100 = \underline{\qquad} \%$$

179

3. Durchlaufzeit in Tagen

Wobei die Kennzahl grafisch so aufgebaut sein sollte, dass eine Häufigkeit dargestellt werden kann, mit Ziel die Durchlaufzeit zu verkürzen.

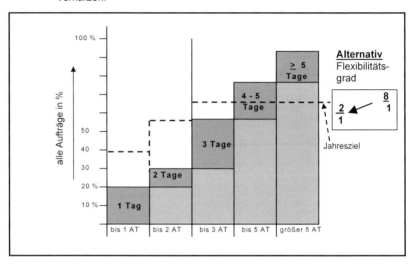

4. Reklamationsquote in EURO

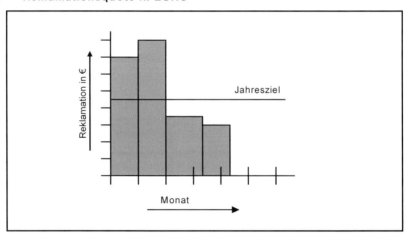

Basis hierfür sind die Fehlerberichte die für alle Schadensfälle bzw. Rücklieferungen intern über das Qualitätsaudit erstellt werden, siehe auch Abschnitt „Entlohnung QL-Komponente".

5. Umschlagshäufigkeit pro Jahr oder Bestandshöhe in € absolut

Bestands- / Teileart			∅ Umschlagshäufigkeit am Stichtag bzw. Lagerbestand in € nach Teileart				
Art des Bestandes	Wertigkeit	Teileart	2015	2016	2017	2018	2019
Fertigware	A	Handelsware	5,0				
		Eigenfertigung	6,3				
	B	Handelsware	4,8				
		Eigenfertigung	4,5				
	C	Handelsware	2,6				
		Eigenfertigung	2,8				
	KANBAN/ SCM	Handelsware	16,0				
		Eigenfertigung	19,2				
Baugruppen	A	Kaufteile	3,0				
		Eigenfertigung	6,2				
	B	Kaufteile	3,5				
		Eigenfertigung	4,1				
	C	Kaufteile	2,2				
		Eigenfertigung	1,8				
	KANBAN/ SCM	Handelsware	18,0				
		Eigenfertigung	22,0				
Einzelteile	A	Kaufteile	1,9				
		Eigenfertigung	4,4				
	B	Kaufteile	2,2				
		Eigenfertigung	3,0				
	C	Kaufteile	0,9				
		Eigenfertigung	1,6				
	KANBAN/ SCM	Kaufteile	17,6				
		Eigenfertigung	20,3				
Halbzeug / Rohmaterial	A	Kaufteile	2,1				
		Eigenfertigung	--				
	B	Kaufteile	1,5				
		Eigenfertigung	--				
	C	Kaufteile	0,8				
		Eigenfertigung	--				
	KANBAN/ SCM	Kaufteile	--				
		Eigenfertigung	--				
Umlaufkapital	Werkstattbestand	Teilefertigung	0,8 Mio. €				
		Vor- / Endmontage	0,5 Mio. €				
		Versand	0,1 Mio. €				

Formel:

$$\frac{\text{Verbrauch / Jahr in € od. Stck.}}{\text{Bestand am Stichtag in € od. Stck.}} = \boxed{}$$

UND / ODER

Bestand je Stichtag in €

Monatlich, quartalsweise oder jährlich 1 x $= \boxed{}$

6. Produktivität

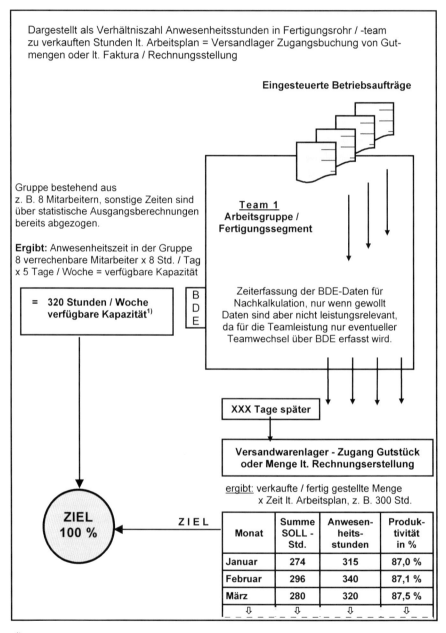

Dargestellt als Verhältniszahl Anwesenheitsstunden in Fertigungsrohr / -team zu verkauften Stunden lt. Arbeitsplan = Versandlager Zugangsbuchung von Gutmengen oder lt. Faktura / Rechnungsstellung

Eingesteuerte Betriebsaufträge

Gruppe bestehend aus z. B. 8 Mitarbeitern, sonstige Zeiten sind über statistische Ausgangsberechnungen bereits abgezogen.

Team 1
Arbeitsgruppe /
Fertigungssegment

Ergibt: Anwesenheitszeit in der Gruppe 8 verrechenbare Mitarbeiter x 8 Std. / Tag x 5 Tage / Woche = verfügbare Kapazität

= 320 Stunden / Woche
verfügbare Kapazität[1)]

B D E

Zeiterfassung der BDE-Daten für Nachkalkulation, nur wenn gewollt Daten sind aber nicht leistungsrelevant, da für die Teamleistung nur eventueller Teamwechsel über BDE erfasst wird.

XXX Tage später

Versandwarenlager - Zugang Gutstück oder Menge lt. Rechnungserstellung

ergibt: verkaufte / fertig gestellte Menge x Zeit lt. Arbeitsplan, z. B. 300 Std.

ZIEL
100 %

ZIEL

Monat	Summe SOLL - Std.	Anwesen- heits- stunden	Produk- tivität in %
Januar	274	315	87,0 %
Februar	296	340	87,1 %
März	280	320	87,5 %

[1)] Anwesenheitszeit wird über PZE oder BDE gemäß Kostenstellenwechsel erfasst

182

Installation eines ganzheitlichen Leistungs- und Führungsinstrumentes auf Basis verkaufter Stunden zu Anwesenheitszeiten aufwandsneutral

Alle Daten sind im ERP- / PPS-System vorhanden.

Rückgerechnet aus der verkauften Menge lt. Rechnungsausgang, oder fallweise Gut-Stück lt. Fertigwarenlagereingang zu Summe Anwesenheitszeit aller Mitarbeiter in der Kostenstelle / Fertigungslinie. Das ideale Führungsinstrument.

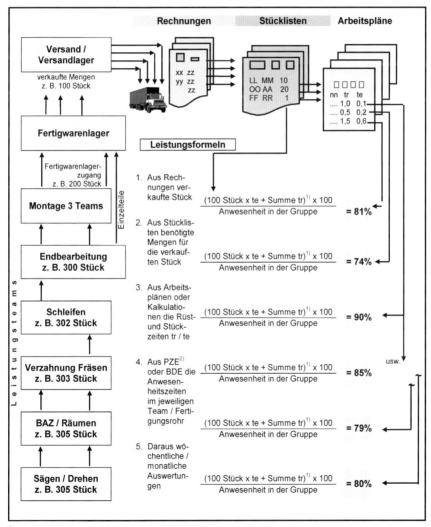

1) Arbeitspläne müssen für Abrechnung mit den Stücklistenpositionen verkettet werden
2) Anwesenheitszeit im Team lt. Personalzeiterfassung PZE oder BDE

Wenn viel auf Lager produziert wird, weil z. B. eine hohe Maschinennutzen wichtig ist, oder Kleinmengen liegen bleiben, weil große Mengen bevorzugt abgearbeitet werden, dadurch aber einzelne Kundenaufträge nicht geliefert werden können, brechen die Kennzahlen ein. Sie zeigen somit auf, wie Ihre Fertigung bezüglich Produktivität, Kundennähe, Working Capital etc. tatsächlich atmet / funktioniert, und ob einzelne Bereiche personell überbesetzt sind.

Daraus resultiert:

Umgekehrte Pyramide als Führungsgrundsatz

Diese ganzheitliche Leistungsbetrachtung ergibt somit als Führungsgrundsatz:

Nicht die Chefs, Betriebsleiter o. ä. müssen alles im Detail anregen / vorgeben wie, was, mit welchen Hilfsmitteln etc. getan werden muss, damit die Unternehmensziele insgesamt erreicht werden

SONDERN

Es ist die Aufgabe aller betrieblichen Führungskräfte, die Arbeitsbedingungen und Hilfsmittel zu schaffen, die die Belegschaft benötigt, um die vereinbarten Ziele zu erreichen, was in folgenden wichtigen Aussagen mündet:

Führungskräfte bekommen ihr Gehalt nicht, damit sie erklären, warum ein bestimmtes Ziel <u>nicht</u> erreicht wurde
SONDERN
sie bekommen ihr Gehalt, damit sie sagen
was getan werden muss,
<u>damit das Ziel erreicht wird!</u>

Produktivitätsentwicklung seit Einführung der ganzheitlichen Leistungsbetrachtung und Einführung des Führungsgrundsatzes „Umgekehrte Pyramide"

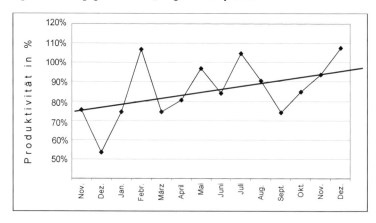

Eine konsequente Weiterentwicklung des Lean-Gedankens / der KVP-Prozesse, bzw. des Denkens in Tätigkeiten und Geschäftsprozessen ist, dass in den jeweiligen Arbeitsbereichen / Abteilungen, bei den einzelnen Mitarbeitern / Führungskräften / Dienstleistern etc. ein beträchtliches Detailwissen vorhanden ist, das mittels Führen nach Zielvorgaben (Organisation von unten, also durch die Mitarbeiter selbst) genutzt werden kann.

Es gibt nichts, was man nicht verbessern kann!

Verbesserung der Transparenz in Kosten – Leistung – Qualität durch Einsatz aussagekräftiger und ergebnisorientierter Leistungskennzahlen

A   Kennzahlen im Auftrags- / Logistikzentrum (AZ)

Pos.	Bezeichnung	Formel	Ziel
1	Anzahl Neukunden	Statistik je Stichtag	↗
2	Umsatz / Deckungsbeitrag pro Monat	Statistik je Stichtag	↗
3	∅ Zeit von Auftragseingang bis Lieferung in AT	Statistik je Stichtag	↘
4	Anzahl erfasste Aufträge / -Position je Anwesenheitsstunde	$\dfrac{\text{Summe Anzahl Aufträge / Position je Zeiteinheit}}{\text{Summe Anwesenheitszeit je ZE}}$	↘
5	Höhe der Versandkosten je Zeitraum, absolut und je Rechnung	$\dfrac{\text{Versandkosten / Zeiteinheit}}{\text{Anzahl Rechnungen / ZE}}$	↘
6	Reklamationen / Monat	$\dfrac{\text{Anzahl Reklamationen / Mo. x 100}}{\text{Anzahl Bestellungen / Mo.}}$	↘
6a	Reklamationsstatistik nach Fehlergründen gegliedert	falsch / fehlerhaft · falsche Versandart · zu viel / zu wenig · falscher Termin · falscher Preis/Kunde · falsche Bestelldaten	↘
7	Abgegebene Angebote / Mo.	Statistik je Stichtag	↗
8	Erfolgsquote	$\dfrac{\text{Anzahl Aufträge aus Angeboten x 100}}{\text{Anzahl abgegebene Angebote}}$	↗
9	Anzahl Mitarbeiter im AZ	Statistik je Stichtag	↘
10	Anzahl Fehltage im AZ	Statistik je Stichtag	↘
11	Kosten der Kostenstelle	Statistik je Stichtag	↘
12	Entwicklung der Variantenzahl zu ∅ Losgröße je Auftrag	Statistik je Stichtag	→
13	Anzahl gleichzeitig in der Fertigung befindlicher Betriebsaufträge	Statistik je Stichtag	↘
14	Kosten eines Angebotes	Zeit x Stundensatz	↘
15	Kosten einer Auftragsabwicklung (einer Position)	Zeit x Stundensatz	↘

B	Kennzahlen in Disposition / Einkauf		
Pos.	**Bezeichnung**	**Formel**	**Ziel**
1	**Anzahl Lieferanten aufgeteilt nach Umsatzgrößen** A-Lieferanten B-Lieferanten C-Lieferanten	Statistik je Stichtag	↘
2	**Anzahl Bestellungen / Bestellpositionen**	Statistik je Stichtag	↘
3	**Anzahl Abrufe bei Lieferanten**	Statistik je Stichtag	↗
4	**Anzahl Lieferanten die für uns Vorräte halten**	Statistik je Stichtag	↗
5	**Anzahl Lieferanten die uns mit KANBAN beliefern**	Statistik je Stichtag	↗
6	**Kosten / Bestellung pro Lieferant**	$\dfrac{\text{Summe Kosten / Zeiteinheit}}{\text{Anzahl Lieferanten/Bestellungen / ZE}}$	↘
7	**Anzahl Lieferreklamationen, absolut und je Lieferung**	$\dfrac{\text{Lieferreklamationen / ZE}}{\text{Anzahl Lieferungen / ZE}}$	↘
8	**Anzahl Fehlteile je KANBAN-Lieferung**	$\dfrac{\text{Anzahl Fehlteile / Zeiteinheit}}{\text{Anzahl KANBAN-Lieferungen / ZE}}$	↘
9	**Anzahl Mitarbeiter in Disposition / Einkauf**	Statistik je Stichtag	↘
10	**Anzahl Fehltage in Disposition / Einkauf**	Statistik je Stichtag	↘
11	**Liefertreue der Lieferanten in %**	$\dfrac{\text{Anz. termintreu gelief. Bestellg. x 100}}{\text{ges. Zahl gelieferte Bestellungen}}$	↗
12	**Kosten der Kostenstelle**	Statistik je Stichtag	↘
13	**Einkaufserfolg**	€ / Zeitraum	↗
14	**∅ Lieferzeit in Tagen**	Statistik je Stichtag	↘
15	**Anzahl Dispo-Vorgänge / Monat**	Statistik je Stichtag	↘
16	**Anzahl Neuteile / Monat**	Statistik je Stichtag	↘
17	**Anzahl ausgelöster Betriebsaufträge / Monat**	Statistik je Stichtag	→
18	**Anzahl zu disponierende Fertigungsaufträge / Monat**	Statistik je Stichtag	↘
19	**Kosten eines Dispositionsvorganges**	Zeit / Vorgang x € / Std.	↘
20	**Umschlagshäufigkeit / Drehzahl (evtl. je Disponent)**	$\dfrac{\text{Verbrauch / Jahr}}{\text{Bestand am Stichtag}}$	↗
21	**Höhe der jährlichen Verschrottungs- / Abwertungskosten**	€ pro Stichtag	↘
22	**Anzahl Bestellungen unter € 300,--**	Statistik je Stichtag	↘
23	**Anzahl Teile pro Disponent / Einkäufer**	Statistik je Stichtag	↗
24	**Einkaufsvolumen pro Mitarbeiter**	Statistik je Stichtag	↗
25	**Anzahl Lieferanten mit Freipässen**	Statistik je Stichtag	↗
26	**Monatlicher Einkaufswert zu Umsatz Vormonat in Prozent**	$\dfrac{\Sigma \text{ Obligo / Monat}}{\Sigma \text{ Umsatz Vormonat}} \times 100$	↘

186

C Kennzahlen im Lager

Pos.	Bezeichnung	Formel	Ziel
1	Anzahl Stellplätze	Statistik je Stichtag	→
2	Anzahl verschiedene Lagerorte	Statistik je Stichtag	→
3	Anzahl Teilenummern (Artikel) zu lagern	Statistik je Stichtag	↘
4	Anzahl Mitarbeiter — Lager / Wareneingang / Versand	Statistik je Stichtag	↘
5	Anzahl Fehltage je Mitarbeiter	Statistik je Stichtag	↘
6	Durchschnittliche Durchlaufzeit / Bereitstellzeit eines Auftrages in Arbeitstagen im Lager	Erhebung	↘
7	Genauigkeit des Lagerbestandes in %	Inventurauswertung	↗
8	Anzahl Fehlteile ⌀ pro Woche	Statistik	↘
9	Anzahl Zugriffe / Wareneingänge, Versandpositionen pro Monat — Zugänge/Abgänge / WE-Positionen / Versandpositionen	Statistik	↘
10	Durchschnittliche Zugriffszeit in Minuten — Lager / Wareneingang / Versand	$\dfrac{\text{Summe Anwesenheitszeit des Personals}}{\text{Anzahl Zugriffe / Bewegungen}}$	↘
11	Durchschnittliche Kosten eines Zugriffs in Euro, im Lager	Zeit x € / Std. (Stundensatz)	↘
12	Durchschnittliche Verweilzeit eines Wareneinganges im Wareneingang / eines Bereitstellvorgangs im Lager etc.	Statistik	↘
13	Durchschnittliche Kosten eines Wareneinganges / eines Bereitstellvorgangs in Euro	Zeit x € / Std. (Stundensatz)	↘
14	Durchschnittliche Zeit eines Versand-/ Verpackungsvorganges in Minuten	Erhebung	↘
15	Durchschnittliche Kosten eines Versand- / Verpackungsvorganges in Euro	Zeit x € / Std. (Stundensatz)	↘
16	Umschlagshäufigkeit der Teile in Lager nach Teileart und Wertigkeit (A/B/C-Gliederung) — Halbzeug / Kaufteile / Fertigungsteile / Handelsware / Fertigware	$\dfrac{\text{Verbrauch / Jahr}}{\text{Bestand am Stichtag}}$	↗
17	Durchschnittlicher Lagerbestand in Euro pro Stichtag (gegliedert wie Pos. 16)	Statistik je Stichtag	↘
18	Anzahl Reklamationen	Statistik nach Reklamationsart	↘
19	Durchschnittszeit eines Transportvorganges Teilelager → Fertigung und Fertigung → Versand	Erhebung	↘
20	Anzahl Transportvorgänge (Gliederung wie Pos. 19)	Statistik	↘
21	Durchschnittliche Kosten eines Transportvorganges Teilelager → Fertigung / Fertigung → Versand	Zeit x € / Std. (Stundensatz)	↘
22	Durchschnittliche Kosten eines Beladungsvorganges	Erhebung	↘
23	Anzahl Transportmeter (⌀) pro Transportvorgang	Erhebung	↘
24	⌀ Lauf- / Transportmeter / Monat	Pos. 20 x Pos. 23 je Monat	↘
25	Anzahl Null-Dreher im Lager (Bodensatz)	Statistik gegliedert nach Jahren	↘

D	Kennzahlen im Produktionsbereich		
Pos.	**Bezeichnung**	**Formel**	**Ziel**
1	Produktivität des Betriebes / einer Abteilung	Anzahl verkaufter Plan-Stunden lt. Rechnungsausgang x 100 / Bezahlte Anwesenheitsstunden in der Fertigung	↗
2	Anzahl gleichzeitig in der Fertigung befindliche Betriebsaufträge / Arbeitsgänge	Statistik	↘
3	Durchschnittlicher Umlaufbestand in der Fertigung (Working Capital)	Statistik / Wert je Stichtag	↘
4	Termintreue / Servicegrad der Fertigung	Anzahl termintreu gelieferter Aufträge x 100 / ges. Anzahl gelieferter Aufträge	↗
5	Verhältnis Fertigungszeit zu Durchlaufzeit	Durchlaufzeit in Tagen eines Betriebsauftrages / Summe der Fertigungszeit dieses Betriebsauftrages in Tagen	↘
6	Anzahl Schnittstellen je Auftrag	Zählen	↘
7	Durchschnittliche Durchlaufzeit in Arbeitstagen	$\sum$ Durchlaufzeit in Tagen aller Aufträge von Datum Auftragseingang bis Lieferung / Anzahl gelieferte Aufträge	↘
8	Rückstände in Anzahl und Alter der Rückstände in Tagen	Tabelle / Statistik Anzahl + Alter Rückstände / Aufträge <table><tr><td>1 Tag</td><td>2 Tage</td><td>3 Tage</td><td>4 Tage</td><td>älter 4 Tage</td></tr><tr><td>10</td><td>4</td><td>8</td><td>20</td><td>40</td></tr></table>	↘
9	Ausschuss- / Reklamationshöhe in € pro Monat	Basis Statistik Fehlerberichte intern, plus Rücklieferungen von Kunden, entsteht über QL-Audit	↘
10	Anzahl Materialbewegungen (Aufnehmen / Ablegen / Heben / Senken)	Anzahl einzelner Arbeitsgänge x 2 x Anzahl Teile / Pakete x Anzahl Betriebsaufträge die so bewegt werden	↘
11	Anzahl Transportvorgänge / Zeitraum	Erhebung	↘
12	Anzahl Fehltage	Statistik	↘
13	Rationalisierungserfolg	Bezahlter Lohn / Verkaufte Einheiten	↗
14	Verhältnis produktive Stunden zu Gemeinkostenstunden / Monat	Geko-Std. x 100 / Prod.-Std. lt. BDE	↘
15	Laufmeter für eine Auftragsabwicklung (nach Auftragsarten getrennt)	Erhebung	↘

Einen Überblick über weitere Kennzahlen erhalten Sie:

- Wie gut ist Ihre Logistik, Richtwerte / Kennzahlen für Produktionsunternehmen Verlag TÜV Köln Rheinland GmbH, 51149 Köln
- Logistik-Kostenrechnung, Springer-Verlag, Berlin, Heidelberg

13.1 Abweichungen erkennen und gegensteuern

Beispiele für Aufbereitung und Arbeiten mit Kennzahlen

Kennzahl	Ermittlung	Formel	letztes Jahr	Ziel dieses Jahr	Bench-mark / Ziel-größe
Beschaffungs- / Lagerungs- / WE und Bereitstellungskosten im Verhältnis zu Gesamtkosten Materialeinsatz p.a. oder jede Kostenstelle einzeln, bzw. pro Entnahme p.a.	1.1 ∑ aller Logistikkostenstellen Kostenstelle 21005 Warenannahme 21010 WE-Kontrolle 21020 Lager Rohmaterial 21040 Lager Teile 21035 Lager Fertigware 21060 Einkauf / Disposition Summe Kosten in €	$\dfrac{\sum \text{Logistikkosten p.a.}}{\sum \text{Anzahl Entnahmen p.a.}}$	53,30 €	50,00 €	38,50 €
		$\dfrac{\sum \text{Logistik-kosten p.a.}}{\sum \text{Material-einsatzkosten p.a.}} \times 100$	6,3 %	5,8 %	3,0 - 4,0 %
Bestandskosten im Verhältnis zu den Gesamtkosten (kpl. Warenbestand)	2.1 ∑ Bestandskosten = Verzinsung Warenbestand (lt. Inventurstichtag mit 5 %) – Verzinsung nicht bezahlter Ware, aber an Lager (lt. Inventurstichtag mit 5 %) Stand 31.12.	$\dfrac{\text{Zinskosten in € p.a.}}{\text{Selbstkosten ohne Material}} \times 100$	2,2 %	2,4 %	1,42 %
Verschrottungs- und Abwertungskosten im Verhältnis zu den Gesamtkosten	3.1 ∑ Verschrottungs- und Abwertungskosten/Jahr (* = ⌀ der letzten 3 Jahre) = Verschrottungskosten/Jahr (*) + Abwertungskosten/Jahr (*)	$\dfrac{\text{Verschrottungs- / Abwertungskosten p.a.}}{\text{Selbstkosten ohne Material}} \times 100$	4,2 %	1,0 %	⌀ 0,4-0,8 %
Bestandsreichweite in Arbeitstagen	– ohne Sonderteile – (250 Tage / Jahr = Basis) Stichtag 30.06. jedes Jahr	lt. Kennzahl IT-Auswertung	88 Tage	55 Tage	⌀ 40 Tage
Liefertreue, bezogen auf den Kunden-wunschtermin	$\dfrac{\text{Anzahl Aufträge termintreu auf Kundenwunschtermin geliefert} \times 100}{\text{Anzahl Aufträge insgesamt geliefert}}$		75 %	85 %	98 %
Versandkosten insgesamt und je Vorgang	$\dfrac{\text{Versandkosten absolut}}{\text{Anzahl Rechnungen (Anzahl Lieferungen)}} =$		24,20 €	16,00 €	2,10 €
Prüfkosten Wareneingang	$\dfrac{\text{Kosten Wareneingang}}{\text{Anzahl Lieferungen}} =$		41,50 €	30,00 €	10,00 €
Prüfkosten QS Wareneingang	$\dfrac{\text{Kosten QS-Prüfung Wareneingang}}{\text{Anzahl geprüfter Sendungen}} =$		38,50 €	35,00 €	10,00 €

14.   Schlusswort

Unternehmen nutzen ihr ERP- / PPS-System viele Jahre unverändert. Zwar werden neue Tools eingesetzt, wie werden aber die betrieblichen oder sonstige Veränderungen, bedingt durch z. B.:

> ➢ steigende Variantenvielfalt
> ➢ notwendige Verbesserung des Lieferservice / der Liquidität etc.

im System abgebildet?

Dies bedeutet, dass die im Unternehmen eingesetzte Software auf

> ➢ neue Abläufe und Prozesse
> ➢ Aktualität der Stammdaten
> ➢ das Datenmanagement, bzw. wie wird das ERP- / PPS-System grundsätzlich genutzt?

analysiert und gegebenenfalls optimiert werden muss. Die Nutzer müssen entsprechend geschult werden.

Welche ERP- / PPS-Strategie soll gefahren werden, damit u. a. eine Steigerung der Effizienz und eine Erhöhung der Anwendermotivation bezüglich Systemunterstützung erreicht und Fehlentwicklungen vermieden werden können.

Unternehmensprozesse und schnelle Informationsflüsse – Datenqualität

Viele Verbesserungen können natürlich auch durch Veränderungen im Organisationsaufbau und in der Ablauforganisation, innerhalb des gesamten Auftragsdurchlaufes, erreicht werden, die mit der Nutzung / den Einstellungen im System nichts zu tun haben.

Nach welchen Denk- und Organisationsgrundsätzen wird im Unternehmen gearbeitet?

Auf diese Unterscheidungen wurde in den Beschreibungen der Inhalte sehr viel Wert gelegt (Standortbestimmung). Die Umsetzungsprozesse müssen deshalb kurz- und mittelfristig, je nach Stand des Unternehmens, eingeleitet werden.

Und denken Sie an Goethe:

Es ist nicht genug zu wissen,

MAN MUSS ES AUCH ANWENDEN!

Es ist nicht genug zu wollen,

MAN MUSS ES AUCH TUN!

Nutzen Sie die erprobten Anregungen / Tipps

Die Ergebnisse werden Sie begeistern

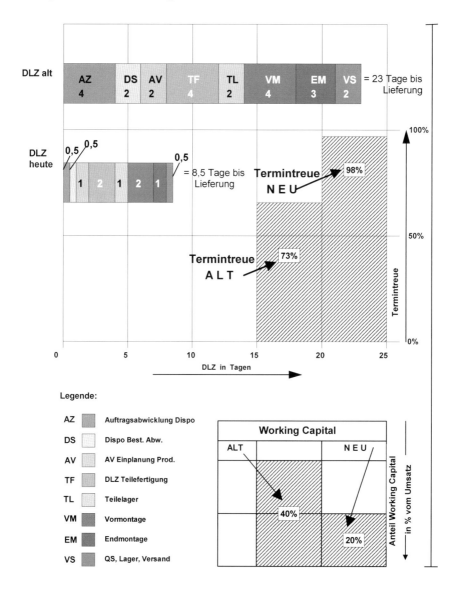

Literaturverzeichnis

Weber, Rainer, Effektive Arbeitsvorbereitung – Produktions- und Beschaffungslogistik
Expert Verlag, 71268 Renningen, ISBN 978-3-8169-3328-1

Weber, Rainer, Lageroptimierung
Expert Verlag, 71268 Renningen, ISBN 978-3-8169-3326-7

Weber, Rainer, KANBAN-Einführung
Expert Verlag, 71268 Renningen, ISBN 978-3-8169-3285-7

Weber, Rainer, Zeitgemäße Materialwirtschaft mit Lagerhaltung
Expert Verlag, 71268 Renningen, ISBN 978-3-8169-3376-2

REFA-Methodenlehre des Arbeitsstudiums, Verschiedene Bände
Planung und Gestaltung komplexer Produktionssysteme,
Carl Hanser Verlag, München, www.refa.de

Logistik ONLINE zum Erfolg, Hus-Verlag München, ISBN 3-937711-02-3

Binner, H.F., Handbuch der prozessorientierten Arbeitsorganisation,
Carl Hanser Verlag, München, Wien 2004

Pirntke, G., Moderne Organisationslehre
Expert Verlag, 71268 Renningen, ISBN 978-3-8169-2667-2

Grunewald H., Erfolgreicher einkaufen und disponieren
Haufe-Verlag, Postfach 740, D-79007 Freiburg, ISBN 3-448-02805-3

Eliyahu M. Goldratt, Jeff Cox, Das Ziel
Verlag McGraw Hill Book Companies GmbH, Hamburg, ISBN 3-89028-077-3

Blom, F., Haarlander, A., Logistik-Management
Expert Verlag, 71268 Renningen, ISBN 978-3-8169-2135-6

Günther Schuh, Volker Stich, Produktionsplanung und -Steuerung, Band 1 + 2
ISBN 978-3-642-25422-2 Band 1
ISBN 978-3-642-25426-0 Band 2

Prof. Dr. Horst Wildemann, Leitfaden Durchlaufzeit-Halbe
München 1998, TCW - Verlag, ISBN 3-929918-15-3

Prof. Dr. Horst Wildemann, Geschäftsprozessorganisation
München 1997, TCW - Verlag, ISBN 3-931511-05-7

Zahn, E., Bullinger, H.-J., Gatsch, B., Führungskonzepte im Wandel
In: Neue Organisationsformen im Unternehmen, Handbuch für das moderne
Management, Springer-Verlag, Berlin, Heidelberg 2002

Methodensammlung zur Unternehmensprozess-Optimierung
IfaA - Institut für angewandte Arbeitswissenschaft e.V., Köln ISBN 3-89172-452-7

Prof. Dr. Horst Krampe, Dr. Hans-Joachim Lucke
Grundlagen der Logistik, HUSS-Verlag, München, ISBN 3-937711-23-6

Prof. Dr. Ing. Christian Helfrich, Das Prinzip Einfachheit,
Expert Verlag, 71268 Renningen, ISBN 978-3-8169-2906-2

Kostenrechnung und Kalkulation von A - Z, Sammelwerk, Haufe-Verlag, Freiburg

Marktspiegel ERP / PPS Business Software Trovarit / FIR Aachen
www.it-matchmaker.com

Zeitschriften:

IT - Industrielle Informationstechnik, Carl Hanser Verlag, München
UDZ - Unternehmen der Zukunft, ISSN 1439-2858, www.fir-rwth-aachen.de
Industrial Engineering, REFA-Darmstadt
Logistik Heute, HUSS-Verlag, 80912 München

Lehrunterlagen:

Schulungsunterlagen der Unternehmensberatung Rainer Weber
75181 Pforzheim-Hohenwart

Fachlehrgang: Effektive Arbeitsvorbereitung
Fachlehrgang: Die optimierte Fertigung
Fachlehrgang: Erfolgreich Disponieren und Beschaffen
Fachlehrgang: Der erfolgreiche Lagerleiter
Fachlehrgang: Prozessoptimierung im Wareneingang
Fachlehrgang: Logistikwissen für Einkäufer
Fachlehrgang: Fertigungssteuerung optimieren
Fachausbildung: Logistikleiter Industrie

Fa. Schäfer GmbH, D-57290 Neunkirchen, LVS- / Lagersysteme
BITO-Lagertechnik, Bittmann GmbH, D-55587 Meisenheim
Fa. Hänel GmbH & Co. KG, 74177 Bad Friedrichshall, Paternostersysteme
Siemens, Statistische Qualitätsprüfung, Zentralbereich
          Technik - Technische Verbände und Normung (ZT TUN)
Fa. Weigang-Vertriebs-GmbH, 96106 Ebern, KANBAN- / Organisations-Hilfsmittel
Fa. KBS Industrieelektronik GmbH, 79111 Freiburg
Fa. Adolf Würth GmbH & Co. KG, 74653 Künzelsau-Gaisbach

Sachregister